초등 1학년 공부,
하브루타로 시작하라

학년이 오를수록 공부를 잘하게 되는 비법,
하브루타에 답이 있다!

초등1학년 공부, 하브루타로 시작하라

전병규(콩나물쌤) 지음

공부 역량의 시작점, 하브루타

    2명의 육상 선수가 있다. 선수 A는 100m를 10초에 주파한다. 선수 B는 100m를 뛰는 데 무려 20초나 걸린다. 두 선수가 달리기 시합을 벌였다. 누가 이겼을까? 당연히 A가 이겼으리라 생각하겠지만 시합은 B의 승리로 끝났다. 어찌 된 일일까? 비밀은 바로 시합이 마라톤이었다는 데 있다. 출발 신호가 울리고 A는 한동안 앞섰지만 곧 지치고 말았다. 반면 B는 매 20초마다 꾸준히 100m를 달려 나갔고 결국 이길 수 있었다.

    공부는 마라톤과 같다. 공부는 금방 끝나는 100m 달리기가 아니다. 초중고 12년, 대학까지 하면 16년, 여기에 석·박사까지 더하면 대략 20년 가까이 공부를 해야 한다. 게다가 요즘은 직장에 들어가서도 계속 공부를 해야 하니 사실상 평생을 공부해야 한다고 해도 과언이 아니다. 그럼에도 불구하고 대부분의 사람들은 공부를

100m 달리기처럼 대한다. 장기적인 시각으로 결국에 승리하기 위한 방안을 생각하지 않고 당장 눈앞의 결과에 목을 맨다.

마라톤에서 중요한 것은 단거리 실력이 아니라 오랫동안 지치지 않고 장거리를 소화할 수 있는 능력이다. 마찬가지로 공부에서 중요한 것은 단기간에 좋은 점수를 뽑아낼 수 있는 능력이 아니라 오랫동안 제대로 공부를 수행할 수 있는 능력이다. 우수한 마라톤 선수가 되기 위해서는 계속해서 다가오는 엄청난 거리를 소화할 수 있어야 하고, 우수한 학생이 되기 위해서는 계속해서 다가오는 엄청난 양의 공부를 소화할 수 있어야 한다. 마라톤 선수에게 꼭 필요한 것이 장거리를 소화하는 능력이라면, 학생에게 꼭 필요한 것은 주어진 공부를 소화하는 능력이다. 끊임없이 쏟아지는 공부를 제대로 소화할 수 있는 힘을 '공부 역량'이라고 한다.

마라톤 초반에는 자신의 모든 힘을 쏟아부으면 누구나 선두로 뛰쳐나갈 수 있다. 하지만 장거리 소화 능력을 갖추지 못하면 낙오할 수밖에 없다. 공부에서도 초등 저학년 시절에는 어떤 아이든 모든 힘을 쏟아부으면 공부를 잘하는 것처럼 보일 수 있다. 무난히 100점을 받고 똑똑하다는 소리를 들을 수 있다. 하지만 공부 역량을 갖추지 못한 아이는 초등 4,5학년이 되면 뒤처지기 시작한다. 공부 역량 부족으로 과부하가 걸리는 것이다. 장거리 소화 능력을 갖춘 마라톤 선수만이 지치지 않고 끝까지 달려 결승선을 선두권으로 통과할 수 있듯이 공부 역량을 제대로 갖춘 아이만이 초등 고학년에서도, 중고등학교에서도 공부 상위권에 있을 수 있다. 결국 공부라는 마라톤에서 아이를 승자로 만들어줄 공부 역량이란 다음과 같다.

- 단단한 자기효능감
- 긍정적인 공부 정서
- 올바른 공부 습관
- 탄탄한 공부 기본기

대부분의 부모들은 공부 역량에 대해 잘 알지 못한다. 그렇기 때문에 초등 1학년 때부터 아이의 시험 점수만을 바라본다. 받아쓰기 점수, 단원 평가 성적을 확인해서 가르치고 혼을 낸다. 아무것도 모르는 코흘리개 아이의 시험 점수가 마치 인생을 결정지어버릴 것처럼 행동하기도 한다. 하지만 지금 아이의 성적은 미래의 성적에 딱히 큰 영향을 끼치지 않는다. 오히려 아이의 미래 성적에 큰 영향을 끼치는 것은 공부 역량이다. 초등 1학년 때부터 공부 역량을 제대로 기른 아이는 점차 앞으로 치고 나갈 테지만, 아무리 지금 성적이 좋아도 그렇지 못한 아이는 점차 뒤로 처질 것이기 때문이다. 당장 눈앞의 좋은 성적을 위해 공부하는 아이를 다그치는 것은 아이의 공부 역량을 파괴하는 지름길이다. 이러한 부모의 행동은 아이의 자기효능감을 파괴하고 공부를 싫어하게 하며 나쁜 공부 습관을 들이고 공부 기본기를 소홀히 하게 만든다. 결국 공부라는 장기 레이스에서 낙오하고 포기하게 만드는 셈이다.

공부 역량을 기르기 위해서는 초등 1학년이 가장 중요하다. 초등 1학년 아이의 공부 역량은 순백의 첫눈과 같다. 낮은 자기효능감도, 부정적인 공부 정서도, 나쁜 공부 습관도, 부실한 공부 기본기도 아직은 형성되지 않았다. 하지만 새하얗고 깨끗한 눈도 내린 후 시간이 지나면 오염되기 마련이다. 공부 역량은 초등 1학년 시기를 놓치면 돌이키기가 힘들다. 아이는 스스로 불가능하다고 여겨 공부를 끔찍하게 생각할 수 있다. 나쁜 공부 습관에 물들고 부실한 공부 기본기로 아무리 공부하려고 해도 할 수 없는 상황에 놓일 수 있다. 이처럼 공부에 대해 나쁜 편견과 습관을 한번 잔뜩 갖게 되면 거의 되돌리기가 쉽지 않다. 초등 교사로서 수많은 아이들이 이와 같은 상태에 직면해 더 이상 공부로는 기대하기 힘든 모습을 매일매일 보고 있다. 교사로서 아이 개개인의 공부 역량을 길러주기 위해 최선을 다하지만, 아이도 부모도 그 중요성을 인지하지 못하는 상태에서 교사 혼자서만 그렇게 하기란 무척이나 어려운 일이다. 공부 역량은 늦어도 초등 고학년이 되기 전에 부모의 도움 아래 가정에서 직접 길러야만 한다. 그래서 초등 1학년이 중요하다. 처음 공부를 시작할 때부터 부모가 공부 역량을 정확하게 인지하고 기르는 방향으로 가정에서 공부를 진행해야 한다. 그래야만 앞으로 다가올 공부를 무리 없이 소화해낼 수 있다.

그렇다면 어떻게 공부 역량을 기를 수 있을까? 하브루타Havruta로 키울 수 있다. 하브루타는 나이, 계급, 성별에 관계없이 2명이 짝을 지어 서로 이야기를 주고받으며 진리를 찾아나가는 것을 뜻한다. 유대인들이 정신적 지주나 다름없는 책인 『탈무드Talmud』를 공부할 때 사용하는 방법으로 현재 이스라엘에서는 모든 교육 과정에 적용하고 있다. 하브루타는 그 자체가 공부 역량을 기르기 위한 공부이다. 세계 0.25%의 인구로 노벨상 수상자의 22%를 배출한 유대인들, 그들이 그토록 대단한 성공을 거둘 수 있었던 이유는 눈앞의 시험 점수에 연연하지 않고 하브루타로 어린 시절부터 공부 역량을 길렀기 때문이다.

- 대화하는 공부로 의사소통 능력을 길러준다.
- 토론하고 대화하며 도전하게 해 성공을 경험하게 한다.
- 마음을 보듬는 칭찬으로 자기효능감을 키워준다.
- 말하는 공부로 공부의 재미를 발견하게 한다.
- 이해하는 공부로 공부에 희열을 느끼게 한다.
- 공부에 능동적으로 참여시켜 공부를 즐기게 한다.
- 스스로 자랐음을 느끼게 해 공부를 좋아하게 만든다.
- 깊고 느리게 제대로 공부하는 습관을 심어준다.
- 매일 꾸준히 공부하는 습관을 심어준다.
- 듣고 의견을 나누는 등 공부할 때 집중력을 키워준다.
- 질문을 통해 주의 깊게 읽고 생각하는 능력을 길러준다.
- 왜 그런지, 어떻게 하면 좋을지 다각도로 스스로 질문하게 해 사고력을 키워준다.

하브루타는 아이의 공부 역량을 제대로 길러줄 수 있다. 초등 1학년 때부터 하브루타로 공부 역량을 기른다면 아이는 처음부터 보다 수월하게 적은 힘으로 더 좋은 결과를 얻어낼 수 있을 것이다. 하브루타가 아이에게 공부하는 방법을 알려주기 때문이다. 이제 더 이상 잘못된 공부 방법으로 아이를 힘들게 할 필요가 없다. **초등 1학년 때부터 하브루타로 공부 역량을 길러주면 아이는 공부에서 재미를 느끼고 공부를 즐기게 될 것이다.**

초등 1학년 때부터 정답을 외우고 시험 점수를 비교하는 것은 마라톤 선수에게 단거리 훈련을 시키고 결과를 확인하는 것과 같다. 마라톤 선수에게는 장거리 역량이 필요하듯이 공부라는 마라톤을 해야 하는 아이에게는 정답을 외워 시험 점수를 잘 받는 요령이 아니라 오랜 기간 제대로 공부를 수행할 수 있는 힘, 바로 공부 역량이 필요하다. 장기적인 공부 레이스에서 결국 성공하는 아이 뒤에는 장기적인 시각을 가진 부모가 있다. 공부에 첫발을 내딛는 초등 1학년, 아이에게는 하브루타로 공부 역량부터 제대로 길러줄 수 있는 부모가 필요하며, 이 책이 그 길로 가는 데 디딤돌이 되어줄 것이다.

갈매천변 서재에서

전병규

table of contents

Prologue 공부 역량의 시작점, 하브루타 · 4

1장 초등 1학년, 공부 역량부터 키워라

01 자기효능감을 키우는 시기
할 수 없다고 믿는 아이들 · 16
할 수 있다고 믿는 아이들 · 20
초등 1학년, 단단한 자기효능감을 키우려면 · 24

02 공부 정서를 다듬는 시기
공부를 싫어하는 아이들 · 31
공부를 좋아하는 아이들 · 36
초등 1학년, 긍정적인 공부 정서를 다듬으려면 · 39

03 공부 습관을 세우는 시기
나쁜 습관을 가진 아이들 · 45
좋은 습관을 가진 아이들 · 48
초등 1학년, 올바른 공부 습관을 세우려면 · 51

04 공부 기본기를 쌓는 시기
열을 배우면 하나를 아는 아이들 · 56
하나를 배우면 열을 아는 아이들 · 61
초등 1학년, 탄탄한 공부 기본기를 쌓으려면 · 64

2장 초등 1학년, 하브루타로 공부 역량을 키워라

01 단단한 자기효능감을 키우는 하브루타
실패하는 공부에서 성공하는 공부로 · 72
잘못된 칭찬에서 올바른 칭찬으로 · 82
듣는 공부에서 의사소통하는 공부로 · 95

02 긍정적인 공부 정서를 다듬는 하브루타
스스로 하는 공부가 가장 재미있다 · 104
이해의 재미, 외우는 공부에서 이해하는 공부로 · 109
참여의 재미, 수동적 공부에서 능동적 공부로 · 113
성장의 재미, 제자리 공부에서 성장하는 공부로 · 118

03 올바른 공부 습관을 세우는 하브루타
얕고 빠른 공부에서 깊고 느린 공부로 · 128
선행 학습에서 예습과 복습으로 · 137

04 탄탄한 공부 기본기를 쌓는 하브루타
공부 기본기 ① 집중력 · 145
공부 기본기 ② 읽기 능력 · 153
공부 기본기 ③ 사고력 · 163

3장 초등 1학년 공부, 하브루타로 시작하라

01 대화를 시작하라
  우리가 나눈 것이 정말 대화일까? · 174
  '부모'라는 계급장을 뗀다 · 179
  일단 가볍게 시작한다 · 182
  설득력이 있는 부분을 찾는다 · 187

02 질문으로 확장하라
  질문은 공부의 핵심이다 · 190
  질문을 사랑하게 한다 · 195
  사실 질문을 먼저 한다 · 199
  확장 질문으로 생각을 자극한다 · 204

03 생각으로 완성하라
  명령을 듣고 자란 아이는 명령을 듣는 어른이 된다 · 208
  교육의 목적은 생각에 있다 · 212
  생각하는 부모가 생각하는 아이를 키운다 · 217
  소리 내어 생각한다 · 221

4장 초등 1학년 공부, 하브루타로 실천하라

01 하브루타로 공부하는 초등 1학년 국어
　　듣기와 말하기　　　　　　　　　　　　　　　　• 229
　　읽기와 쓰기　　　　　　　　　　　　　　　　　• 237

02 하브루타로 공부하는 초등 1학년 수학
　　9까지의 수　　　　　　　　　　　　　　　　　• 256
　　여러 가지 모양　　　　　　　　　　　　　　　• 264
　　덧셈과 뺄셈　　　　　　　　　　　　　　　　• 269

03 하브루타와 함께하는 초등 1학년 생활
　　하브루타로 하는 놀이　　　　　　　　　　　　• 273
　　하브루타로 하는 인성 교육　　　　　　　　　　• 285
　　하브루타로 하는 예습과 복습　　　　　　　　　• 298
　　하브루타가 있는 일상생활　　　　　　　　　　• 305

참고 문헌　　　　　　　　　　　　　　　　　　　• 310

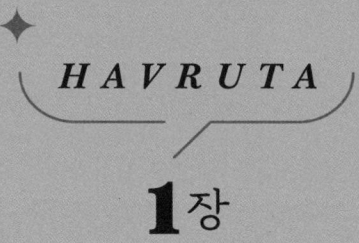

HAVRUTA 1장

초등 1학년, 공부 역량부터 키워라

초등 1학년은 평생 공부의 기초를 쌓는 중요한 시기이다. 당장 눈앞의 성적을 탐하기보다 공부라는 장기 레이스에서 결국 이길 수 있는 힘을 길러야 한다. 공부라는 장기 레이스에서 이길 수 있는 힘, 공부를 제대로 소화할 수 있는 힘이 바로 '공부 역량'이다. 초등 1학년 때부터 공부하는 힘, 공부 역량을 제대로 키워 아이의 공부에 날개를 달아주자.

HAVRUTA

01 자기효능감을 키우는 시기

할 수 없다고 믿는 아이들

"형욱아, 뭐 하니? 빨리 뛰어!"

"싫어요. 그냥 천천히 할래요."

형욱이는 초등학교 5학년이다. 초등학교 5학년 남자아이면 한창 체육을 좋아할 텐데 형욱이는 그렇지 않다. 아무것도 없이 뛰어놀기만 해도 즐거울 시기인데, 형욱이는 늘 뛰지도 걷지도 않는 태도로 느릿느릿 애매하게 움직인다. 형욱이를 처음 만났던 3월에는 저 녀석이 왜 그러는지 이해가 되지 않았다. 한 달 정도 지켜본 다음에야 형욱이가 자주 하는 말에서 그 원인을 찾아냈다.

"됐어. 난 안 할래. 어차피 질 건데 뭐."

"안 할래요. 저는 원래 못해요."

"싫어요. 해봤자 어차피 안 될 거예요."

무엇을 하든 형욱이는 일단 안 하려고 한다. 어차피 못할 것이고, 해봤자 실패할 것이며, 결국 남들에게 창피나 당할 것이기 때문이란다. 체육 시간에 제대로 뛰지 않는 이유도 자신은 원래 달리기를 못하므로 열심히 뛰고도 꼴찌를 해서 비웃음을 사느니 차라리 처음부터 그냥 안 뛰어서 비웃음을 피하겠다는 의도였다.

사실 학교에는 형욱이 같은 아이들이 적지 않다. 형욱이만큼 심하지는 않아도 기본적으로 자신을 믿지 못하는 아이들이 많다. 자신의 생각을 정리하지 못한 채 두서없이 발표하는 아이를 가르치려고 하면 "저는 원래 발표를 못해요"라고 당당히 말한다. 수학 문제를 잘 풀지 못하는 아이를 도와주려고 하면 "저는 원래 수학을 못해요"라며 도움을 거부한다. 글을 쓰라고 하면 "저는 원래 글을 못 써요", 악기 연주를 하라고 하면 "저는 원래 연주를 못해요"라고 이야기한다. 무엇을 하든 항상 자기는 원래 못한다고 말한다.

이러한 아이들은 자기는 원래 머리가 나쁘게 태어났으며 능력이 없기 때문에 무엇을 해도 못한다고 생각한다. 과연 사실일까? 정말로 이러한 아이들은 선생님이 곁에서 아무리 열심히 가르쳐봤자 계속 못한다. 보통 아이들이 10분이면 배울 내용을 1시간을 해도 2시간을 해도 배우지 못한다. 한 달을 꼬박 해야 겨우 배울까 말까 한다. 정말 이러한 아이들은 무엇을 해도 할 수 없는 것일까? 정말 원래 못하는 아이들이 있는 것일까?

형욱이는 "저는 원래 못해요"라는 말을 늘 달고 산다. 형욱이는 자신은 아무런 능력도 없으며 아무것도 못한다고 믿고 있다. 현실은 어떨까? 안타깝게도 형욱이의 믿음은 사실이었다. 형욱이는 정말로 제대로 할 줄 아는 것이 거의 없었다. 수학도 영어도 체육도 잘 못했다. 물론 악기 연주 실력도 별로였다. 사실 형욱이의 무능과 형욱이 스스로 자신은 못한다고 생각하는 믿음 사이에는 밀접한 관련이 있다. 하지만 형욱이의 믿음처럼 자신이 무능하기 때문에 못하는 것이 아니라, 반대로 스스로 무능하다고 믿기 때문에 못하는 것이다. 스스로 못한다고 생각하는 잘못된 믿음이 형욱이의 발전을 가로막는 셈이다.

사람들은 무엇이든 잘하는 사람을 보면 흔히 타고났다고 생각한다. 공부를 잘하는 사람에게는 머리 하나는 제대로 타고났다고 말하고, 달리기를 잘하는 사람에게는 다리 하나는 제대로 타고났다고 말한다. 태생적으로 뛰어난 능력을 타고나서 잘한다고 믿는다. 하지만 달리기를 잘하는 아이들은 그렇게 태어나서 저절로 잘 달리는 것이 아니다. 지금은 전설이 된 세계적인 육상 선수 우사인 볼트Usain Bolt도 한때는 달리기 초보였다. 잘 달리기는커녕 벽을 짚으며 아장아장 걷던 시절이 있었다.

잘 달리는 아이들은 달리기를 좋아하다 보니 자주 달리고 싶어 한다. 기회가 주어지면 항상 최선을 다해 열심히 달린다. 1학년 때는 뒤뚱뒤뚱 움직이다가도 자꾸자꾸 달리면서 근육이 발달하는 것이다. 달리기를 잘하는 6학년 아이가 특별한 능력을 타고나서 맨날 누워 있다가 갑자기 잘 달리는 것이 아니다. 어릴 때부터 지금까지 꾸준히 달렸기 때문에 능력이 커진 것이다. 우사인 볼트도 학창 시절 밤낮없이 달리기에 매진하지 않았다면 평범한 사람에 불과했을지도 모른다.

형욱이는 예전부터 달리기를 제대로 하지 않았다고 아이들은 입을 모아 말했다. 게다가 체육 시간에는 항상 느릿느릿 움직여서 선생님에게 한소리를 들었다고 했다. 친구들이 신이 나서 힘껏 달릴 때 설렁설렁 걸어 다녔으니 다리 근육도 성장했을 리가 없다. 결국 친구들이 점차 성장하며 더 빨라질 때 형욱이는 여전히 초등학교 저학년의 운동 신경에 머물러 있을 수밖에 없었다.

이와 같은 원리는 비단 달리기에만 국한되지 않는다. 모든 일상, 모든 활동, 모든 과목에 적용된다. 우선 무엇이든지 하면서 배우는 것이다. 애초부터 잘하는 사람은 없다. 물론 유전적으로 조금 더 유리한 사람은 분명 있겠지만 타고난 유리함과 불리함은 한두 발자국 차이에 불과하다. 진짜 중요한 차이는 꾸준히 노력하느냐 노력하지 않느냐에 달려 있다.

고학년이 되어갈수록 "저는 원래 못해요" 하는 아이들이 늘어난다. 원래 글을 못 쓰고, 원래 수학을 못하고, 원래 영어를 못하고 무엇이든 일단 원래 못한다고 쉽게 말한다. 이렇게 말하는 아이들은 정말 못할 뿐만 아니라 수업 태도도 좋지 않다. "저는 원래 수학을 못해요" 하는 아이들은 어차피 자신은 못한다고 믿기 때문에 수학 시간에 수업을 듣지 않는다. 원래 못하는데 노력해서 무엇을 하겠냐는 것이다. 어떤 문제를 받아도 나는 어차피 못하는데 하면서 열심히 풀지 않는다. 열심히 해도 잘할까 말까인데 열심히 안 하니 못하는 것은 너무나 당연하다. 못한다는 스스로의 믿음이 행동을 제어하고 제어된 행동이 발전을 가로막기 때문이다.

할 수 있다고 믿는 아이들

"선생님, 저요! 제가 해볼게요."
"일단 해봐. 하다 보면 돼."

하진이는 형욱이와 같은 반이다. 하진이는 형욱이와 달리 무척이나 활동적이며, 무엇을 하든지 뒤로 빼거나 빠지는 법이 없다. 하진이는 다재다능하다. 우선 공부를 잘한다. 과목도 크게 가리지 않는다. 국어도 잘하고 수학도 잘한다. 사회, 과학, 영어도 물론 잘한다. 하브루타를 해도 다르다. 내용도 좋고 설득력도 있다. 하진이는 운동도 잘한다. 체육 시간에 달리기를 하면 어느새 맨 앞에서 달리고 있다. 피구를 할 때 보면 공 하나도 굉장히 빠르고 정확하게 던진다. 피하기도 잘하고 맞히기도 잘한다. 미술도 음악도 잘한다. 간단한 스케치 하나를 해도 과감하면서도 섬세하게 슥슥 그려내고, 피아

노, 리코더, 소금까지 악기도 3가지씩이나 연주할 줄 안다. 대부분의 사람들은 하진이 같은 아이를 영재라고 생각한다. "하진이 엄마는 어떻게 저런 아이를 낳았을까?"라고 묻는다. 이러한 질문에는 하진이는 태생적으로 다르다는 믿음이 깔려 있다. 그런데 정말 타고난 아이가 있는 것일까?

오랫동안 지능에 대한 연구를 해온 미국 미시간대 심리학과 리처드 니스벳 Richard Nisbett 교수의 『무엇이 지능을 깨우는가 Intelligence and How to get it』를 살펴보면 지능에서 유전의 영향력을 부정하지 않는다. 그는 모든 환경이 완전히 똑같다면 유전이 지능에 영향을 미치는 유일한 원인이라고 말한다. 하지만 만약 환경의 차이가 커진다면 유전보다는 환경이 지능에 더 큰 영향을 미친다고 단언한다. 그는 많은 데이터를 통해 흑인들의 IQ Intelligence Quotient (지능 지수)가 낮다는 사실을 확인했다. 하지만 이것은 흑인 가정에서 자라난 흑인 아이들에게만 해당하는 일이었다. 백인 가정에 입양되어 백인들 사이에서 자라난 흑인 아이들은 흑인 가정에서 자라난 아이들보다 평균 IQ가 13점이나 높았다. 흑인들의 IQ가 낮은 이유는 흑인이 유전적으로 열등해서가 아니라 경제적 여건으로 인해 정상적인 교육을 받기 힘들었기 때문이었다. 이러한 사례는 백인 중심의 사회에서도 나타났다. 1947년부터 2002년까지 백인들의 평균 IQ는 무려 18점이나 상승했다. 경제적, 교육적 환경이 개선되면서 대폭 상승한 것이었다. 빈곤층의 경우도 마찬가지였다. 빈곤층 아동을 중산층 이상의 가정에서 양육하면 평균 IQ가 최소 12점에서 최대 18점까지 향상될 것으로 기대되었다. 모두 유전적 요인이 아닌 경제적, 교육적 환경 개선으로 인한 변화였다.

지능의 성장은 평균의 성장과 그 맥락을 같이한다. 많은 사람들은 키가 유전에 의해 결정된다고 믿는다. 실제로 키에서 유전의 영향력은 적지 않다. 하지만 수 세기 동안 인류의 평균 신장은 계속 커져 왔다. 조선 시대 성인 남성의 평균 키는 160cm였고 성인 여성의 평균 키는 149cm였다. 하지만 현재는 초등학교 6학년 여자아이의 평균 키가 152cm이다. 통계청이 내놓은 2017년 청소년 통계에 따르면 고3 남학생의 평균 신장은 173.5cm, 고3 여학생의 평균 신장은 160.9cm였다. 유전은 시대에 따라 달라지지 않는다. 유전자란 말 그대로 유전되어 계속 이어지는 것이기 때문이다. 따라서 평균 신장과 IQ의 변화는 환경에 크게 영향을 받는다.『무엇이 지능을 깨우는가』를 감수한 서울대 심리학과 최인철 교수는 이렇게 말했다.

"인간에게는 '사실'보다는 사실에 대한 '신념'이 더 중요한 영역들이 있다. 예를 들면, 많은 사람들은 외모가 자신의 행복을 결정짓는 중요한 요소라고 생각하지만, 사실은 자신의 외모에 대한 스스로의 생각이 행복에 더 큰 영향을 준다. 이처럼 사실보다는 사실에 대한 신념이 더 중요한 대표적인 영역이 IQ로 대변되는 '지능(Intelligence)'이다. 예를 들어, 지능은 변하는 것인가라는 질문에 대한 과학적 사실보다는 지능은 변하는 것인가에 대한 우리 자신의 답이 우리의 성취 행동에 더 중요하다."

==지금 자신의 IQ가 얼마라는 사실보다 IQ에 대한 신념이 IQ에 더 큰 영향을 미친다.== 다시 말해 현재 IQ가 100인지 110인지보다는 IQ를 타고난 것으로 고정되었다고 믿는지, 아니면 노력에 따라 변화 가능하다고 믿는지가 더 중요하다. 만약 IQ가 고정되었다고 믿는다면 IQ가 90인 사람은 그 사실에 좌절하고 공부를 포기할 것이다. IQ가 120인 사람은 그 사실을 믿고 노력하지 않을 것이다. 하지만 IQ가 고정된 것이 아니라 노력에 따라 변화한다는 사실을 믿는다면 IQ가 90이든 120이든 좌절하거나 자만하지 않고 꾸준히 노력할 수 있게 된다. 따라서 뛰어난 아이가 선천적으로 타고난다는 믿음은 아이가 지닌 IQ와 재능의 성장을 가로막을 뿐이다.

물론 IQ와 재능은 유전에서 완전히 자유롭지 못하다. 분명 유전자에 의해 영향을 받는다. 하지만 변화하지 못하는 것은 아니다. 특히 IQ에 유전보다 환경이 훨씬 더 큰 영향을 미친다는 사실은 최근 심리학 연구의 중론이다. 아무리 좋은 유전자를 타고나도 환경과 노력이 받쳐주지 않는다면 좋은 유전자는 발현되지 않는다. 반대로 그리 좋다고 할 수 없는 유전자를 타고나더라도 환경과 노력으로 극복할 수 있다. 유전자는 게임의 승패를 결정짓는 결승선이 아니라 한 발 앞에서 조금 유리하게 뛰거나 한 발 뒤에서 조금 불리하게 뛰는 정도의 유불리를 제공하는 출발선에 불과하기 때문이다.

일대일로 가르치면 형욱이와 하진이는 반응부터 다르다. 형욱이처럼 ==자신은 원래 못한다고 생각하는 아이들은 선생님의 도움을 싫어한다.== 선생님의 가르침을 부담스러워하고 어떻게든 그 상황에서 빨리 벗어나려고 한다. 전혀 집중하지 않고 계속 딴청을 피우며 하는 흉내만 낸다. 원래 못하는데 노력하는 것이 아까워서이다. 불합격이 결정되어 있다면 누가 힘든 고시 공부를 할까? 절대로 살이 빠지지 않는다고 결정되어 있다면 누가 덜 먹고 운동을 할까? 몇 년을 고생하며 공부하는 이유, 덜 먹고 운동하는 이유는 힘들더라도 노력하면 결국 목표를 이룰 수 있으리라는 희망이 있기 때문이다. 스스로를 믿지 않는 아이들에게는 할 수 있다는 희망과 믿음이 없다.

반면 하진이처럼 ==긍정적으로 자신을 믿는 아이들은 선생님이 도와주면 굉장히 잘 집중한다.== 선생님이 무언가를 알려주면 다른 생각을 하지 않는다. 선생님이 하는 말, 자신이 배워야 하는 내용에 온전히 집중한다. 실패에 대한 걱정과 두려움으로 머릿속이 가득 찬 아이들과는 다르다. 스스로를 믿는 아이들에게는 다른 마음이 없다. 못해서 창피를 당할까 혹은 실패를 할까 두려워하지 않는다. 할 수 있다고 믿기 때문에 누군가 도와주면 정말로 하기 위해 노력한다. 선생님의 조언을 들으면서 하나하나 문제점을 고쳐 결국에는 무엇이든지 성공적으로 할 수 있게 된다.

초등 1학년, 단단한 자기효능감을 키우려면

✦ 자기효능감이란 무엇인가

인도에는 아주 힘이 센 성년의 코끼리도 평범한 끈 하나로 기둥에 묶어두는 특별한 방법이 있다. 어릴 때부터 움직이지 못하도록 묶어두는 것이다. 아기 코끼리는 끈을 끊고 마음껏 돌아다니고 싶지만 아직 힘이 부족해 아무것도 할 수가 없다. 여기서 재미있는 사실은 오랫동안 이렇게 묶어두면 시간이 흘러 충분히 끈을 끊을 수 있는 힘이 생겨도 그렇게 하지 못한다는 것이다. 어린 시절부터 끊으려는 노력이 반복적으로 실패하면서 코끼리가 자신은 끈을 끊을 수 없다고 믿게 되었기 때문이다. 성년 코끼리가 되어 엄청난 힘을 갖게 되었음에도 불구하고 더 이상 아무런 노력도 하지 않는다. 상황의 변화와는 상관없이 할 수 없다고 믿기 때문에 어떠한 노력도 불필요하게 느껴져서이다. 이것을 심리학에서는 '학습된 무기력Learned Helplessness'이라고 한다. 학습된 무기력은 할 수 없다는 믿음과 무기력함이 몸에 배어 충분히 무언가를 도전하고 해낼 수 있음에도 불구하고 애초부터 포기하고 도전하지 않는 경우를 일컫는다.

형욱이는 끈으로 묶인 코끼리처럼 무기력이 학습되어버렸다. 형욱이는 무엇을 하든지 자신은 실패한다고 믿게 되었고, 이에 따라 노력하지 않는 아이로 변해갔다. 스스로 무능하다고 믿다 보니 안 하게 되었고, 안 하다 보니 더욱 못하게 되었다. 더욱 못하게 되면서 무능하다는 사실이 입증되었고 그로 인해 믿음은 점점 커졌다. 이것은 뫼비우스의 띠처럼 교묘하게 연결되어 끊임없이 서로를 강화하며 시간이 갈수록 형욱이를 더더욱 무능한 아이로 만들었다.

학습된 무기력과는 반대로 자신은 무엇이든지 할 수 있다고 생각하며 자신과 자신의 능력에 대해 긍정적으로 믿는 감정과 감각을

'자기효능감Self-Efficacy'이라고 한다. 자기효능감은 자신이 어떤 일을 성공적으로 할 수 있을지에 대한 믿음을 뜻한다. 하진이는 어떤 일을 하든지 자기만 열심히 하면 할 수 있다고 믿는다. 많은 아이들이 할 수 있을지의 여부를 따지고, 또 다른 아이들이 자신은 못한다고 믿으며 물러설 때 하진이는 할 수 있다고 믿는다. 이러한 믿음은 하진이로 하여금 꾸준히 노력하게 만들고, 노력 끝에 하진이는 결국 정말 잘할 수 있게 된다. 잘하게 되었으니 자신에 대한 믿음은 더 강화되고 다음번에도 더욱 노력하게 된다. 더욱 노력하니 더 큰 성공을 거두고 그 성공은 다시 자기효능감을 키운다. 역시 뫼비우스의 띠처럼 연결되어 끊임없이 서로를 강화하며 시간이 갈수록 하진이는 더욱더 유능한 아이로 성장한다.

  자기효능감은 배우는 과정에서 따라오는 어려움을 이겨낼 수 있게 도와준다. 결국은 해낼 것이라고 믿는 사람만이 노력하는 과정에서 오는 어려움을 견딜 수 있다. 만약 자기효능감이 없다면 이러

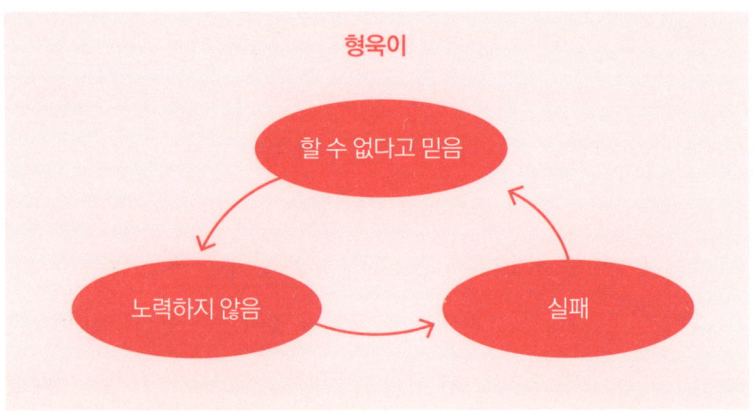

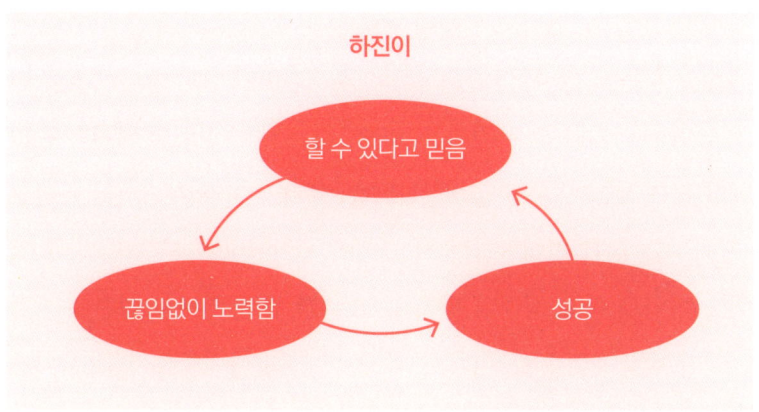

한 어려움은 견디기가 힘들다. 할 수 있다는 믿음이 없다면 누가 굳이 그 고통을 참으려고 할까? 끝내 할 수 있으리라는 믿음은 과정의 고통을 감내하게 하지만, 어차피 해도 안 될 것이라는 믿음은 지금 당장 고통을 회피하게 만든다. 정말 할 수 없다면 그만두는 것이 더 현명한 일이기 때문이다. 자기효능감은 아이의 성장을 위해 가장 중요한 요소이다. 자기효능감이 없으면 그 무엇도 제대로 해낼 수 없다. 자기효능감이 없다면 남이 대신해주는 것, 저절로 되는 것 외에는 그 무엇도 이룰 수 없게 된다.

✦ 초등 1학년, 자기효능감 형성의 결정적 시기

초등 1학년 이전의 미취학 아이들은 대부분 스스로 굉장히 뛰어난 능력을 가졌다고 믿는다. 슈퍼 히어로 영화를 보면서 자신도 영화 속 주인공들처럼 높은 곳에서 뛰어내리고 하늘을 날아다닐 수 있다고 믿는다. 어른들이 힘들여 만든 결과물을 보면서 자신도 어렵지 않게 만들 수 있다고 믿는다. 자신보다 훨씬 몸집이 큰 아빠와 팔씨름을 해서 이길 수 있다고 진심으로 믿는다. 취학 전 아이들은 어떤 능력을 얻거나 좋은 결과를 이끌어내는 데 필수적인 어려움을 고려할 줄 모르기에 자신이 세상 그 누구보다 뛰어난 사람이라고 믿는다. 게다가 취학 전에는 집에서 금이야 옥이야 길러진다. 밥만 잘 먹어도 칭찬을 듣고 심지어 똥을 싸도 예쁜 똥을 쌌다고 칭찬을 듣는 존재가 취학 전 아이들이다. 그래서 취학 전 아이들은 다른 아이들과의 비교에도 덜 민감하다. 자신도 곧 할 수 있으리라 믿고 집안에서는 사랑을 독차지하며 주로 칭찬만 들으면서 자라기 때문이다.

현배도 초등학교 입학 전까지는 그렇게 믿었다. 자신이 세상에서 제일 그림도 잘 그리고 책도 잘 읽고 최고로 뛰어난 아이라고 믿었다. 그런데 초등 1학년이 되고 나서 조금씩 그 생각이 깨지기 시작했다. 미술 시간에 선생님이 민준이의 그림을 보고는 크게 칭찬했는데, 자기의 그림을 보고는 그냥 "잘했어"라고만 말했다. 자기 딴에는 책을 잘 읽는다고 생각했는데, 다예가 "너는 왜 그렇게 책을 못 읽니?"라고 물었다. 이러한 일들과 스스로 뛰어나지 않다고 자각하는 시기가 맞물리면서 현배는 점점 자신감을 잃고 소심해져갔다.

초등 1학년이 되면 아이들은 완전히 다른 세상을 만나게 된다. 입학 전에는 자신이 세상에서 가장 예쁘고 가장 힘이 세며 가장 똑똑하다고 생각한다. 물론 유치원에도 자기보다 잘하는 아이들이 있지만 크게 개의치 않는다. 여전히 무조건 자기가 최고라는 비현실적인 자신감을 갖고 있는 시기이기 때문이다. 하지만 초등학교에 입학

할 즈음부터는 상황이 달라진다. 가장 먼저 비현실적인 자신감이 사라진다. 7~8살 때부터 인지 능력이 발달하면서 점차 현실적으로 자기 자신을 바라볼 수 있게 되기 때문이다. 그리고 남과 비교되는 활동이 늘어난다. 유치원 때는 단순히 만들고 즐기면서 재미있게 각자 성취하는 활동이 대부분이지만, 초등학교에 입학하면 읽고 쓰고 계산하고 발표하는 등 행동 하나하나가 친구와 비교되는 활동이 많아진다. 유치원 때는 하지 않았던 본격적인 평가가 시작되는 것도 중요한 이유 중 하나이다. 그래서 초등 1학년 시기에는 아이의 자기효능감이 크게 떨어질 수 있다. 자신을 객관적으로 인식하는 능력이 크게 성장했는데, 비교와 평가가 중심인 여러 가지 활동을 거치면서 점차 자신이 우수하지 않은 평범한 아이, 혹은 그조차도 되지 않는다는 사실을 느끼게 되기 때문이다. 이때부터 조금씩 실패에 대한 두려움이 생기기 시작한다. 입학 전에는 실패에 무감각하던 아이도 1학년이 되면서 실패에 민감해지고 다른 사람과 비교당하는 것을 꺼리기 시작한다. 안타깝지만 피할 수 없는 성장 과정이다.

그러면 어떻게 해야 초등 1학년 때 아이의 자기효능감이 떨어지는 문제를 해결할 수 있을까? 우선 취학 전에 부모가 아이를 더 감싸준다고 해결될 일은 아니다. 그럴수록 취학 후에 아이가 느끼는 충격이 더 클 수 있다. 부모의 세상과 학교의 세상 사이에 괴리가 생기기 때문이다. 그러므로 무작정 감싸주고 칭찬을 많이 해주는 것 역시 바람직하지 않다. 초등 1학년 때부터 서서히 자신을 객관적으로 볼 수 있는 힘이 생기기 때문에 부모의 거짓된 위로와 칭찬을 아이는 모두 느낄 수 있다. 아직 언어 능력이 온전히 발달하지 않아 구체적으로 정확하게 말로는 설명하지 못하지만 뭔가 진실이 아닌 것 같은 묘한 느낌을 받게 된다. 그런가 하면 자신을 바라보는 객관적인 시각이 아직 성장하지 못해 부모의 무조건적인 칭찬을 그대로 믿는 경우도 문제가 된다. 자신의 실력을 제대로 파악하지 못한 채 계속해서 자신이 가장 우월하다는 착각에서 헤어 나오지 못할 수 있기 때문이다. 초등 1학년 때부터 아이에게 단단한 자기효능감을 키워주려면 다음의 3가지가 필요하다.

- 아이가 계속해서 실질적인 성공을 경험할 수 있어야 한다.
- 부모가 아이에게 올바른 칭찬을 해야 한다.
- 아이 스스로 의사소통 능력을 길러야 한다.

==초등 1학년은 자기효능감 형성의 결정적인 시기이다. 자신을 바라보는 객관적인 인식 능력이 커지고 타인과 비교되는 일이 급증하기 때문이다.== 이때 단단한 자기효능감을 키워주지 못하면 아이는 스스로 무능하다고 믿으며 경쟁을 피해 무조건 도망가려고 할 것이다. 단단한 자기효능감을 가진 아이만이 스스로를 믿고 실패를 두려워하지 않으며 학교생활 중 겪게 되는 수많은 어려움에 당당히 도전할 수 있다. 단단한 자기효능감을 가진 아이만이 적극적이고 능동적으로 학교생활을 즐기고 열심히 공부할 수 있다.

HAVRUTA

02

공부 정서를 다듬는 시기

공부를 싫어하는 아이들

"딩동댕동~ 딩동댕동~"

쉬는 시간이 끝나고 다시 수업이 시작되는 종이 울린다. 종소리에도 아랑곳하지 않고 떠들며 뛰어다니던 아이들이 선생님의 제지에 어쩔 수 없이 자리로 돌아가며 서로에게 묻는다.

"이번 시간 뭐야?"

"수학."

"아, 또 수학이야? 지겨워……."

눈을 반짝이며 뛰어놀던 아이들이 수학이라는 말에 금세 풀이 죽는다. 아이들의 축 처진 어깨와 어두운 표정을 보면 선생님도 마음이 편하지 않다. 그렇다고 수업을 안 할 수도 없으니 어찌 되었든 수업은 시작된다. 놀고 싶은 아이들의 마음과는 상관없이 수업이 시작되듯 수업이 시작되는 상황과는 상관없이 아이들은 공부하지 않는다. 못마땅한 마음으로 자리에 앉은 아이들이 열심히 공부할 리가 없다. 선생님의 설명을 한 귀로 듣고 한 귀로 흘리면서 머릿속으로는 다른 생각을 한다. 쉬는 시간에 친구와 하던 놀이를 생각하는 녀석, 어젯밤 늦게까지 하던 게임을 생각하는 녀석, 주말에 친구들과 함께 놀러 가기로 한 약속을 생각하는 녀석까지 참 다양하다.

방금 전까지 멍하니 있던 아이들이 동시에 깨어난다. 아이들을 깨우는 주문은 쉬는 시간의 시작을 알리는 종소리이다. 쉬는 시간이 되면 아이들의 눈은 반짝반짝 다시 살아난다. 아이들은 웃고 떠들며 환한 표정을 짓는다. 다시 기운을 차려 교실을 뛰어다니고 소리를 지르며 바닥을 뒹군다. 10분이라는 짧은 시간에 자기 자신을 찾은 것이다. 혹여 종이 쳤는데도 불구하고 선생님이 조금 더 수업을 하려고 하면 아이들의 몸은 슬슬 꼬이기 시작한다. 하나둘 서서히 온몸을 비비 꼬며 꽈배기가 되어 책상에 몸을 비벼댄다. 그러다가 한 녀석이 참지 못하고 손을 든다.

"선생님, 수업 언제 끝나요?"

아이들이 수업 시간에는 축 처져 있다가도 쉬는 시간만 되면 다시 살아나는 이유는 무엇일까? 공부를 싫어해서이다. 아이들은 공부를 싫어한다. 초등 저학년 때까지는 그럭저럭 수업을 좋아하는 아이들도 많다. 내용이 쉬울뿐더러 책상에 앉아서 하는 전형적인 공부보다 노래를 부르고 춤을 추며 만들기를 하는 형태의 수업이 적지 않기 때문이다. 하지만 초등 4학년 정도부터는 공부를 싫어하는 아이들이 기하급수적으로 늘어난다. 재미있는 활동으로 구성된 수업이 줄어들고 전형적인 공부를 하는 수업이 대부분이기 때문이다. 게다가 내용도 본격적으로 어려워진다.

공부를 못하는 중하위권 아이들뿐만 아니라 공부를 잘하는 상위권 아이들도 상당수가 공부를 싫어한다. 착한 아들딸이라서 부모를 만족시키기 위해 공부하고, 일찍 철이 들어서 편하게 잘 먹고 잘 살기 위해 공부할 뿐 진심으로 공부가 좋아서 하는 아이는 드물다. 이 글을 읽고 있는 지금 스스로에게 한번 물어보자. 나는 학창 시절에 공부를 좋아했었나? 아마 그렇다고 대답할 사람은 전체의 1%, 아니 0.1%도 되지 않을 것이다. 공부를 하다 보면 가끔 재미있었던 내용이 있기는 하지만 공부 자체가 재미있었다고 말하는 사람은 거의 없다. 이처럼 대다수의 아이들이 공부를 싫어하지만 적지 않은 부모들이 크게 개의치 않는다. 공부를 좋아서 하는 아이가 세상에 어디 있겠냐며 해야 하니까 하는 것이라고 말한다. 사실 틀린 말은 아니다. 세상에 공부를 좋아하는 아이는 별로 없다. 그런데 그렇게 공부를 싫어하는데 그냥 시킨다고 공부를 할까?

사람에게는 머리로 생각하는 이성과 가슴으로 느끼는 감정이 있다. 이성과 감정은 사람이 판단을 내리고 행동을 선택하는 데 결정적인 영향을 미친다. 어떤 문제에 직면했을 때 이성과 감정이 한 방향을 가리키면 참 좋겠지만 많은 경우 그렇지 않다. 머리는 떠난 사람을 그만 잊으라고 하지만 가슴은 계속해서 떠올린다. 머리는 칼

로리 폭탄 마카롱을 그만 먹으라고 하지만 가슴은 하나만 더 먹으라고 시킨다. 머리와 가슴이 서로 다른 일을 시킬 때 사람은 과연 무엇을 따를까? 이성과 감정이 서로 반대의 이야기를 하면 사람은 대개 감정의 목소리를 따른다. 이성과 감정이 양분되는 것처럼 느껴지지만 이성의 힘은 감정의 힘에 미치지 못한다. 그래서 사람은 알면서도 하고 후회한다. 그러면서도 다음에 다시 하고 후회한다. 사람은 어리석고 같은 실수를 반복한다.

후회할 것을 알면서도 이성이 아닌 감정을 따르는 이유는 뇌 구조와 관련이 있다. 사람의 뇌에는 이성을 관장하는 부위와 감정을 관장하는 부위가 따로 존재한다. 이성을 관장하는 부위를 대뇌 피질, 감정을 관장하는 부위를 변연계라고 한다. 두 부위는 서로 다른 역할을 하는데, 우선순위가 있다. 대뇌 피질과 변연계가 하나의 일에 대해 서로 반대되는 의견을 내면 우선순위는 변연계가 갖는다. 다시 말해 이성은 감정이 좋다고 허락한 부분에 대해서만 작동한다는 뜻이다. 최근 뇌과학과 심리학에서는 이성적인 결론이 사실은 감정적으로 마음에 드는 결론을 내린 후에 평계처럼 덧붙이는 것에 불과하다는 연구 결과를 내놓았다. 감정이 앞선다는 뜻이다. 심리학의 많은 연구들이 사람은 감정적으로 결정을 내린 다음에 이성을 이용해 합당한 근거를 찾아낸다고 이야기한다. 나쁜 것이라도 일단 기분이 좋으면 이성적으로도 좋게 보이고, 좋은 것이라도 기분이 나쁘면 이성적으로도 나쁘게 보인다는 의미이다. 정말 필요한 충고라도 기분이 상하면 듣기 싫고 거짓임을 알아도 기분을 좋게 만들면 믿고 싶은 것이 사람의 심리이다. 다음 날 분명히 후회할 것을 알면서도 밤 늦게 야식을 주문하는 이유, 청구서를 받고 분명히 후회할 것을 알면서도 우선 신용 카드를 긁는 이유는 이성이 아닌 감정이 사람의 행동을 결정짓기 때문이다.

아이들은 이러한 특성이 어른보다 두드러진다. 아이들은 어른보다 감정에 더 크게 영향을 받으며 스스로를 통제하기 어려워한다. 어른에 비해 이성이 덜 발달했기 때문이다. 만 6살 정도까지는 주로 뇌에서 생명력 유지를 담당하는 부위와 정서를 담당하는 부위가 발달한다. 이성적 능력을 담당하는 부위가 본격적으로 성장하는 시기는 초등학교 1학년 무렵부터이다. 이때부터 발달이 시작되어 성인이 되기까지 계속 발달하기 때문에 초등학생들의 이성적인 판단 능력이 현저히 떨어지는 것이다.

어른들은 직장에 나가기 싫어도 나가야 하는 이유를 잘 알고 있다. 하기 싫어도 해야 하는 이유를 잘 알고 있다는 이야기이다. 하지만 아이들은 다르다. 안전하고 따뜻한 부모 품을 벗어나 왜 학교에 가야 하는지를 알지 못한다. 그냥 입학하기 전처럼 놀고먹고 뒹굴면 되는 줄 알았는데, 왜 책상에 앉아서 무슨 뜻인지도 모르는 내용을 배워야 하는지를 이해하지 못한다. 집에서는 내가 왕이라 하고 싶은 대로 다 하는데, 왜 선생님은 안 된다는 말을 자꾸 하는지, 왜 그런 말을 듣고 있어야 하는지, 왜 이동할 때 줄을 서야 하는지, 왜 수업 중에는 마음대로 돌아다니면 안 되는지를 알지 못한다.

감정을 조절하는 힘도 부족하다. 어른에게는 어느 정도 자신의 감정에 어긋나더라도 너무 심각하지만 않다면 이성적으로 참고 이겨내는 힘이 있다. 월요일 아침마다 한숨 더 자고 싶어도 참고, 꽉 막힌 출근길에서 운전대를 꺾어 문득 바다를 보러 가고 싶다는 충동도 참으면서 살아간다. 화가 나서 소리를 지르고 욕을 하고 싶어도 뒷일을 감당할 수 없을 것 같아 참는다. 감정을 조절할 수 있는 것이다. 하지만 아이들은 그렇지 않다. 학교에 가기 싫으면 당장 머리가 아프고 배가 아프다. 화가 나면 불쑥 소리부터 지르고 나서 뒷일을 생각한다. 지금 일어나는 감정을 조절하지 못하는 것이다.

이성이 약해 감정의 지배를 받다 보니 공부를 싫어하는 아이들에게는 공부를 해야 한다는 논리가 통하지 않는다. 아이들은 자신의 감정대로 행동한다. 공부를 싫어하는 아이들은 국어 시간은 국어 시간이라 떠들고 수학 시간은 수학 시간이라 잡담하며 사회 시간은 사회 시간이라 멍하니 있는다. 부모 입장에서는 아이가 학교에 갔으니 어쨌든 공부를 할 것 같지만 이는 착각에 불과하다. 공부를 싫어하는 아이들은 하루 종일 책상에 앉아 있어도 아무것도 듣지 않는다.

공부를 좋아하는 아이들

서현이는 초등학교 4학년이다. 대부분의 아이들이 수학을 싫어하지만 서현이는 좋아한다. 서현이는 수학 시간마다 "우아, 수학이다. 진짜 재밌겠다"라고 말한다. 체육을 좋아한다면 누구나 공감하겠지만 수학이 좋다고 하니 친구들은 서현이를 조금 이상하게 본다.

"넌 수학이 왜 재밌어?"
"어려운 문제가 풀릴 때 되게 재미있어."

서현이는 수학만 좋아하지 않는다. 서현이는 과목에 상관없이 적극적이다. 국어 시간은 국어라서 좋아하고 사회 시간은 사회라서 좋아한다. 음악, 미술, 체육도 당연히 좋아한다. 서현이처럼 공부를 좋아하는 아이들은 공부를 싫어하는 아이들과는 행동 방식부터 다르다. 우선 공부를 싫어하는 아이들은 어떻게든 적당히 시간을 때우려고 한다. 예를 들어 국어 시간에 글쓰기를 하면 많은 아이들이 몇 줄을 써야 하느냐고 묻는다. 몇 줄 이상 써야 통과인지가 궁금한 것이다. 공부를 싫어하는 아이들의 머릿속에는 글쓰기를 통해 무언가를 배워야겠다는 생각이 없다. 얼른 과제를 끝내고 놀겠다는 생각만이 들어 있다. 그래서 대부분의 시간을 잡담하고 장난하며 흘려보낸다. 글을 쓰라고 10분을 주면 장난하는 데 7~8분을 써버려 정작 글을 쓰는 시간은 2~3분이 채 되지 않는다. 그러고도 글쓰기가 힘들다며 칭얼댄다. 공부를 싫어하는 아이들은 공부를 고통으로 여긴다. 아이들은 고통을 최소화하고 즐거움을 극대화하기 위해 대부분의 수업 시간에 딴짓을 한다.

하지만 서현이처럼 공부를 좋아하는 아이들은 다르다. 글을 쓰라고 하면 눈부터 반짝인다. 자신이 어떤 주제로 글을 쓰고 싶은지 어떻게 쓸 것인지 부지런히 머리를 굴린다. 딴짓을 거의 하지 않고 글을 쓰는 데만 집중한다. 무엇을 쓸지 고민하고, 쓰고, 지우고, 다시 쓰고, 또 고민하는 데 오롯이 시간을 할애하는 것이다. 공부를 좋아하는 아이들은 양을 채우는 일에 급급하지 않는다. 글을 쓰는 행위 자체에 집중한다. 잘 쓰든 못 쓰든 일단 글을 쓴다는 행위 자체를 즐겁게 여긴다. 과정을 즐기고 글이 완성되면 좋아하며 잘 썼다는 칭찬 한마디에 기뻐한다. 공부하는 과정에서 기쁨과 즐거움을 느낀다. 다른 아이들이 억지로 양을 채워나갈 때 진심으로 자신의 생각을 나눈다. 당연히 결과물도 우수하다.

==공부를 좋아하거나 싫어하는 마음의 태도는 수업에 어떻게 참여할지 태도를 결정한다.== 수업 참여 태도는 시간이 흘러 나타나는 능력의 차이를 결정한다. 공부를 싫어하는 아이들은 1년이 지나도 큰 변화가 없다. 학년 초인 3월에 쓴 글과 학년 말인 12월에 쓴 글이 거의 똑같다. 문장은 여전히 엉망이고 단어 선택도 그대로이며 자신의 생각에 적절한 근거를 대지도 못한다. 발표를 할 때도 여전히 쭈뼛대고 자신이 무슨 말을 하는지도 모른 채 아무 말이나 한다. 공부하는 매 순간을 괴롭고 지겹다고 여기면서 대충대충 때우려고 하니 발전이 있으려야 있을 수가 없다.

==반면 공부를 좋아하는 아이들은 시간이 지날수록 성장하고 발전하는 모습이 두드러진다.== 횡설수설 발표하던 아이도 점차 또렷하게 자신의 의견을 말할 수 있게 된다. 어려운 수학 문제도 자신감을 갖고 정확히 풀 수 있게 된다. 모든 기회를 허투루 흘려보내지 않기

때문이다. 써온 글에 대해 아쉬운 점을 말해주면 공부를 싫어하는 아이들은 듣지도 않는 반면, 공부를 좋아하는 아이들은 잘 듣고 열심히 고친다. 그리고 다음번에 글을 쓸 때 배운 내용을 적용시켜 더 나은 글을 쓴다. 수학에서 단순한 계산 실수가 잦을 때 이러한 부분을 자주 틀린다고 지적해주면 특별히 신경을 쓰고 점차 개선을 한다. 공부를 좋아하는 아이들은 선생님의 한마디 한마디를 놓치지 않고 들으면서 배운다. 매 순간 발전하는 것이다.

초등 1학년, 긍정적인 공부 정서를 다듬으려면

✦ 공부 정서란 무엇인가

세상에는 크게 두 종류의 일이 있다. 시켜서 되는 일과 시켜서 안 되는 일이다. 시켜서 되는 일은 매우 간단하거나 일회적인 경우이다. 바닥에 떨어진 쓰레기를 줍거나 행주를 가져다주는 일은 시켜서 해결할 수 있다. 상대방에게 큰 부담이 되지 않기 때문이다. 시켜서 안 되는 일은 어렵거나 장기간의 반복적인 노력이 필요한 경우이다. 복잡한 수학 문제를 풀거나 꾸준한 운동으로 뱃살을 빼는 일은 단순히 시켜서 해결할 수 없다.

그렇다면 공부는 어느 쪽일까? 시켜서 되는 일일까, 시켜서 안 되는 일일까? 우선 공부는 쉬운 일이 아니다. 머리를 싸매고 고민하며 끊임없이 인내해야 하는 일이다. 일회적이지도 않다. 초등학교 6

년, 중고등학교 6년, 대학교 4년에 대학원 3년까지 더한다면 거의 20여 년의 세월 동안 해야 하는 일이다. 공부는 어렵고 복잡하며 장기적인 노력이 필요하기 때문에 해야 하는 사람이 능동적으로 움직이지 않으면 절대로 좋은 결과를 얻을 수 없다. 하루 이틀 정도는 부모님의 잔소리에 못 이겨서, 용돈을 조금 더 받기 위해서, 혹은 착한 아들딸이 되기 위해서 노력할 수 있지만 20여 년의 세월을 그렇게 살 수는 없다. 공부는 누가 시켜서 될 일이 아니다.

시켜서 안 되니 아이들을 철저하게 관리해야 한다는 부모도 있다. 싫어하고 안 하니까 물 샐 틈 없이 관리해서 공부하도록 해야 한다는 주장이다. 하루 일과를 철저히 챙기고 학원도 데려다주고 데려오며 집 안에서도 공부하나 안 하나 촉각을 세워 관찰하고 감독해야 한다고 생각한다. 물론 관리를 안 하는 것보다는 하는 편이 낫다. 하지만 공부에 마음이 없는 아이들은 아무리 관리를 해도 공부하지 않는다. 학원에 가기는 하지만 그냥 앉아만 있는다. 이러한 아이들은 숙제에 대한 책임을 피할 수 있을 만큼만 공부를 한다. 제대로 했다고 보기는 어렵지만 그렇다고 해서 안 했다고 꾸중하기에는 애매한 정도로만 한다. 애초에 어른들의 잔소리를 듣지 않는 것이 목적이기 때문에 굳이 잘할 이유가 없다. 그나마 이렇게 공부하도록 부모가 관리할 수 있는 시기는 기껏해야 초등 3,4학년 정도까지이다. 이때까지는 거짓말을 잘 못하기도 하고 부모가 시키면 하는 시늉이라도 한다. 하지만 초등 5,6학년이 되면 숙제를 다 했냐는 부모의 물음에 알아서 하겠다는 퉁명스러운 대답이 돌아오기 십상이다. 부모의 관리는 아이가 진심으로 열심히 할 때 불편함이 없도록 도와주는 차원에서 의미가 있지, 평소 공부를 하지 않는 아이의 근본을 변화시키지는 못한다.

그래서 공부는 시키거나 관리하는 것이 아니라 스스로 하게끔 만들어야 한다. 말을 물가에 데려갈 수는 있어도 억지로 물을 마시게 할 수는 없다. 아이가 공부에 대해 재미있고 할 만하다고 생각해야 스스로 노력하게 되는 법이다. 공부를 통해 찾을 수 있는 재미는 크게 4가지가 있다. 대화의 재미, 이해의 재미, 능동의 재미, 성장의 재미이다. 그저 수동적으로 내용을 듣고 외우면서 해도 해도 발전이 없다고 생각하면 공부에서 재미를 느끼기가 힘들다. 능동적으로 대화하고 내용을 이해하며 스스로 성장한다고 생각해야 공부에서 재미를 느낄 수 있다. 아이가 공부는 재미있고 즐거우며 할 만하다고 느껴야 스스로 기꺼이 공부를 하게 되는 것이다.

✦ 초등 1학년, 공부 정서 형성의 결정적 시기

사람은 어떤 대상을 판단할 때 그 대상이 가진 이미지를 활용한다. 사람은 신이 아니기에 대상의 숨겨진 속성까지 모두 알 수는 없으며 겉으로 드러나는 몇 가지 특징만 발견할 수 있다. 그래서 사람은 눈에 띄는 몇 가지 특징을 근거로 삼아 그 대상에 대해 판단하게 된다. 예를 들어 어떤 사람의 표정, 말투 등 몇 가지 단서로 저 사람은 대략 어떤 사람이라고 미뤄 짐작하는 것이다. 이것을 이미지라고 한다.

사람은 어떤 대상에 대해 한번 이미지를 갖게 되면 쉽사리 바꾸지 않는다. 한번 형성된 이미지가 이후에 일어나는 현상을 판단하는 기준이 되기 때문이다. 예를 들어 두 사람이 있다고 생각해보자. 한 명은 예의 바른 이미지를 갖고 있고, 다른 한 명은 소심한 이미지를 갖고 있다. 우연히 두 사람이 같은 행동을 했을 때 같은 행동이지만 서로 다른 두 이미지를 강화하는 추가 증거로 사용될 수 있다. 다시 말해 같은 행동이더라도 예의 바른 이미지를 가진 사람이 하면 예의 바르다는 기존 이미지의 추가 증거로 사용되고, 소심한 이미지를 가진 사람이 하면 소심하다는 기존 이미지의 추가 증거로 사용된다는 의미이다.

코에 걸면 코걸이, 귀에 걸면 귀걸이라는 말처럼 이후에 어떤 일이 일어나든지 상관없이 사람들은 자신들이 이미 가진 이미지에 맞춰 대상을 판단하게 된다. 이미지가 한번 자리를 잡고 나면 이후에 들어오는 모든 정보는 이미지에 따라 다시 재조정된다. 이미지는 좋다가 나빠지거나 나쁘다가 좋아지기는 어렵고, 한번 좋아 보이면 계속 좋아 보이고 한번 나빠 보이면 계속 나빠 보이기 쉽다. 그래서 무언가를 좋아하고 싫어하게 되는 데는 그 대상의 초기 이미지가 매우 중요하다.

초등 1학년인 다솜이는 수학을 정말 싫어한다. 수학이라는 말만 들어도 긴 한숨부터 내쉰다. 엄마가 일찍부터 수학의 기초를 잡겠다며 5살 때부터 억지로 학습지를 시켰기 때문이다. 재미도 없고 이해도 안 되는데 엄마가 강제로 계속 시키다 보니 수학이라면 벌써 울상부터 짓는다. 선생님이 아무리 재미있게 수업을 준비해도 다솜이는 언제나 "수학은 정말 싫어"라며 고개를 가로젓는다. 첫인상의 중요성은 공부에도 그대로 적용된다. 처음부터 공부를 재미있다고 느낀 아이는 공부에서 지속적으로 재미를 발견할 가능성이 높다. 반대로 처음부터 공부를 지루하다고 느낀 아이는 앞으로도 계속 지루함을 경험할 가능성이 높다. 원래 공부에는 재미도 있고 지루함도 있지만 스스로 공부에 대해 처음으로 생각한 점을 더욱 강하게 느끼고 인식하기 때문이다.

초등 1학년이 되면 아이들은 공부에 대한 첫 이미지를 형성하기 시작한다. 처음으로 제대로 된 공부를 만나기 때문이다. 물론 요즘에는 유치원에서도 수업이 이뤄지지만, 초등학교의 수업과는 엄연히 다르다. 유치원의 수업은 매우 자유로운 형태로 진행된다. 뛰고 구르며, 색칠하고 스티커를 붙이는 등 대부분의 아이들이 좋아하는 활동 중심의 수업을 한다. 반면 초등학교는 그렇지 않다. 본격적으로 책상에 앉아서 하는 전형적인 공부가 시작된다. 정해진 자리에 앉아 책을 읽고 연필로 글을 써야 한다. 집에서 학습지를 해본 경우도 크게 다르지 않다. 집에서 하는 학습지 공부는 보통 원하는 시간에 하고 소요 시간도 그리 길지 않다. 아이들은 유치원에서 수업을 들었건 학습지를 했건 상관없이 사람들이 일반적으로 생각하는 공부를 비로소 초등 1학년 때 처음으로 만난다. 그리고 나서 공부에게 이렇게 묻는다.

"공부야, 반가워. 너는 누구니?"

공부는 아무런 대답도 하지 않는다. 다만 아이들이 스스로 느낄 수 있을 뿐이다. 초등 1학년 아이들은 앞으로 평생 동안 갖게 될 공부에 대한 이미지를 만들기 시작한다. 모든 대상에는 장점과 단점이 양면적으로 존재하듯 공부도 그렇다. 재미있는 점도 있고 지겹고 힘든 점도 있다. 문제는 아이가 어느 지점에 더 집중하느냐이다. 공부를 재미있다고 생각해 즐기면서 하게 되면 더더욱 그런 점이 부각되어 점점 더 공부를 즐길 수 있게 된다. 이른바 선순환이다. 반대로 공부를 지겹고 힘들다고 생각해 억지로 하게 되면 더더욱 그런 점이 부각되어 점점 더 공부를 억지로 하게 된다. 이번에는 악순환이다. 우리 아이가 평생 공부를 즐겁게 할지, 아니면 지겹게 할지는 초등 1학년 시기의 경험이 많은 부분을 결정한다. ==초등 1학년 때는 학습지를 하나 더 시키거나 학원을 하나 더 보낼 것이 아니라 아이가 공부에 대한 제대로 된 이미지를 갖고 긍정적인 공부 정서를 형성할 수 있도록 도와야 한다.==

HAVRUTA

03 공부 습관을 세우는 시기

나쁜 습관을 가진 아이들

1교시 수업 시작을 알리는 종이 쳤지만 시원이는 아직 학교에 오지 않았다. 시원이의 지각은 그리 놀랄 일이 아니다. 시원이는 언제나 일주일에 2~3번 정도 늦는다. 1교시 수업이 한창일 때 드르륵 뒷문을 열고 금방 잠에서 깬 퉁퉁 부은 얼굴에 머리에는 까치집까지 지은 채 나타난다. 모든 친구들의 시선이 집중되지만 전혀 기죽지 않고 들어온다. 이제는 익숙해졌기 때문이다. 지각이면 조용히 들어올 만도 한데 오히려 더 당당하다. 티가 나게 문을 열고 발소리도 죽이지 않은 채 걸어와서 자리에 앉는다. 책상에 가방을 거는 고리가 있지만 그냥 옆에 던져둔다. 밤새 게임이라도 했는지 초점 없는 눈에 멍한 표정이다.

시원이는 방치된 아이다. 부모님의 이혼으로 현재 아빠와 함께 살고 있다. 야식 전문 식당을 운영하는 아빠는 오후에 일하러 나가면 새벽이 되어서야 집에 들어온다. 시원이가 일어날 시간에 아빠는 한창 곯아떨어져 있다. 서로 생활 패턴이 정반대이다. 그래서 시원이는 스스로 일어나야 한다. 아무도 시원이를 도와주지 않는다. 시원이는 눈이 떠지면 학교에 오고 안 떠지면 그냥 잔다. 수업이 끝나고 집에 가면 아빠는 일하러 나간다. 시원이가 집으로 바로 가면 잠깐이나마 아빠의 얼굴을 볼 수 있지만, 대부분은 친구들과 어울려 놀다가 늦게 들어가기 때문에 서로 얼굴을 보지 못하는 날이 더 많다. 집에 들어가서는 곧바로 컴퓨터를 켠다. 저녁은 라면이나 즉석식품으로 대충 때우고 밤늦게까지 게임을 한다.

시원이의 학교생활은 엉망이다. 아침에 오면 가방을 정리한 다음에 오늘 공부하는 과목의 교과서를 꺼내 서랍에 정리하고 독서를 하는 것이 학급 생활의 기본이다. 하지만 시원이는 아무것도 하지 않는다. 일찍 온 날은 일찍 온 대로 교실을 돌아다니며 온갖 장난으로 시간을 보낸다. 아침 자습으로 독서를 해야 하는데도 전혀 개의치 않는다. 준비물을 제대로 가져오는 경우도 거의 없다. 당연히 숙제도 안 해온다. 시원이는 말 그대로 학교에 오기만 한다.

누구라도 예상할 수 있겠지만 시원이는 공부를 못한다. 시험 성적도 최하점이고 아는 것도 별로 없다. 초등 4학년이나 되었는데도 더듬더듬 글을 읽고 구구단도 제대로 외우지 못한다. 시원이는 왜 공부를 못할까? 시원이는 원래부터 그런 아이였을까?

필자는 20여 년간 초등 교사로 일하면서 꾸준히 아이들을 관찰해왔다. 특히 관심 있게 관찰했던 내용은 우수한 아이들은 왜 우수한지, 학교생활에 적응하지 못하는 아이들은 왜 적응을 못하는지였다. 이러한 관찰을 통해 발견한 것은 습관과 학업 성적, 그리고 습관과 학교생활 적응 사이에는 매우 밀접한 관련이 있다는 사실이다.

우등생들은 아침에 등교하면 곧바로 수업 준비를 한다. 오늘 어떤 과목을 공부하는지 시간표를 확인하고 가방과 사물함에서 교과서를 꺼내 서랍에 순서대로 정리한다. 필요한 것을 다 꺼낸 다음에는 가방을 깔끔하게 걸어둔다. 수업 시간에는 항상 집중하고 깊이 생각한다. 학습지는 클리어 파일에 깨끗이 정리하고 가정통신문을 주면 잘 접어서 가져간다. 숙제도 꼬박꼬박 하며 매일매일 공부 시간을 정해서 일정하게 공부한다.

반면 학업 성적이 떨어지고 학교생활에 잘 적응하지 못하는 아이들은 학교에 오자마자 친구들과 삼삼오오 모여 잡담을 시작한다. 수업 시작종이 쳐도 선생님이 말을 하지 않으면 계속 떠든다. 누군가 이야기하지 않으면 절대 멈추지 않고 절대 스스로 준비하지 않는다. 수업 중에도 계속 딴짓을 하고 잠시도 가만있지 못한다. 학습지나 가정통신문은 서랍, 사물함, 가방 등 아무 곳에나 둔다. 꺼내 보면 쓰레기처럼 꾸깃꾸깃 구겨져 있다. 꼭 회신해야 할 가정통신문도 일주일이 지나도록 가져오지 않고, 가방을 열어보면 쓰레기통이 따로 없다. 2개월 전의 학습지, 3개월 전의 가정통신문까지 나온다. 일정하게 공부하는 시간도 당연히 없다. 모든 시간이 노는 시간이고 공부 시간은 어쩔 수 없이 앉아 있는 시간일 뿐이다.

좋은 습관을 가진 아이는 대체로 학업 성적이 우수하다. 반대로 나쁜 습관을 가진 아이는 대체로 학업 성적이 나쁘다. 습관과 학업 능력이 100% 일치하지는 않지만 매우 밀접한 관련이 있는 것만큼은 분명하다. 좋은 습관을 갖고도 학업 성적이 평범한 아이는 있지만, 공부를 잘하면서 나쁜 습관을 가진 아이는 별로 없다. 아침에 학교에 오자마자 수업을 준비하는 아이와 쉬지 않고 떠드는 아이 중 누가 공부를 잘할지는 너무 자명하다. 아이의 학교생활 적응과 학업 능력은 습관이 결정한다고 해도 과언이 아니다.

좋은 습관을 가진 아이들

초등학교 6학년 승이는 매일 아침 7시 40분까지 등교한다. 8시 40분 이후에 등교하는 보통 아이들과 비교하면 무려 1시간이나 일찍 등교하는 셈이다. 승이가 이른 시간에 등교하는 이유는 육상부이기 때문이다. 승이는 7시 40분부터 1시간가량 운동장에서 뛰며 구슬땀을 흘린다. 전문 육상 선수가 되려는 것은 아니지만 육상에 흥미를 느껴 4학년 때부터 시작했다. 덕분에 교육청 주관 대회에서 단체전 준우승을 차지한 경험도 있다.

흔히 운동부는 공부를 못할 것이라는 편견이 있지만 승이는 예외이다. 승이는 공부에 있어서도 굉장히 뛰어나다. 전 과목에서 골

고루 좋은 성적을 보인다. 단순히 겉으로 드러나는 점수만 우수한 것이 아니라 질적으로도 우수하다. 승이는 폭넓은 상식을 갖고 있어 수업을 할 때 매우 수준 높게 하브루타를 한다. 쓴 글이나 하는 말을 살펴보면 깊이가 남다르다. 승이의 능력은 운동과 공부에만 한정되지 않는다. 승이는 다양한 방면에서 두각을 나타낸다. 타자 경시 대회에서 우승을 할 만큼 컴퓨터 타자도 잘 치고, 리코더도 수준급으로 잘 분다. 물론 미술 작품도 뛰어난 상상력과 표현력으로 감탄이 나오게끔 만든다. 승이는 사람들에게 타고났다는 말을 듣는다. 승이는 정말 우수한 능력을 타고났을까?

TV에 나오는 연예인들은 화려하지만 카메라 뒤의 삶은 결코 그렇지 않다. 예쁜 외모와 아름다운 몸매로 반짝반짝 빛나기만 하는 삶을 살 것 같지만, 그들의 삶은 오히려 투쟁적이다. 피곤한 몸을 이끌고 어떻게든 피트니스 센터에 나가 운동을 하고 한두 끼만 먹어도 질릴 것 같은 음식을 삼시세끼 먹으면서 산다. 연예인뿐만 아니라 운동선수나 학자 등 어떤 일에 종사하든 한 분야에서 두각을 나타내는 사람들은 모두 그렇다. 그들은 절제된 생활을 하고 규칙적으로 꾸준히 노력한다. 이탈리아의 조각가 미켈란젤로 Michelangelo 역시 다음과 같이 말했다.

"내가 얼마나 이 그림을 그리기 위해서 노력했는지 안다면 사람들은 결코 나를 천재라 부르지 않았을 것이다."

사람들은 승이가 얻어낸 결과만 본다. 운동도 잘하고 공부도 잘하고 음악도 잘하고 미술도 잘한다는 사실만을 본다. 승이가 얼마나 많은 시간을 들여 노력을 하는지에 대해서는 크게 관심을 갖지 않는다. 다른 아이들이 겨우 눈을 뜰 시간에 이미 운동장을 달리고 있는 노력, 다른 아이들이 삼삼오오 모여 잡담을 하는 쉬는 시간에 혼자 조용히 책을 읽고 있는 노력 말이다. 승이가 뛰어난 능력을 뽐내게 된 데는 오랜 기간 지속된 남다른 노력이 숨어 있었던 것이다.

사람이라면 누구나 한 번쯤 노력을 한다. 누구나 한 번쯤은 마지막으로 도서관의 불을 끄고 나온 적이 있으며, 닭 가슴살로 허기를 때운 적이 있다. 하지만 모두가 시험에서 좋은 결과를 얻거나 만족할 만큼의 다이어트 성과를 내지는 못한다. 노력의 총량이 부족하기 때문이다. 미국의 작가 말콤 글래드웰Malcolm Gladwell은 『아웃라이어 Outliers』를 통해 1만 시간의 법칙을 널리 알렸다. 그는 사람이 한 분야의 전문가가 되기 위해서는 최소 1만 시간의 연습이 필요하다고 말했다. 1만 시간이란 한순간 열심히 하는 노력이 아니라 꾸준히 오랜 기간 지속하는 노력의 다른 말이다.

승이가 다양한 분야에서 뛰어난 능력을 갖출 수 있었던 이유는 잠깐 노력하다가 힘들다고 그만두지 않고 초등 1학년 때부터 꾸준히 노력했기 때문이다. 그렇다면 승이는 어떻게 그러한 노력을 오랜 기간 지속할 수 있었을까? 비밀은 바로 습관에 있다. 노력이 중요하다는 사실을 알면서도 노력을 지속하지 못하는 이유는 노력에 많은 에너지가 들기 때문이다. 많은 사람들이 노력을 하지만 오랜 기간 버티지 못해 도중에 멈춘다. 반면 꾸준히 쉬지 않고 노력을 하는 사람들은 노력 하나하나를 습관으로 만들어버린 사람들이다.

습관은 같은 행동을 훨씬 적은 양의 에너지로 가능하게 한다. 독서가 습관이 되지 않은 아이들은 단 10분도 책을 읽지 못한다. 반면 독서가 습관이 된 아이들은 1시간도 넘게 가만히 앉아서 책을 읽는다. 공부가 습관이 되지 않은 아이들은 공부하라고 하면 책상 정리부터 시작해 온갖 딴짓을 한다. 가만히 앉아 있는 일이 너무 힘들기 때문이다. 하지만 공부가 습관이 된 아이들은 1시간이고 2시간이고 가만히 앉아 공부를 한다. 습관이 되면 더 이상 전처럼 힘들지 않기 때문에 좋은 행동, 올바른 행동, 긍정적인 행동을 지속할 수 있다.

뛰어난 결과는 어떤 일이든지 반드시 오랜 기간 지속된 노력을 요구한다. 이때 장기간에 걸친 노력을 가능하게 하는 비밀은 바로 습관에 있다. ==습관은 행동을 무의식 속에 각인시켜 큰 에너지의 소모 없이 좋은 행동을 반복할 수 있게 한다.== 습관은 좋은 행동, 바람직한 행동을 훨씬 적은 힘으로 꾸준히 할 수 있게 한다. 결국 습관이 인생을 결정하는 셈이다.

초등 1학년, 올바른 공부 습관을 세우려면

✦ 공부 습관이란 무엇인가

초등학교부터 고등학교까지 12년의 정규 교육은 놀라울 만큼 유사하다. 아침에 등교해 책을 펴고 듣고 말하고 읽고 쓴다. 중요한 내용을 정리하고 외워서 시험을 본다. 매일매일 다시 등교해 책을 펴고 듣고 말하고 읽고 쓰고 정리하고 외운다. 결국 공부란 12년 동안 같은 행동을 반복하는 것이다. 이렇게 놀라울 만큼 똑같은 12년의 삶을 살고 있지만 속을 들여다보면 완전히 다르다. 두 아이가 똑같이 가방을 메고 학교를 다녀도 어떻게 듣고 말하고 읽고 쓰고 정리하고 외우는지는 서로 다르다. 누군가는 정확하게 읽고 천천히 생각해 똑똑하게 자신의 생각을 정리하는가 하면, 누군가는 대충 읽고 아무런 생각을 하지 않기도 한다. 누군가는 매일매일 조금씩 앞으로 나아가고, 누군가는 항상 제자리에 머문다.

여기서 문제는 누가 봐도 좋은 습관과 나쁜 습관이 있는 반면, 교육에 상당한 식견이 있는 사람이 아니라면 좋은 습관으로 보이는 나쁜 습관도 있다는 점이다. 일반적으로는 좋은 공부 습관처럼 보이지만 실제로는 나쁜 공부 습관이 있다. 어떤 아이가 여러 과목에서 100점을 받으면 누구나 그 아이가 공부를 잘한다고 생각할 것이다. 하지만 실상은 그렇지 않을 수 있다. 마치 사채를 빌려 명품을 구입해 온몸을 두른 사람처럼 공부도 그럴 수 있기 때문이다. 똑같이 100점을 받아도 진짜 100점인 아이가 있고, 속이 빈 100점인 아이도 있다. 똑같은 100점이라도 앞으로 유지가 가능한 100점이 있고, 유지가 불가능한 100점도 있다. 마치 신용 불량자처럼 공부 불량자인 것이다.

공부는 다 똑같아 보이지만 절대 그렇지 않다. ==지금 당장 눈앞의 성적을 올리는 데 급급한 단기적 시각의 공부가 있고, 길게 내다보고 앞으로 계속 실력을 키우는 장기적 시각의 공부가 있다.== 눈앞의 성적에만 관심이 있다면 점수 잘 받는 요령만을 공부하면 된다. 하지만 이렇게 공부하면 단기적으로는 좋을 수 있지만 장기적으로는 큰 손해이다. 사실 그 누구도 초등학교 저학년 때 좋은 성적을 받는 것을 최종 목표로 하지 않는다. 누구나 먼 미래에 좋은 결과를 얻길 원한다. 그러기 위해서는 좋은 공부 습관을 가져야 한다. 좋은 공부 습관으로 얻은 100점은 유지가 가능하지만, 나쁜 공부 습관으로 얻은 100점은 유지가 불가능하기 때문이다. 아이가 긴 안목으로 원하는 곳에 도달하기 위해서는 좋은 공부 습관을 갖는 것이 필수적이다.

✦ 초등 1학년, 공부 습관 형성의 결정적 시기

세 살 버릇이 여든 간다는 속담이 있다. 어릴 때 생긴 습관일수록 바꾸기 어려워 평생 간다는 뜻이다. 초등학교에 입학하는 8살만 해도 벌써 수많은 습관을 갖고 있다. 말하는 습관, 듣는 습관, 먹는 습관, 자는 습관, 감정적인 습관 등 사람은 습관의 덩어리이다. 사람의 습관은 어느 날 갑자기 생기는 것이 아니라 성장하는 과정에서 차곡차곡 쌓이는데, 특히 태어나서 3살 때까지가 중요하다. 가장 기본적인 삶의 습관을 하나씩 만들어가는 시기이기 때문이다. 그렇다면 벌써 초등 1학년인 아이는 이미 늦은 걸까? 절대 그렇지 않다. 늦었다고 생각할 때가 가장 빠른 때라는 말도 있다. 물론 입학 전에 좋은 습관을 많이 들였다면 더할 나위가 없겠지만 그렇게 하지 못했더라도 기회는 아직 남아 있다.

아이에게 주어진 시간 중 지금이 가장 빠른 시간이다. 습관은 그 자체로 힘을 갖고 있다. 습관은 같은 행동을 반복하도록 사람을 조정하며, 그럼으로써 습관은 점점 더 고착화된다. 그래서 습관은 어릴수록 고치기가 쉽고 나이가 들수록 고치기가 어렵다. 초등 1학년보다 2학년이 습관을 고치기가 어렵고, 3학년이 되면 더 어려워진다. 부모가 아이의 습관을 고치기 위해 직접적인 영향력을 끼칠 수 있는 시기는 길게 봐야 초등 4학년 정도까지이다. 초등 고학년이 되고 중학생이 되면 사실상 부모의 힘으로 아이의 습관을 바꿀 수가 없다. 이미 습관이 고착화되고 머리가 커서 더 이상 말을 들으려고 하지 않기 때문이다. 뒤늦게 습관을 고치려고 하다 보면 자칫 부모와 아이의 관계만 상하기 쉽다. 하지만 초등 1학년은 아직 어려서 부모님과 선생님의 말을 절대시하기 때문에 충분히 습관을 바꿀 수 있다.

초등 1학년이 올바른 습관을 잡아주기에 적합한 시기인 이유는 또 있다. 주변 상황이 급변하기 때문이다. 사람은 주변 상황이 안정적일 때보다 급변하는 시기에 스스로를 바꿀 가능성이 높다. 예를 들어 지금까지 잘 살아온 40대 성인이 특별한 이유 없이 자신의 생활 습관을 바꿀 가능성이 얼마나 있을까? 거의 없다. 그동안 별 문제가 없었는데 왜 굳이 힘들게 습관을 바꾸겠는가? 그런데 만약 전혀 모르는 외국에 이민을 가서 살아야 한다면 어떨까? 그래도 지금까지의 삶의 방식을 그대로 유지할 수 있을까? 절대 그렇게 하지 못할 것이다. 뒤바뀐 환경과 상황으로 인해 그동안 유지해오던 자신만의 삶의 방식을 완전히 바꿔야 할 것이다. 다른 언어를 써야 하고 다른 문화에 적응해야 한다. 사람을 만날 때도 식사를 할 때도 지금까지와는 다르게 행동해야 한다. 그렇지 않으면 살아남을 수 없기 때문이다. 상황이 바뀌면 사람은 자신의 방식을 버려야 하며, 이것은 곧 오래된 습관과의 이별을 의미한다.

아이의 초등학교 입학은 어른의 입장에서 보면 이민이나 마찬가지이다. 실내화를 신고 생활해야 하는 넓은 교실, 교과서, 노트, 필기구 등 스스로 챙겨야 하는 준비물, 한자리에 앉아 듣고 읽고 쓰는 정적인 수업, 정해진 일정대로 활동해야 하는 시간표, 날마다 쓰고 검사받아야 하는 알림장, 혼자 챙겨 먹어야 하는 약, 시간이 되면 알아서 찾아가야 하는 방과 후 수업 교실, 볼일을 보고 스스로 뒤처리를 해야 하는 화장실, 유치원 때처럼 친절하지만은 않은 선생님까지 하나부터 열까지 다 바뀌어 새로운 것들 천지이다. 따뜻하고 편안한 집을 떠나 무엇이든지 혼자 해야 하는 무인도에 떨어진 것과 같다. 아이는 초등학교에 입학하면서 완전히 새로운 세상을 만나게 된다. 그만큼 초등학교 입학은 아이에게는 큰 변화의 시기이자 일종의 위기이다. 설렘과 기대, 걱정과 불안이 교차하며 환경이 급변한다. 하지만 위기가 곧 기회라는 말이 있다. ==새로운 삶, 새로운 생활이 시작될 때가 바로 잘못된 습관을 버리고 올바른 습관을 갖기에 최적의 시기이다.== 변화하는 상황에 맞춰 나쁜 습관을 버리고 좋은 습관을 가질 수 있기 때문이다. 이 시기를 놓치게 되면 잘못된 습관이 아이를 학창 시절 내내 괴롭힐 수 있다.

> HAVRUTA
> 04
>
> # 공부 기본기를 쌓는 시기

열을 배우면 하나를 아는 아이들

"아, 오늘은 수학이랑 영어 학원에 가야 돼. 학교에서 수업 듣고, 또 학원에 가서 수업 듣고… 아, 진짜 ×× 힘들어."

초등학교 4학년 하람이는 입이 한껏 나온 채로 쉬는 시간에 친구들에게 푸념을 늘어놓는다. 필자의 머릿속에서는 '하람아, 네가 언제 수업을 들었니? 교실에 앉아만 있지 수업은 안 듣잖아? 계속 딴짓하면서 허송세월만 보내잖아'라는 생각이 떠올랐다가 사라진다. 하람이는 무척 산만하다. 책상 위에 온갖 물건을 펼쳐놓고 수업 시간 내내 지속적으로 만진다. 수업에 방해되니 집어넣으라는 선생님의 말도 한 귀로 듣고 한 귀로 흘려보낸다. 정도가 너무 심한 나머지 가끔 강하게 말하면 잠깐 집어넣는 척을 하지만 1분이 채 지나기도 전에 다시 꺼내서 만진다.

"의…견…이…나…오……게…된…문…제……상……화…아니, 아니…황…을…"

하람이와 같은 반인 현우가 국어 교과서를 읽고 있다. 초등 4학년이면 대부분의 아이들이 소리 내어 읽는 데 큰 어려움을 겪지 않는다. 초등 1,2학년에는 더듬더듬 읽는 아이들이 적지 않지만, 초등 3,4학년을 거치면서 안정적으로 글을 읽는 능력이 크게 향상된다. 하지만 현우는 여전히 초등 1,2학년처럼 글을 읽는다. 친구들이 네다섯 문장을 읽을 동안 한 문장도 채 읽지 못한다.

현우 뒤에 앉은 우진이도 현우와 같은 글을 읽고 있다. "의견이 나오게 된 문제 상황을…" 우진이는 교과서에 제시된 모든 글을 자연스러운 속도로 읽을 수 있다. 적어도 겉으로는 우진이가 글을 읽는 데 아무런 어려움이 없어 보인다. 하지만 질문을 한번 해보면 상황이 달라진다.

"우진아, 방금 읽은 내용에 대해서 설명해볼래?"

"잘 모르겠는데요."

"방금 읽었잖아. 그런데 모르겠어?"

"네, 몰라요."

우진이는 글을 소리 내어 읽는 데는 아무런 문제가 없지만 읽고 나서 자신이 무엇을 읽었는지를 모른다. 어려운 글이라서 그런 것이 아니다. 우진이는 글을 읽은 후 거의 매번 내용을 이해하지 못한다.

하브루타식으로 수업을 하는 필자의 교실에서는 많은 생각과 질문이 오고 간다. 아이들은 각자 자신의 질문으로 친구들과 함께 대화하며 궁금증을 해결해나간다. 대부분의 아이들은 이러한 수업을 무척 좋아한다. 듣고 외우기만을 반복하는 기존 수업에서 벗어나 스스로 질문하고 대화하며 생각하는 방식에서 학습 내용의 진짜 의미를 파악할 수 있기 때문이다. 하지만 유독 수업에 적응하지 못하는 아이들이 있다. 연주도 그중 하나이다. 연주가 수업 중에 가장 자주 하는 말은 "몰라요", "그다음에 뭐해야 돼요?"이다. 연주는 스스로 생각할 줄 모른다. 시키는 일을 할 뿐이다.

하람이, 현우, 우진이, 연주가 겪고 있는 문제는 모두 다르다. 하람이는 집중하지 못하고 현우는 제대로 글을 읽지 못한다. 우진이는 글을 소리 내어 읽을 수만 있을 뿐, 다 읽고 나서도 내용을 파악하지 못한다. 그리고 연주는 생각할 줄 모른다. 모두 겪고 있는 문제는 다르지만 공통점이 하나 있다. 이러한 아이들은 아무리 열심히 가르쳐도 만족할 만한 결과가 나오지 않는다. 옛말에 뛰어난 사람을 가리켜 하나를 가르치면 열을 안다고 했는데, 딱 그 반대이다. 열을 가르치면 하나를 알까 말까 한다.

학부모 상담을 할 때 보면 많은 부모들이 아이의 시험 점수가 나쁘면 크게 걱정을 하지만, 읽기 능력이 부족하다거나 스스로 생각할 줄 모른다고 하면 그리 크게 걱정하지 않는다. 성적이 나쁘면 "선생님, 어떻게 해야 성적이 오를까요?"라고 묻지만, 다른 부분이 부족하다고 하면 "그러게요. 차차 나아지겠지요."라고 한다. 숫자로 표현되는 시험 점수만 걱정이고 나머지 문제들은 시간이 지나면 저절로 좋아질 것이라고 생각하는 듯하다. 그렇다면 정말 집중력이나 읽기 능력, 사고력이 부족해도 당장 시험 점수만 좋다면 다른 문제들은 신경 쓰지 않아도 되는 것일까?

기능은 육체적, 정신적 작업을 손쉽고 정확하게 할 수 있는 기술적인 재능을 뜻한다. 세상에는 수많은 기능이 있으며, 용접을 잘하고 배드민턴을 잘 치고 그림을 잘 그리는 것은 모두 해당 영역에서 우수한 기능을 지녔다는 의미이다. 기능은 다시 기초가 되는 기본 기능과 기본에서 발전한 응용 기능으로 나눌 수 있다. 예를 들어 피겨 스케이팅이라면 얼음판 위에서 단순히 원하는 방향으로 이동하는 스케이팅은 기본 기능이며, 선수들이 경기를 할 때 선보이는 트리플 악셀은 응용 기능이다. 기본 기능은 조금만 익혀도 곧 사용할 수 있을 만큼 단순한 반면, 응용 기능은 익혀서 사용하기까지 훨씬 더 많은 연습이 필요하다.

대부분의 사람들은 응용 기능을 빨리 습득하고 싶어 한다. 단순한 스케이팅보다는 선수들처럼 트리플 악셀을 선보이기를 꿈꾼다. 기본 기능은 누구나 할 수 있는 만큼 쉽고 지루해 보이지만 응용 기능은 화려하기 때문이다. 기본 기능은 초보나 하는 것이라고 생각해 응용 기능에 집착한다. 하지만 정작 우리나라의 피겨 선수 김연아, 포르투갈의 축구 선수 크리스티아누 호날두Cristiano Ronaldo, 미국의 농구 선수 마이클 조던Michael Jordan처럼 한 분야에서 최고 수준에 도달한 사람들이 가장 많은 시간을 들여 연습하는 것은 기본 기능이다. 이들은 주어진 연습 시간의 많은 부분을 기본 기능 연마에 사용한다. 체력을 기르고 중심을 잡고 안정적으로 움직이는 것에 중점을 둔다. 마이클 조던은 항상 기본 기능의 중요성을 강조했다. 그가 가장 중요시한 연습은 기본 슈팅이었다. 그는 단체 훈련 후 모든 선수들이 돌아간 빈 코트에서 매일 800개의 기본 슈팅 연습을 단 하루도 거르지 않았다고 한다.

기본 기능은 기본기라고도 불리는데, 기본기는 쉬워서 기본기가 아니다. 만약 기본기가 쉬운 것이었다면 아마 기본기라고 하지 않고 쉬운기라고 했을 것이다. 기본기는 어떤 기능을 제대로 습득하기 위해 필요한 가장 기본적인 기술이다. 기본기를 탄탄하게 닦지 않으면 그다음은 요원하다. 그런가 하면 응용 기능, 즉 응용기는 상황에 따라 다르게 사용할 수 있다. 하수들은 고수처럼 보이기 위해 응용기를 익히는 데 많은 시간을 들이지만 진짜 게임의 승패는 기본기에서 갈린다. 아무리 화려한 슛을 날릴 수 있어도 기본적인 패스와 슈팅이 안정적이지 못한 선수는 게임에 출전조차 하지 못한다. 승부는 항상 기본기에서 갈린다.

공부도 일종의 기능이다. 공부에서 우수한 기능을 가지면 더 적은 노력으로도 더 좋은 결과를 얻을 수 있다. 공부에도 기본기와 응용기가 있다. 기본기는 공부를 잘하기 위해서 기본적으로 필요한 기능이다. 집중해서 듣고 읽고 내용을 이해하고 깊이 생각해 지식을 자신의 것으로 만드는 일이 바로 공부 기본기이다. 반면 공부 응용기는 좋은 성적을 받을 수 있는 기술이다. 예를 들어 암기를 잘하는 방법, 시험에 나올 문제를 예측하는 방법, 답을 잘 모를 때 추측하는 방법 등이 있다. 사람들은 응용기에 더 많은 관심을 보인다. 더 짧은 시간 동안 공부하더라도 성적이 잘 나오는 방법과 더 쉽게 기억하는 요령을 찾으려고 한다. 족집게 과외 교사를 찾아서 돈으로 쉽게 점수를 사려고 한다. 그만큼 공부를 잘하기 위해 반드시 필요한 기본적인 능력에는 크게 관심을 갖지 않는다. 기본기가 있다는 사실조차도 잘 모르는 듯하다. 왜 아이가 아무리 공부를 해도 성적이 그대로인지, 학년이 올라갈수록 성적이 떨어지는지 이해하지 못한다. 다만 노력이 부족해서거나 나쁜 친구를 사귀어서거나 그것도 아니면 타고난 머리가 나빠서 그러려니 한다. ==열심히 해도 성적이 안 나오는 이유는 공부 기본기가 부족하기 때문이다.== 피겨 선수라고 나왔는데 기본 스케이팅도 제대로 못하는 격이다. 공부를 잘하려면 공부 기본기부터 쌓아야 한다. 공부 기본기가 갖춰져야 공부 효과가 나타나기 시작한다.

하나를 배우면 열을 아는 아이들

초등학교 6학년 교실에서 사회 수업이 한창이다. 아이들은 한 나라의 위도와 주변의 바다 유무가 기후에 어떤 영향을 미치는지에 대해 하브루타를 하고 있다. 그중 한 모둠은 이웃 나라인 일본의 기후를 추측하기로 했다.

선생님 한 나라의 위치가 그 나라의 기후와 어떤 관련성이 있을지 모둠별로 하브루타를 해보세요.

지후 일본은 위아래로 무척 긴 나라야. 그러니까 기후의 차이가 크겠지. 위쪽은 추울 거고 아래쪽은 더울 거야.

정환 그럼 가운데는?

지후 가운데도 가운데 나름이겠지. 위쪽으로 올라갈수록 추워지고 아래쪽으로 내려갈수록 더워질 거야. 그러면 우리나라와 대략 비슷할 것 같은데?

채민 그렇구나.

지후 일본은 사방이 바다로 둘러싸여 있으니까 비와 눈이 많이 오고 태풍도 많을 거야.

수업에서 지후는 다른 아이들을 압도했다. 다른 아이들이 어둠 속을 더듬어가는 느낌으로 공부하고 있다면 지후는 조명을 켜서 모든 것을 보고 있는 듯이 말했다. 다른 아이들에게는 그저 막막하기만 한 내용이 지후에게는 너무나 당연했다. 지후는 금세 원리를 파악했고 내용을 이해했다. 지후는 원래 공부를 잘했지만 하브루타 수업을 하면 빛이 날 정도였다. 많은 아이들이 당장 눈에 보이는 내용에 매달릴 때 지후는 몇 걸음이나 앞서서 생각했다. 지후가 다른 아이들보다 훨씬 탄탄한 공부 기본기를 가졌기 때문이다.

공부도 일종의 기능이다. 똑같이 농구 시합을 하더라도 더 많이 득점을 하는 선수가 있고 더 적게 득점을 하는 선수가 있듯이 똑같이 공부를 하더라도 더 많이 배우는 아이가 있고 더 적게 배우는 아이가 있다. ==농구 기본기가 뛰어난 선수가 더 많이 득점을 하듯이 공부 기본기가 뛰어난 아이가 더 많이 배울 수 있다.== 1시간 동안 보통 아이들이 100을 배울 때 어떤 아이들은 10, 20을 배우고 어떤 아이들은 200, 300을 배운다. 공부 기본기의 차이다. 공부 기본기는 타고난 머리, 점수 따는 요령, 값비싼 과외, 아무나 모르는 특별한 비법에서 나오지 않는다.

지후의 힘도 공부 기본기에서 나온다. 지후는 집중력이 뛰어나 수업 시간을 허투루 보내지 않는다. 잠시도 멈추지 않고 들어왔다 나갔다 하는 잔파도와 같은 보통 아이들의 집중력과는 달리 지후의 집중력은 한번 들어오면 한참 동안 머물러 있는 밀물과 같다. 선생님의 말을 단 하나도 놓치지 않고 활동 하나하나에 집중한다. 읽기 능력도 우수하다. 까랑까랑한 목소리로 정확하고 신속하게 글을 읽어낸다. 지후의 읽기 능력은 겉모습에만 국한되지 않는다. 지후는 읽기 능력의 본질인 내용 파악에도 능하다. 정확하고 빠르게 글을 읽고 구체적으로 내용을 파악한다. 글에서 핵심적이고 중요한 내용이 무엇인지를 놓치지 않는다. 이를 통해 궁극적으로 글쓴이가 하고자 하는 말도 명확하게 파악할 수 있다. 글 한 편마저도 더듬더듬 읽고 나서 내용 파악에 어려움을 겪는 아이들과는 천지 차이다. 스스로 생각하는 힘도 뛰어나다. 무엇을 하나 배우고 나면 자신의 생각이 명확하다. 어떻게 내용을 적용해야 할지 구체적인 생각을 갖고 있다. 문제에서 중요한 부분이 무엇인지 파악해 그것을 놓치지 않는다. 아무리 많은 내용을 배워도 자신의 생각 하나 없이 외운 내용을 녹음기처럼 반복만 할 수 있는 대부분의 아이들과는 다르다.

　뒤처지는 아이들이 열을 배우고 하나를 안다면 반대로 지후는 하나를 배우고 열을 안다. 지후는 덧셈을 배우면 뺄셈을 알고 곱셈을 가르치면 나눗셈을 미뤄 짐작한다. 동물에 대해 배우면 식물에 대해 생각하고 자본주의 경제에 대해 배우면 공산주의 경제를 미뤄 짐작한다. 배운 내용을 기본으로 배우지 않은 내용까지 미뤄 짐작하고 파악한다. 모두 지후가 가진 공부 기본기에 의해 만들어진 차이다. 보통 아이들이 집중하지 못해 놓치는 내용을 지후는 놓치지 않는다. 보통 아이들이 읽고도 이해하지 못해 놓치는 내용을 지후는 놓치지 않는다. 보통 아이들이 생각하지 못하는 내용을 지후는 놓치지 않는다. 하나도 놓치지 않고 사고력으로 미뤄 짐작하니 하나를 배워도 열을 아는 것이다.

초등 1학년, 탄탄한 공부 기본기를 쌓으려면

◆ 공부 기본기란 무엇인가

　공부 기본기가 뛰어나야 공부를 보다 쉽게 잘할 수 있다. 공부 기본기는 크게 3가지로 이뤄져 있다. 집중력, 읽기 능력, 사고력이다. 결국 공부는 3가지 힘으로 하는 것이기 때문이다. 집중해서 책을 읽고 이해한 다음에 내용에 대해 생각하는 일이 공부이다. 집중할 수 있고 읽어서 이해할 수 있으며 스스로 생각할 수 있으면 어떤 내용도 배울 수 있다. 반대로 집중하지 못하거나 읽어도 이해하지 못하거나 스스로 생각하지 못하면 어떤 내용도 배울 수 없다. 국어, 수학, 사회, 과학 모두 잘하기 위해서는 결국 집중해서 책을 읽고 이해한 다음에 내용에 대해 생각해야 한다.

집중력, 읽기 능력, 사고력 중 하나만 부족해도 사람은 제대로 배우기가 힘들다. 아무리 읽고 이해하고 생각할 수 있어도 집중하지 못하면 배우지 못한다. 아무리 머리가 좋은 알버트 아인슈타인Albert Einstein이라도 셔츠에 대해 생각하면서 상대성 이론을 연구할 수는 없다. 집중해서 생각해도 읽지 못하면 자신이 아는 내용 이외에 새로운 내용을 배울 수 없다. 분명 상대성 이론은 아인슈타인이 정립했지만, 이것은 어느 날 갑자기 아인슈타인의 머리에서 튀어나오지 않았다. 아인슈타인은 상대성 이론을 발표하기 전 이미 물리학에 정통했다. 그는 기존에 자신이 읽었던 내용을 기초로 삼아 상대성 이

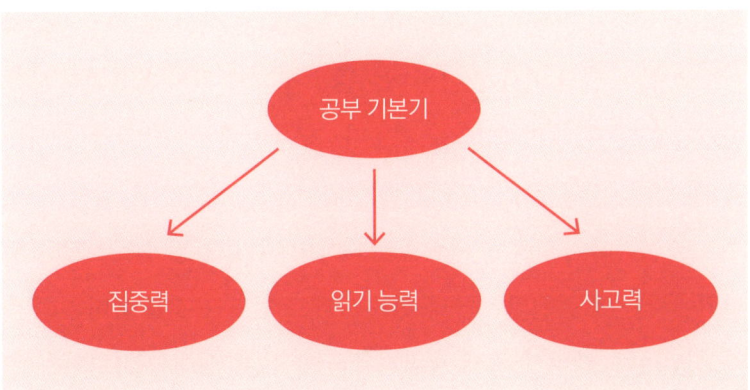

론을 연구하고 정립했다. 집중해서 읽고 읽은 내용을 이해할 수 있어도 스스로 생각하지 않으면 안 된다. 아인슈타인이 아무리 물리학에 정통했다고 하더라도 그에게 자신만의 생각이 없었다면 상대성 이론은 나오지 않았을 것이다.

현장에서 아이들을 가르치는 교사로서 현재 우리나라 아이들의 공부 기본기를 말하자면 크게 부족한 상태이다. 집중력도 읽기 능력도 사고력도 만족하기 힘든 수준이다. 물론 3가지를 고루 갖춘 아이도 있지만 평균적으로 살펴보면 여전히 갈 길이 멀다. 무분별한 컴퓨터와 스마트폰의 사용으로 산만한 아이들이 넘쳐난다. 요즘 식당에 가면 아이들에게 스마트폰 영상을 보여주고 어른들은 편하게 앉아 수다를 떠는 모습을 어렵지 않게 발견할 수 있는데, 이것은 아이들을 산만하게 만드는 주요한 원인이다. 화려한 색감, 빠른 전개, 재미있는 스토리 등으로 무장한 자극적인 영상에 길들여진 아이들이 학교 수업에서 만족을 얻을 리가 없다. 읽기 역시 제대로 안 되는 아이들이 적지 않다. 절대적인 문맹은 거의 볼 수 없지만 읽고 나서 내용을 파악하지 못하는 아이들이 너무나 많다. 어릴 때부터 꾸준히 하루에 한두 권의 책을 읽어온 아이들은 문제가 없지만 그렇지 않은 아이들은 여지없이 어려움을 겪는다. 저녁 시간 내내 TV를 틀어놓은 채 엄마 아빠 옆에서 TV만 보는 아이들은 책을 읽을 힘이 없다. 스스로 생각하지 못하는 아이들은 더욱더 많다. 전통적으로 동양 문화권에서는 옛 선현의 말씀을 있는 그대로 받드는 것을 올바른 공부라고 믿었다. 게다가 일제 강점기와 군부 독재 시대를 거치면서 우리나라 학교는 권력자가 원하는 내용을 그대로 주입하는 교육을 지속해왔다. 부모 세대가 스스로 생각하는 공부를 해본 적이 없다는 이유로 아이들에게서 생각할 기회를 박탈하고 있는 셈이다.

✦ 초등 1학년, 공부 기본기 형성의 결정적 시기

이제 갓 입학한 초등 1학년은 아직 공부 기본기가 형성되지 않았다. 산만해서 집중력이 떨어지고 글을 유창하게 읽을 줄 모른다. 스스로 생각하는 힘도 약하다. 이 시기의 아이들은 아직 아무것도 그려지지 않은 도화지와 같다. 앞으로 도화지에 무엇이 그려질지는 알 수 없다. 그래서 부모의 역할이 중요하다. 하지만 당장 눈앞의 성적에 눈이 먼 부모는 우선 도화지에 지식부터 집어넣으려고 한다. 받아쓰기 점수와 수학 단원 평가 점수를 확인한다. 생활 통지표에 잘함이 많은지 노력 요함이 많은지를 살펴본다. 하지만 이것은 결과에 불과하다. 제대로 된 집중력, 읽기 능력, 사고력이 갖춰지면 그다음부터 좋은 성적은 자연히 따라오게 된다.

초등 1학년은 탄탄한 공부 기본기를 쌓는 데 매진해야 할 시기이다. 초등 1학년은 좋은 성적을 내기 위해 공부하는 시기가 아니다. 사실 초등 1학년 때 좋은 성적을 내기는 쉽다. 초등 1학년 아이들은 아직 집중력도 읽기 능력도 사고력도 부족하기 때문에 3가지 능력이 딱히 없어도 가능한 내용만을 공부한다. 그래서 반복, 반복, 반복만 하면 좋은 성적을 받을 수 있다. 하지만 초등 1학년 때 이러한 방식으로 좋은 성적을 받은 아이들은 학년이 올라갈수록 성적이 급격하게 떨어진다. 이와 같은 방식이 통하는 시기는 대략 초등 3학년 정도까지이기 때문이다.

초등 고학년이 되고 또 중고등학교에 가면 교과목의 수뿐만 아니라 배우는 내용도 무척 많아지고 복잡해진다. 집중력, 읽기 능력, 사고력이 없이는 도저히 따라갈 수가 없다. 초등 고학년 이후에 좋은 성적을 받기 위해서는 수업 시간에 온전히 집중할 수 있어야 하고 책을 읽고 자신의 힘으로 내용을 파악할 수 있어야 한다. 그리고 내용에 대해 자신만의 생각을 가질 수 있어야 한다. 초등 1학년 때부터 공부 기본기를 기르지 않고 점수 위주로 공부한 아이들은 초등 고학년이 되면 공부 기본기가 부족해 성적이 떨어질 수밖에 없다. 그런데도 대부분의 부모들은 이러한 사실을 외면한 채 아이의 공부 기본기를 쌓아줄 생각을 하는 대신, 당장 좋은 성적을 거두는 데만 몰두하고 있다.

초등 1학년 때부터 점수 위주로 공부한 아이들은 나중에는 공부 방법을 바꾸지 못한다. 초등 고학년이 되면 공부 기본기를 갖춘 아이들이 비로소 물 만난 물고기처럼 앞으로 치고 나가는데, 옆에서 그 모습을 보는 다른 아이들은 기가 죽는다. 세상에는 정말 똑똑한 아이들이 많으며 자신들은 죽었다 깨어나도 안 된다고 생각할 뿐 공부 기본기부터 갖춰야겠다는 생각은 절대로 하지 못한다. 점수를 따는 공부가 쉽고 편하기 때문에 제대로 된 공부로 바꾸기가 힘들다. 결과가 나쁘면 머리를 탓하지 그것이 잘못된 공부 방법, 공부 기본기 때문인지는 알아차리지를 못한다.

초등 1학년 때 미리미리 공부 기본기를 쌓지 못한 아이들은 초등 고학년이 되면 낮은 집중력, 낮은 읽기 능력, 낮은 사고력으로 인해 뒤로 처지기 시작한다. 그리고 자기효능감까지 떨어지게 된다. 초등 1학년 때부터 공부 기본기를 다져놓지 않으면 공부에 누수가 생겨 초등 고학년 이후에 아무리 노력해도 좋은 결과를 받을 수 없다. 해도 해도 공부가 끝없이 느껴지고 늘지도 않는다. 아무리 열심히 해도 제자리이니 점점 공부가 싫어지게 된다. 열을 배우고 하나만 기억한다면 누가 공부를 계속하고 싶을까? 초등 1학년은 처음으로 공부를 시작하는 학년인 만큼 기본기에 집중해야 한다. 공부 기본기를 바로잡아야 공부가 즐거워진다. 하나를 배워 열을 알게 되면서 공부의 재미를 느낄 수 있다. 초등 1학년 때 잡아둔 공부 기본기는 두고두고 아이의 배움에 큰 힘이 될 것이다.

HAVRUTA

2장

초등 1학년,
하브루타로
공부 역량을 키워라

역대 노벨상 수상자의 30%, 세계 500대 기업 임원진의 41.5%, 미국 하버드대생의 30%를 차지하는 사람들은 과연 누구일까? 바로 유대인들이다. 세계 0.25%의 인구로 이처럼 대단한 성과를 거둘 수 있었던 비밀은 어디에 있을까? 유대인들은 설명을 듣고 외우는 방식으로 공부하지 않았다. 그들은 하브루타를 했다. 하브루타는 둘 이상의 사람이 모여 질문하고 대화하며 생각하는 공부 방법이다. 그들은 항상 다른 사람을 만나 배울 내용에 대해 서로 묻고 답하며 자신의 생각을 키웠다. 하브루타는 공부하는 힘, 즉 공부 역량을 키워주는 공부 방법이다.

HAVRUTA

01

단단한 자기효능감을 키우는 하브루타

실패하는 공부에서 성공하는 공부로

✦ 성공 경험과 자기효능감의 상관관계

　자기효능감은 아이가 공부에서 성공하기 위해 가장 먼저 필요한 것이다. 자기효능감이 높은 아이는 스스로 공부를 잘할 수 있으리라 믿으며 그 믿음으로 열심히 공부해 결과적으로 공부를 잘하게 될 가능성이 높다. 반대로 자기효능감이 낮은 아이는 스스로 공부를 잘할 수 없으리라 믿어 실제로 공부를 열심히 하지 않게 된다. 이처럼 자기효능감은 성공적인 공부를 위한 첫걸음이다.

　자기효능감을 올리기 위해서는 지속적인 성공 경험이 가장 중요하다. 성공을 경험하는 일이 많아지면 점차 자기효능감이 올라가고 실패를 경험하는 일이 많아지면 점차 자기효능감이 내려간다.

'수포자'는 수학에 자기효능감이 떨어져 자신은 절대로 수학을 잘할 수 없다고 믿은 나머지 결국 수학을 포기한 사람이라는 뜻이다. 태어나면서부터 수포자인 아이는 없다. 수학을 포기하게 되는 아이는 어떤 이유에서 수학을 배우는 일이 힘들고 어렵다고 느낀다. 부모가 열심히 공부하라는 의미에서 수학이 어렵다고 반복적으로 주입해서 일 수도 있고, 장기간 잘못된 방법으로 수학을 배워서일 수도 있다. 어떤 이유에서든지 수학을 어렵다고 인식해 점점 수학 공부를 기피하게 된다. 그러면서 수학을 점점 더 못하게 되고 이러한 과정에서 자신은 수학에 소질이 없다는 확실한 믿음이 생겨난다. 자신 있게 공부해도 잘할 수 있을까 말까 하는데, 두려워하고 피하면서 주저주저하니 제대로 될 리가 없다.

반면 수학을 공부하면서 처음부터 성공을 많이 경험한 아이는 이러한 과정을 반대로 겪는다. 다수의 성공 경험으로 인해 아이는 수학 공부에 대한 별다른 두려움이 없다. 두려움이 없는 아이는 막힘이 없고, 막힘이 없는 아이는 다시 성공할 가능성이 상대적으로 높다. 성공을 경험하면서 수학에 대한 자기효능감이 상승하고, 상승한 자기효능감이 더 긍정적인 태도, 더 노력하는 태도로 또 다른 성공을 불러오기 때문이다.

이처럼 자기효능감과 성공 경험은 서로에게 영향을 미친다. 마치 닭과 달걀처럼 어느 것이 우선이라고 단정 짓기는 어렵다. 자기효능감이 높아서 성공을 하기도 하고, 성공으로 인해 자기효능감이 높아지기도 한다. 반대로 자기효능감이 낮아서 실패를 하기도 하고,

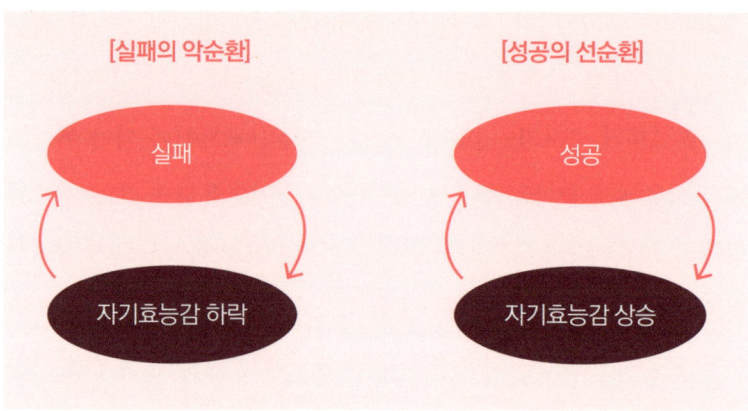

잦은 실패로 인해 자기효능감이 낮아지기도 한다. 이때 자기효능감을 올리는 방법은 하나이다. 바로 성공을 경험하는 것이다. 직접적으로 자기효능감을 올리는 뾰족한 방법은 없지만 아이가 실패를 많이 겪을지 아니면 성공을 많이 겪을지는 부모의 의지로 충분히 바꿀 수 있기 때문이다.

✦ 하브루타로 성공을 경험하는 방법

아이의 자기효능감을 높이려면 학습에서 지속적인 성공 경험이 뒤따라야 한다. 하지만 한국식 공부를 통해서는 성공을 경험하기가 힘들고 주로 실패만을 경험하게 된다. 한국식 공부는 아이의 자기효능감을 부지불식간에 떨어뜨리기 때문에 장기적인 교육 방식으로는 적합하지 않다. 여기서 한국식 공부란 정답을 외우고, 객관식 시험으로 평가하며, 점수로 비교하는 우리나라의 전형적인 공부 방법을 의미한다. 반면 하브루타는 아이가 지속적으로 성공을 경험하도록 돕는다. 하브루타로 공부하는 아이는 성공 경험을 통해 자기효능감을 높여 더 즐겁게 더 능동적으로 매사에 임한다. 그렇다면 한국식 공부가 어떻게 아이를 실패하게 해 자기효능감을 떨어뜨리는지, 반대로 하브루타는 어떻게 아이를 성공하게 해 자기효능감을 높이는지 비교를 통해 알아보자.

정답의 공부 vs 해답의 공부

한국식 공부에서 아이가 자꾸 실패하는 첫 번째 이유는 정답이 공부의 중심이기 때문이다. 한국식 공부에서 가장 중요한 것은 정답이다. 한국식 공부는 정답을 도출하는 과정이며 정답은 공부의 결과이다. 초등 1학년 수업 내용으로 살펴보면 "어른을 만나면 어떻게 인사하나요?"라고 묻고 "예의 바르게 인사합니다"라는 정답을 배운다. "3+4는 얼마입니까?"라고 묻고 "7"이라는 정답을 배운다. 공부를 잘하느냐 못하느냐는 정답을 아느냐 모르느냐로 확인한다. 공부는 다음과 같이 진행된다.

엄마   3+4는 얼마야?
아이   7이요.
엄마   맞았어.

정답 중심의 공부는 성공 확률이 매우 낮다. 정답은 항상 하나이기 때문이다. 대부분의 시험에서 정답은 보기 5개 중 1개이다. 보기 5개 중 4개는 오답이다. 보기 5개 중 1개의 정답을 고르는 객관식 시험에서 성공할 확률은 20%에 불과한 반면, 실패할 확률은 80%나 된다. 이처럼 정답 중심의 한국식 공부는 아이들이 지속적으로 실패를 경험할 수밖에 없게끔 구조적으로 만들어져 있다. 하지만 하브루타는 공부를 하면서 다양한 해답을 찾도록 한다. 정답正答은 '바를 정正'으로 단 하나의 옳은 답만을 뜻한다. 반면 해답解答은 '풀다 해解'로 문제를 푸는 다양한 답을 뜻한다. 정답에 비해 해답은 성공 확률이 월등히 높다. 정답은 상대방이 원하는 단 하나를 이야기하지 않으면 틀린 것이 되지만, 해답은 문제를 해결할 수만 있다면 무엇이라도 옳은 것이 되기 때문이다. 논리적이고 가능성이 있다면 모두 가치를 인정받을 수 있다. 그렇다면 "3+4=7"이라는 내용에서 어떻게 정답이 아닌 해답을 배울 수 있을까? 다음처럼 질문을 바꾸면 된다.

엄마 합해서 7이 되는 두 수를 모두 말해볼래?

아이 1이랑 6, 2랑 5 그리고 3이랑 4도 있어요.

엄마 하나 더 있는 것 같은데…….

아이 없는데요?

엄마 7이랑 뭐가 만나면 7이 될까?

아이 아, 7이랑 0이요.

비록 아이는 7과 0을 빠뜨렸지만 문제를 푸는 해답을 무려 3개나 말했다. 성공을 경험한 것이다. 아이가 성공을 경험하려면 단 하나의 정답만이 나오지 않도록 질문하는 것이 중요하다. ==다양한 가능성이 열려 있는 질문을 던지면 아이는 훨씬 폭넓은 생각을 하게 되어 여러 가지 해답을 내놓으며 성공을 경험할 수 있다.==

한 번의 기회 vs 계속적인 기회

한국식 공부는 단 한 번의 기회만을 주고 정답과 오답을 판정하는 경향이 있어 아이를 계속 실패하게 만든다. 역시 정답이 공부의 중심이기 때문이다. 정답을 중심으로 공부하면 정답이 아닌 것은 모두 오답이 되며, 오답이 나오면 부모는 "틀렸어"라고 말한다. 그러고 나서 정답을 알려준다. 시험에서도 정답이 아니면 빨간색 펜으로 기분 나쁘게 선을 죽 그어버린다. 한번 답을 말해서 맞으면 맞은 것이고 틀리면 틀린 것이다. 딱 한 번으로 끝난다. 한국식 공부는 더 이상의 기회를 주지 않는다. 실패는 언제나 실패일 뿐이다.

엄마   3+4는 얼마야?
아이   6이요.
엄마   틀렸어. 7이야.

아이의 자기효능감을 높이려면 실패했을 때 재도전의 기회를 주는 것이 중요하다. 실패했을 때 몇 번이고 재도전할 수 있다면 아이는 결국 성공할 수 있다. 중간에 몇 번의 실패를 하든지 상관없이 마지막에만 성공하면 성공이기 때문이다. 기회가 충분하지 않으면 실패 확률이 높다. 자꾸만 실패에서 멈추게 된다. 하지만 하브루타는 지속적으로 기회를 제공한다. 하브루타는 아이의 말을 정답이나 오답이라고 판정하지 않고 맞든 틀리든 "왜 그렇게 생각해?"라고 이유를 묻는다. 질문에 답을 하는 과정에서 아이는 자신의 논리를 설명하고 틀렸다는 사실을 스스로 깨닫는다. 그리고 나서 바르게 고치면서 내용을 스스로 알아냈다고 느낀다. 물론 질문을 하거나 힌트를 받기는 했지만 누군가 직접적으로 정답을 알려준 것이 아니라 자신의 머릿속에서 나왔기 때문이다.

엄마 3+4는 얼마일까?
아이 6이요.
엄마 왜 그렇게 생각해?
아이 잘 모르겠어요.
엄마 손가락 3개와 4개를 한번 모아볼래?
아이 3개랑 4개랑 모으면 아, 7개니까 7이요.

"왜 그렇게 생각해?"라는 엄마의 질문에 아이는 나름대로 대답한다. 설득력이 있을 수도 있고 없을 수도 있다. 설득력이 없고 비논리적이라면 다시 묻는다. "정말 그럴까? 이런 경우에는 어떻게 생각해?", "다른 경우도 있지 않을까?" 질문을 들은 아이는 혼자 생각할 때는 미처 몰랐던 자기 생각의 문제점을 발견하게 된다. 그러고 나서 다시 생각한다. 이와 같은 과정을 여러 차례 반복하면서 아이는 자신의 생각을 스스로 고쳐나간다. 엄마의 적절한 질문을 통해 결국 스스로 답을 찾아내게 된 셈이다. ==아이는 스스로 답을 찾아냈다는 점에서 매우 큰 자부심을 느껴 자기효능감이 향상된다.== 물론 아이의 생각이 부족할 수도 있다. 아니, 부족한 경우가 더 많다. 그렇다고 엄마가 답을 알려주면 안 된다. 다시 묻고 힌트를 줘서 아이 스스로 생각하게 하는 편이 좋다. 아이가 단번에 정답을 말하지 못하더라도 이것을 실패나 오답이라고 단정 짓지 않고 계속해서 질문으로 기회를 부여해야 한다. 충분한 기회, 적절한 질문과 도움이면 아이는 결국 좋은 해답을 찾아낼 수 있다.

100점 지향 vs 성장 지향

한국식 공부는 100점을 지향하기 때문에 거듭해서 실패를 하게 만든다. 사람들은 100점을 완전한 점수, 100점이 아닌 점수는 불완전한 점수라고 느낀다. 충분히 잘하는데도 100점이 아니면 부족해 보인다. 최선을 다하고도 100점을 받지 못한 아이는 스스로를 실패자라고 여긴다. 특히 친구들이 100점을 받았는데 자신은 받지 못했다면 더욱 그렇게 느낀다. 자신은 해도 안 된다고 생각한다. 점수에 대한 부모의 기대가 더욱 아이의 공부를 막는다. 부모가 점수에 집중하면 아이 역시 스스로 무엇을 알고 무엇을 모르는지가 아니라 지금 몇 점을 받았는지에 집중한다. '과연 몇 점을 받았을까? 100점을 받으면 엄마가 무슨 선물을 사줄까? 60점을 받으면 아빠는 뭐라고 할까?'라는 생각으로 가득 찬 머릿속에는 공부가 들어갈 틈이 없다. 점수가 아닌 내용에 집중해야 제대로 배울 수 있다.

하브루타에는 100점이 없다. 하브루타에는 점수가 없다. 하브루타는 아이의 노력과 마음을 숫자로 환산하지 않는다. 하브루타는 배움 그 자체에 집중한다. 하브루타는 순수하게 배운다는 사실, 배워서 성장한다는 사실만을 지향한다. 점수에 집중하지 않고 무엇을 배웠는지에 집중한다. 100점 여부가 아니라 하브루타를 통해 무엇을 이해하고 깨달았는지에 집중한다. 그렇기 때문에 아이는 100점에 대한 기대나 실패에 대한 두려움 없이 순수한 마음으로 오직 배움에만 집중할 수 있다. 100점은 공부의 결과이다. 정답에 집착한다고 정답을 알게 되는 것이 아니듯 100점에 집착한다고 100점을 받게 되는 것이 아니다. 정답과 100점은 배우는 과정에 충실히 집중했을 때 결과로 나타나는 것이다. ==점수와 점수로 인한 결과에 대한 잡념 없이 내용을 탐구하는 데만 집중하기 때문에 결국 더 좋은 결과를 얻고 성공을 경험할 수 있다.==

타인과의 비교 vs 주체적인 자립

한국식 공부는 지속적으로 아이를 타인과 비교하기 때문에 자기효능감을 떨어뜨린다. 정답이 있고 100점을 지향하는 공부에서는 항상 아이를 누군가와 비교하게 된다. 누가 정답을 알고 누가 정답을 모르는지, 누가 100점을 받았고 누가 70점을 받았는지가 금세 보이기 때문이다. 남들과 비교해 뒤처진 아이는 스스로를 실패자라고 여길 수밖에 없다. 앞서가는 아이를 보면서 자신은 할 수 없다고 느낀다. 앞서가는 아이도 영원히 맨 앞에 있을 수는 없다. 완벽한 사람은 없기에 누구나 부족함을 느끼고 불안해한다.

엄마 왜 그걸 몰라?
아이 정말 모르겠어요.
엄마 저기 봐. 다른 애들은 다 알잖아.
너 바보야? 왜 너만 몰라?

하브루타를 할 때만큼은 아이를 타인과 비교하지 말고 아이에게만 집중해 아이가 자기 자신으로 설 수 있게끔 해야 한다. 부모가 아이의 남다른 생각과 행동을 믿어주면 아이는 더 이상 다른 사람의 눈치를 보지 않고 자기 자신으로 살 수 있게 된다. 다른 사람의 눈치를 보며 자기 자신으로 살지 못하는 일은 외적으로 얼마나 큰 성공을 하든 상관없이 자기효능감을 떨어뜨리는 일이다. 자기 자신으로 살 수 있다는 것은 언제나 그 자체로 성공이며 자기효능감을 높여준다. 방법은 어렵지 않다. 그냥 아이의 생각을 들어주고 타인과 비교하지 않으면 된다.

엄마 채원이는 어떻게 생각해?
아이 다른 아이들은 아니라고 하던데요?

엄마 아니, 친구들이 하는 말 말고, 채원이 너는 어떻게 생각해? 네 생각을 말해 봐.

아이 저는 해도 된다고 생각해요. 왜냐하면…

엄마 그래, 잘했어. 다른 사람들에게 피해를 주는 나쁜 행동만 아니라면 굳이 눈치를 볼 필요가 없어. 네 생각대로 말하고 네 생각대로 행동하면 되는 거야.

잘못된 칭찬에서 올바른 칭찬으로

✦ 칭찬이라고 다 좋은 것은 아니다

2003년에 출간된 밀리언셀러 『칭찬은 고래도 춤추게 한다 Whale Done!』는 칭찬에 서툰 우리나라 사람들이 칭찬에 많은 관심을 갖는 계기가 되었다. 그래서 이제는 교육을 잘 알지 못하는 사람들도 누구나 칭찬의 필요성에 대해 말한다. 자녀교육서를 단 한 번도 읽어 본 적이 없는 사람들조차 아이를 칭찬으로 키워야 한다고 이야기하며, 많은 부모들이 우리 아이는 꾸중보다 칭찬을 들을 때 열심히 하니 되도록 많이 칭찬을 해달라고 부탁한다. 칭찬의 효과에 대한 믿음은 절대적이며 이에 대해 의문을 품는 일은 교육에 대해 아무것도 모르는 사람처럼 보이게 만든다.

과연 칭찬은 사람들의 믿음처럼 절대적으로 좋은 것일까? 모든 칭찬이 아이를 긍정적으로 변화시킬 수 있을까? EBS 다큐프라임

〈학교란 무엇인가〉에서는 이 질문에 대해 생각해볼 수 있는 재미있는 실험을 실시했다. 그 내용은 다음과 같다. 채소 주스를 싫어하는 두 그룹의 유치원 아이들이 있다. 그룹 A와 그룹 B에게 똑같은 채소 주스를 간식으로 제공했다. 그룹 A에게는 주스를 많이 마셨다며 칭찬 스티커를 붙여줬지만, 그룹 B에게는 아무런 칭찬을 하지 않았다. 일정 시간이 지난 후 두 그룹이 마신 채소 주스의 양을 비교해 보니 칭찬 스티커를 받은 그룹 A가 훨씬 많은 양의 주스를 마신 것으로 나타났다.

하지만 실험에는 반전이 있었다. 끝난 줄 알았던 실험이 끝나지 않은 것이다. 실험은 조건을 약간 변경해 계속 진행되었다. 결과를 확인한 다음 날부터 그룹 A에게는 오늘부터 칭찬 스티커를 붙여주지 않겠다고 알렸다. 그룹 B에게는 원래부터 칭찬 스티커를 붙여주지 않았으므로 아무런 변화가 없었다. 과연 어떤 일이 벌어졌을까? 그룹 A는 칭찬 스티커를 붙여주지 않자 마시는 주스의 양이 급감했다. 칭찬을 받을 때만 열심히 마셨을 뿐 칭찬이 사라지자 마시지 않기 시작한 것이다. 그룹 B는 아무런 변화가 없었다. 처음부터 칭찬을 해주지 않았고 이어진 실험에서도 변화가 없었기 때문이다. 결과적으로 그룹 B가 그날 마신 주스의 양은 그룹 A가 마신 양의 2배에 달했다. 이 실험은 칭찬의 역효과를 잘 보여준다. 아이들은 칭찬을 해줄 때만 열심히 했으며 칭찬이 사라지자 노력도 함께 사라졌다. 처음부터 아예 칭찬을 해주지 않은 아이들이 결과적으로는 더 크게 성장했다. 칭찬의 역효과에 대한 실험은 또 있다. 칭찬과 벌을 양육 수단으로 삼아서는 안 된다고 주장한 미국의 심리학자 알피 콘Alfie Kohn 은 칭찬이 역효과를 불러일으키는 수많은 사례를 제시했다. 앞서 언급한 EBS 다큐프라임 〈학교란 무엇인가〉에서도 다양한 실험을 통해 칭찬의 부작용을 적나라하게 보여줬는데, 다음과 같은 사례들이 있었다.

문제를 풀 때 칭찬을 듣지 않은 아이들은 커닝을 하지 않았지만 똑똑하다는 칭찬을 들은 아이들은 커닝을 했다. 그리고 문제를 풀수록 칭찬을 듣지 않은 아이들은 어려운 문제를 선택해 공부 자체를 즐긴 반면, 똑똑하다는 칭찬을 들은 아이들은 틀리지 않기 위해 더 쉬운 문제만을 골랐다. 문제를 풀지 못했을 때 똑똑하다고 자신을 칭찬한 상대방이 칭찬을 철회할까 두려워서 부정적인 행동을 한 것이다. 책을 많이 읽는다는 칭찬을 들은 아이들은 더 많은 책을 읽기 위해 수준에 맞지 않는 짧고 쉬운 책만을 골라 빨리빨리 읽는 모습을 보였다. 아무런 칭찬을 듣지 않은 아이들이 수준과는 상관없이 관심 있는 책을 골라 집중해서 읽는 모습과는 대조적이었다. 역시 칭찬을 의식한 결과였다. 실험은 칭찬이 아이들을 올바른 방향으로 자극해 긍정적으로 성장하는 데 도움을 주는 것이 아니라 삐뚤어진 방향으로 자극해 부정적인 행동을 촉발시킨다는 사실을 보여줬다.

이러한 실험들이 의미하는 것은 무엇일까? 칭찬이 필요 없다는 것일까? 우리는 더 이상 아이들을 칭찬하지 말아야 하는 것일까? 그렇지 않다. 칭찬의 역효과에 대한 실험들은 칭찬을 하지 말아야 한다는 것이 아니라 올바르게 해야 한다는 점을 역설하고 있다. **칭찬**

이라고 다 같은 칭찬이 아니며 우리가 흔히 하는 칭찬이 잘못되어 오히려 교육적으로 나쁜 효과를 불러일으킨다는 것이다. 그렇다면 올바른 칭찬이란 무엇일까?

✦ 하브루타로 올바르게 칭찬하는 방법

칭찬에는 자기효능감을 높이는 바람직한 칭찬도 있고 자기효능감을 낮추는 바람직하지 않은 칭찬도 있다. 바람직한 칭찬에는 사실 칭찬, 과정 칭찬, 질문 칭찬이 있으며, 바람직하지 않은 칭찬에는 특성 칭찬과 결과 칭찬이 있다. 바람직하지 않은 칭찬인 특성 칭찬과 결과 칭찬은 아이의 자기효능감에 좋지 않은 영향을 끼치기 때문에 피해야 하지만 대부분의 부모들이 평소 부지불식간에 자주 한다. 반면 바람직한 칭찬인 사실 칭찬, 과정 칭찬, 질문 칭찬은 우리나라에서는 흔하지 않은 칭찬이다. 올바른 칭찬 방법 3가지를 잘 알고 실천한다면 아이의 자기효능감을 높이고 부모와 아이 사이의 관계도 더욱 좋아질 수 있을 것이다.

바람직하지 않은 칭찬 ❶ 특성 칭찬

특성 칭찬은 아이에게 특수한 성질, 타고난 능력이 있다고 칭찬하는 것이다.

"이번 시험에서 100점을 받았다고? 역시 우리 아들, 머리 하나는 정말 똑똑하다니까."

"이걸 혼자 다 한 거야? 역시 우리 딸은 천재야!"

"넌 역시 탁월한 재능을 지녔어."

이러한 칭찬은 대부분의 부모와 교사들이 주로 쓰는 방식으로 익숙하지만 바람직하지는 않다. 특성 칭찬은 칭찬을 받는 사람이 부담감을 느낀 나머지 부작용이 생기기 때문이다. 칭찬하는 부모는 정말로 내 자식이 특별하다고 믿겠지만 아이 스스로 자신이 특별하다고 믿는 경우는 별로 없다. 현실 감각이 부족한 몇몇을 제외하면 대부분의 아이들은 자신이 평범하다는 사실을 잘 안다. 스스로 너무나 평범하며 때로는 많이 부족하다고 느끼는데 부모가 "너는 천재이며 특별히 타고난 아이야"라고 칭찬을 하면 아이는 어떻게 느낄까? 기분이 좋기보다는 대개 부담감을 느낀다. 아이는 어떻게 하면 부모의 기대를 깨지 않을지 고민하게 된다. 자신이 특별하지 않다는 사실을 들켜서 부모가 실망할까 봐 전전긍긍하게 된다. 처음에는 어떻게든 부모의 기대치를 충족시키기 위해 노력하지만 곧 한계에 부딪힌다. 이때 아이의 선택지는 크게 2가지이다. 하나는 부모를 속이는 방법이다. 커닝이나 거짓말을 해서 부모의 눈을 속이려고 한다. 나머지 하나는 아예 하지 않는 방법이다. 열심히 노력해서 실패하면 천재가 아니라는 사실이 드러나기 때문에 아예 처음부터 하지 않으려고 한다. 내가 하면 잘하지만 지금은 하고 싶지 않다며 핑계를 댄다. 하지 않고 자존심 놀이만 하는 것이다.

바람직하지 않은 칭찬 ❷ 결과 칭찬

결과 칭찬은 일어난 일의 결과를 갖고 칭찬하는 것이다.

"100점을 받다니 대단해."

"결국 1등을 했구나. 너라면 할 줄 알았어."

결과 칭찬 역시 특성 칭찬만큼 흔히 사용하지만 아이들이 결과에 지나치게 집착하도록 만들기 때문에 좋지 않다. 노력의 과정이 있어야만 좋은 결과를 얻을 수 있다. 과정이 없으면 결과도 없다. 하지만 결과 칭찬은 아이가 노력하는 과정에 대해서는 간과하고 결과에만 집중하게 한다. 아이는 100점을 받았을 때 칭찬하는 부모를 보며 다음번에도 어떻게든 100점을 받아야겠다고 생각하지만 사람이 늘 100점을 받을 수는 없다. 100점을 받으려고 노력하는 태도는 좋지만 노력의 과정을 무시한 채 커닝 등의 불법적인 방법으로 100점을 받으려고 행동할 수도 있다. 100점이 아니면 아무런 의미가 없다고 생각해서 정당한 방법으로 꾸준히 노력하려는 마음이 아닌, 수단과 방법을 가리지 않고 목적만을 달성하려는 한탕주의, 결과 만능주의에 빠질 수도 있다. 결과 칭찬은 아이에게 만약 다음번에 좋은 결과를 내지 못한다면 상대방이 얼마나 실망할지에 대한 두려움도 준다. 부모가 100점에 크게 기뻐하며 칭찬하는 모습을 보면서 뿌듯한 것은 잠시뿐이며, 다음번에 100점을 받지 못했을 때 실망할 부모의 모습을 상상하며 지레 겁을 먹기 쉽다. 이처럼 두려움에 빠진 아이는 공부에 집중하지 못하고 일어나지도 않은 일로 걱정을 하면서 시간을 보내게 된다.

바람직한 칭찬 ❶ 사실 칭찬

사실 칭찬은 일어난 사실을 있는 그대로 칭찬하는 방법이다.

"방이 깨끗해졌구나."
"숙제를 참 정성 들여 열심히 하는구나."
"어려워하던 곡을 이번에는 아주 자연스럽게 연주했구나."
"동생이랑 잘 놀아주는구나."

우리는 보통 이와 같은 말을 칭찬이라고 생각하지 않는다. 그저 사실을 언급했다고 생각해서 그 뒤에 아이를 기쁘게 할 수 있는 한마디를 덧붙인다.

"방이 깨끗해졌구나. 넌 정말 깔끔한 아이야."
"숙제를 참 정성 들여 열심히 하는구나. 너는 진짜 훌륭한 학생이야."
"어려워하던 곡을 이번에는 아주 자연스럽게 연주했구나. 넌 최고의 피아니스트가 될 거야."
"동생이랑 잘 놀아주는구나. 다음번에도 꼭 그렇게 하렴."

하지만 이렇게 덧붙이는 말은 칭찬을 듣는 사람이 부담감을 느껴 칭찬하는 사람의 기분에 맞추려는 가짜 노력을 하도록 유도한다. 그래서 이러한 칭찬은 아이의 자립을 방해하고 자기효능감도 높여주지 못한다. ==아무런 평가와 기대 없이 오직 일어난 사실만을 있는 그대로 말해도 충분히 좋은 칭찬이다.== 밝고 따뜻한 표정으로 아이에게 미소만 지어주면 된다. 그러면 아이는 사실을 있는 그대로 바라보며 그것이 주는 기쁨과 만족을 온전히 느끼면서 편안하고 안정된 마음을 가질 수 있다. 그런데 100점을 받은 것도 사실이다. 하지만 100점이라는 결과는 되도록 칭찬하지 말라고 했다. 이럴 때는 어떻게 하면 좋을까? 과정 칭찬에 답이 있다.

바람직한 칭찬 ❷ 과정 칭찬

결과 칭찬이 일어난 일의 결과를 칭찬하는 반면, 과정 칭찬은 그 결과를 얻기 위해 노력했던 과정을 칭찬하는 방법이다. 시험에서 100점을 받았을 때 똑똑하다며 아이의 지능을 칭찬하면 특성 칭찬이 되고 100점을 강조하면 결과 칭찬이 된다. 하지만 다음과 같이 말하면 과정 칭찬이 된다.

"매일매일 조금씩 꾸준히 노력한 덕분이구나."
"이해하기 쉽지 않았을 텐데 포기하지 않았구나."

과정 칭찬은 특성 칭찬이나 결과 칭찬과는 달리 칭찬을 듣는 사람이 부담감을 느끼지 않아도 된다. 똑똑하게 보이려고 노력할 필요도, 다음번에 반드시 좋은 결과를 내야 할 필요도 없다. 그저 지금까지 했던 것처럼 열심히 하면 된다. ==과정 칭찬은 노력의 과정을 칭찬하므로 아이는 과정 자체에 집중하게 된다.== 불안도 두려움도 없다. 단지 노력할 뿐이다. 이러한 태도가 미래에 더 나은 결과를 가져온다. 과정 칭찬은 사실 칭찬과 연결해서 사용하면 효과가 크다. 사실 칭찬만으로는 밋밋하게 느껴진다면 다음과 같이 사실 칭찬에 과정 칭찬을 연결해서 사용하면 된다.

"우아, 100점이네. 그동안 열심히 노력한 보상을 받았구나."
"동생이랑 싸우지 않고 잘 놀았구나. 귀찮을 때도 있었을 텐데 이해하려고 많이 노력했구나."

바람직한 칭찬 ❸ 질문 칭찬

질문 칭찬은 아이가 자신의 노력에 대해 스스로 되돌아보고 성찰할 수 있도록 질문으로써 우회적으로 칭찬하는 방법이다.

"준비하는 동안 어려움은 없었니?"
"정말 최선을 다해 공부해서 좋은 결과를 받았는데, 지금 어떤 생각이 들어?"
"방이 굉장히 깨끗해졌구나. 이렇게 치우고 나니 기분이 어때?"

언뜻 질문 칭찬은 칭찬 같아 보이지 않는다. 부모는 단지 아이에게 감정이나 생각을 물어볼 뿐이다. 하지만 질문 칭찬은 아이에게 최고의 칭찬이다. 칭찬 같아 보이지 않지만 최고의 칭찬인 이유는 질문 칭찬은 아이가 스스로 자신을 칭찬하게 만들기 때문이다. 일반적인 칭찬은 칭찬을 하는 사람과 받는 사람이 다르다. 주로 어른이 칭찬을 하고 아이가 칭찬을 받는다. 일반적인 칭찬에서 칭찬을 하는 사람은 상급자, 관리자, 평가자의 입장이며 칭찬을 받는 사람은 하급자, 추종자, 피평가자의 입장이다. 일반적인 칭찬에서 칭찬을 받는 사람은 칭찬을 하는 사람을 만족시켜야만 칭찬을 받을 수 있다. 회사에서 실적으로 상급자를 만족시켜야만 성과급을 받을 수 있는 것과 같은 원리이다. 이것은 어른을 만족시키기 위해 눈치를 보는 수동적인 객체로 아이를 전락시키는 일로서 교육에서 가장 피해야 할 상황이다. 교육의 기본적인 목적은 아이의 자립에 있다. 부모나 도와주는 사람이 없어도 충분히 스스로 할 수 있는 자립성을 길러주는 일이 중요하다. 그런데 잘못된 칭찬이 아이를 부모에게 종속시켜 자립을 더디게 한다. 하지만 질문을 통해 칭찬하면 칭찬을 하는 사람과 받는 사람이 같아진다. 질문 칭찬을 하면 아이는 스스로 마음을 되돌아보면서 자신을 칭찬하고 격려하게 된다.

"힘들었지만 그래도 할 수 있다고 생각했어요."
"스스로 대견해요. 정말 잘한 것 같아요. 지금 완전 기분 좋아요!"
"다음번에도 할 수 있을 것 같아요."

질문 칭찬을 통해 과정을 돌아보고 결과에 대해 만족감을 느끼고 미래에 대해 자신감을 갖게 되면 아이는 점점 타인을 만족시키기 위해서가 아니라 스스로의 만족을 위해 노력하기 시작한다. 질문 칭찬은 부모의 눈치를 보면서 억지로 행동하는 아이가 아니라 스스로 옳다고 믿고 만족하기 때문에 바람직한 행동을 하는 주도적인 사람으로 아이를 성장시킨다.

자기효능감을 높이는 하브루타식 칭찬 방법

바람직한 칭찬 3가지는 각각 사용할 수도 있지만 함께 사용하면 더 효과적이다. 아이가 장난감을 갖고 놀다가 정리를 한 다음 거실이 깨끗해진 상황에서 아이에게 할 수 있는 하브루타식 칭찬 방법은 다음과 같다.

① 사실을 정확하게 표현해서 칭찬한다.
"장난감도 모두 상자에 넣고 책도 책꽂이에 깨끗이 꽂아놨네. 채원이 네가 청소를 열심히 해서 거실이 정말 깨끗해졌구나."
② 과정을 칭찬한다.
"혼자 넓은 거실을 다 정리하기 쉽지 않았을 텐데 끝까지 열심히 했구나."
③ 감정과 느낌을 질문한다.
"거실을 다 청소하고 나니 기분이 어때?"
④ 아이의 반응에 적절한 피드백을 준다.

"네가 기분이 좋다니 엄마도 좋아. 거실이 깨끗해져서 그런지 기분도 정말 상쾌하고."

이와 같은 하브루타식 칭찬 방법은 아이가 기쁨을 느끼고 있다는 사실과 그 기쁨이 깨끗이 청소를 한 데서 온다는 사실을 명확히 의식적으로 자각하게 한다. 정확히 인지하지 못한 채 막연히 느끼는 것과 명확하게 인지한 다음에 느끼는 것은 확실히 다르다. 명확한 자각을 통해 아이는 청소를 하면 기쁘다는 사실을 더욱 깊이 느끼고 더 적극적으로 청소하려는 태도를 갖게 된다.

==사실 칭찬, 과정 칭찬, 질문 칭찬으로 이어지는 하브루타식 칭찬 방법의 마지막 피드백이다.== 쉽게 말해서 피드백은 반응이다. 감정을 물었을 때 아이가 자신의 느낌을 말하는 것에서 끝내지 않고, 그것에 대한 적절한 응답으로 아이의 긍정적인 감정을 고취시키고 증폭시킬 수 있다. 부모의 피드백을 통해 아이는 자신의 노력으로 만들어낸 결과가 자신뿐만 아니라 주변 사람들에게까지 좋은 영향을 미친다는 사실을 깨닫는다. 피드백을 반드시 말로 할 필요는 없다. 따뜻하게 바라보거나 안아주는 것도 좋은 피드백 방법이다. 아이가 오랫동안 집중해서 독서를 했다면 하브루타식 칭찬 방법을 어떻게 적용할 수 있을까?

① 사실 칭찬: "독서를 1시간 가까이 했네."
② 과정 칭찬: (따뜻한 미소로) "엄청 집중해서 책을 읽던데?"

③ 질문 칭찬: "재미있었니? 그렇게 책을 읽으면 어떤 마음이 들어?"
④ 피드백: "네가 재미있었다니 엄마도 기분이 좋구나. 엄마도 책이 읽고 싶어지는걸?"

칭찬을 할 때 주의할 점

<mark>칭찬을 할 때는 다음번에도 그렇게 해야 한다는 약속을 받아내려고 하거나 다음번에도 열심히 하면 100점을 받을 수 있을 것이라는 식의 기대를 전해서는 안 된다.</mark> 진정한 칭찬을 하고 싶다면 있는 그대로의 사실과 노력에 대해서만 순수하게 언급해야 한다. 미래와 연결 지어 앞으로도 그렇게 하라는 것은 칭찬이 아니라 요구이다. 있는 그대로의 사실과 노력에 대해서만 순수하게 언급하면 아이는 노력의 과정을 아름답게 기억하고 그다음에도 노력하려는 마음을 갖는다. 하지만 칭찬을 빌미로 다음번에도 그렇게 하라고 요구하면 노력의 과정이 모두 부담으로 다가온다.

<mark>칭찬은 진짜 상황에서 자연스럽게 하는 것이 중요하다.</mark> 아이의 자기효능감을 높여주고 싶다는 마음에 억지로 기회를 만들어 가짜 칭찬을 하는 것은 결코 바람직하지 않다. 4~5살 정도의 유아에게는 통할 수도 있겠지만 7~8살의 초등학생에게는 잘 통하지 않는다. 초등 1학년이면 아직 무엇이 이상한지 정확하게 말하지는 못해도 무언가 자연스럽지 않고 억지스럽다는 것쯤은 충분히 느낀다. 인지 능력이 발달해 세상을 조금 더 객관적으로 바라보는 힘이 생기기 때문

이다. 그리고 칭찬을 하기 위해 억지로 무언가를 시킨다면 역효과가 나타날 수도 있다. 칭찬을 하기 위해 일부러 시킨 일이 너무 강압적이어서 오히려 기분이 나빠져 다시는 하기 싫어질 수도 있다. 이러한 경우 자기효능감을 키우기는커녕 정반대로 굴욕감과 좌절감만을 느끼게 한다.

듣는 공부에서 의사소통하는 공부로

✦ 의사소통 능력을 키우면 자기효능감은 따라온다

의사소통이란 자신의 메시지를 전달하고 타인의 메시지를 해석해 사람과 사람 사이에서 의미를 교류하는 과정을 뜻한다. 의사소통 능력은 의미 교류를 적절하게 할 수 있는 능력인 셈이다. 다시 말해 의사소통 능력은 내가 하고 싶은 말을 제대로 할 수 있고 상대방의 말을 제대로 알아듣는 등 다른 사람들과 언어로써 뜻을 주고받을 수 있는 능력을 말한다.

의사소통 능력은 자기효능감에 매우 중요한 영향을 끼친다. 자기효능감은 외부 세계에서 자신이 잘 작동하는지 혹은 그렇지 않은지에 대한 감각이다. 외부 세계를 정확히 파악해 적절하게 적응할 수 있어 자신이 외부 세계를 조절할 수 있다고 믿으면 자기효능감이 높은 것이다. 반대로 외부 세계를 잘 파악하지 못해 적절하게 적응할 수 없어 자신이 외부 세계를 조절할 수 없다고 믿으면 자기효능감이 낮은 것이다. 예를 들어 내가 속한 부서의 업무를 잘 파악해서 어느 정도 영향력을 끼칠 수 있다고 생각하면 직장에서 자기효능감이 높은 것이며, 반대로 부서의 업무를 제대로 파악하지 못해 의사결정에 영향력이 없다고 느낀다면 자기효능감이 낮은 것이다.

사람이 외부 세계를 파악하고 적응해서 영향력을 끼치는 가장 주요한 방법은 의사소통이다. 지금 부서에서 어떤 일이 벌어지는지에 대해서는 동료와의 대화나 문서를 통해 파악한다. 부서의 일에 영향력을 끼치고자 할 때는 상사나 동료와 대화를 나누거나 보고서를 작성해서 설득한다. 이때 만약 의사소통 능력이 부족하다면 이러한 과정이 제대로 이뤄지지 않는다. 의사소통은 외부 세계를 파악해 나의 의지를 외부 세계에 전달하는 가장 중요한 수단으로 자기효능감에 매우 큰 영향을 끼친다.

초등 1학년은 성인에 비해 의사소통 능력이 자기효능감에 미치는 영향이 훨씬 크다. 일반적인 성인 중에서 기본적인 의사소통이 안 되는 사람은 드물다. 가끔 말을 잘 알아듣지 못하거나 이상한 소리를 자주 하는 사람이 있기는 하지만 소통이 불가능한 정도는 아니다. 반면 초등 1학년 중에는 기본적인 의사소통조차 잘 이뤄지지 않는 아이들이 있다. 상대방이 무슨 말을 하는지 파악하지 못하고 지금 나누고 있는 이야기와 아무런 관련이 없는 엉뚱한 이야기를 늘어놓는 경우가 적지 않다. 대화는 사람들이 서로를 이해할 수 있는 가장 핵심적인 수단으로, 의사소통 능력이 부족하면 다른 사람들과의 교류에 차질이 생겨 인간관계에까지 문제가 발생하기 쉽다. 부모는 자기 자식의 말을 찰떡같이 알아듣지만 다른 아이들과 선생님은 그렇지 않다. 철저하게 타인이기 때문에 이해하지 못한다.

초등 1학년은 대개 의사소통이 성인처럼 원활하지는 않지만 그 중에서도 유독 심한 아이가 있다. 친구들이나 선생님이 하는 말을 잘 알아듣지 못하고 하고 싶은 말도 제대로 하지 못한다. 민준이가 그랬다. 민준이는 종이접기를 할 때 선생님이 파란색 면을 위로 올려야 한다고 몇 번씩이나 이야기해도 빨간색 면을 위로 올렸다. 보다 못한 선생님이 민준이에게 다가가 "민준아, 색종이의 파란색 면을 위로 올려야지?"라고 해도 무슨 일이냐는 듯 올려다볼 뿐이었다. 기다리던 선생님이 결국 직접 종이를 뒤집었다. 문제는 여기서 끝이 아니었다. 다음 단계도 그다음 단계도 민준이는 선생님의 말을 잘 알아듣지 못해서 계속 엉뚱한 행동을 했고, 선생님은 계속 설명을 하다가 지쳐버렸다. 결국 민준이의 종이접기는 선생님의 몫이 되고 말았다. 민준이 엄마는 민준이가 종이접기를 잘했다고 칭찬했지만 사실 민준이가 한 일이라고는 가만히 앉아 있었던 것뿐이었다.

그런가 하면 하윤이는 쉬는 시간에 앞으로 나와 선생님에게 이렇게 말했다. "선생님… 아까, 어, 어. 지영이가 어, 어, 했는데… 어, 어, 몰라요… 이따가… 어, 어…" 도무지 무슨 말인지 알아들을 수가 없었다. "하윤아, 무슨 말이니?"라고 재차 물었지만 돌아오는 말은 거의 비슷했다. 결국 지영이에 주변 친구들까지 불러봤지만 아무도 무슨 일인지 알지 못했다. 결국 무슨 일인지 알아내는 것을 포기하고 자리로 돌려보낼 수밖에 없었다.

교실에는 20명에 달하는 아이들이 있다. 아이들은 모두 각자의 사정이 있으며 모두 선생님을 애타게 부른다. 하지만 선생님은 몸이 하나뿐이라서 한 아이만 계속 붙들고 있을 수는 없다. 수업도 해야 하고 다른 아이들도 봐야 하니 결국 민준이와 하윤이 곁을 떠날 수밖에 없다. 의사소통이 되지 않는 아이는 선생님과의 교감에 실패하게 된다. 제대로 의사소통이 되지 않으면 선생님뿐만 아니라 친구들도 곤란한 일을 겪는다.

2교시를 마친 아이들이 쉬는 시간에 교실 바닥에 앉아 여러 가지 놀이를 했다. 현지는 친구들의 말을 잘 알아듣지 못한 나머지 계속 놀이 규칙을 어겼다. 결국 아이들은 하나둘 현지 옆을 떠나 다른 곳에 모여서 놀기 시작했다. 현지는 함께 놀고 싶은 마음에 아이들을 다시 찾아갔지만 아이들은 현지에게 "기다려"라고 한 다음에 자기들끼리만 신나게 놀았다. 이러한 상황에서 아이의 자기효능감이 높아지기는 힘들다. "왜 자꾸 이상한 소리를 하니?", "왜 말을 알아듣지 못하고 자꾸 엉뚱한 짓을 하니?", "넌 왜 자꾸 우리를 방해하니? 너랑 안 놀아" 등과 같은 말을 자주 듣는 아이는 점점 위축되고 자기효능감이 떨어지게 된다. 의사소통 능력이 부족한 아이는 자기효능감이 낮아질 뿐만 아니라 고학년 때 따돌림을 당할 가능성도 높다. 의사소통이 되지 않아 친구들이 점점 어울리려고 하지 않기 때문이다. 어른들도 대화가 통하지 않는 사람과는 어울리지 않듯이 아이들도 대화가 통하지 않는 사람과는 놀려고 하지 않는다.

초등 1학년 아이의 자기효능감을 높이려면 우선 의사소통 능력을 키워줘야 한다. 친구들과 선생님의 말을 제대로 알아듣고 행동할 수 있을 때 아이는 스스로 잘할 수 있다고 믿는다. 또한 그럴 때 비로소 다른 사람들로부터도 인정을 받을 수 있다. 아이의 자기효능감을 키우기 위해서는 의사소통 능력을 기르는 것이 중요하다.

✦ 하브루타로 의사소통 능력을 신장시키는 방법

기존의 공부는 의사소통 능력을 키워주지 못한다. 한국식 공부는 설명을 듣고 내용을 그대로 기억하는 방식이다. 직접 내용을 이해해서 적절하게 반응하는 방식이 아니다. 외부에서 아이 내부로 일방적으로 내용을 집어넣는 주입이지 의사소통이 아니다. 초등 1학년 2학기 '국어-나'의 '6단원 고운 말을 해요'를 배운다면 한국식 공부는 다음과 같이 진행된다.

엄마 말을 할 때는 듣는 사람을 생각해야 해. 엄마는 다른 사람이 엄마의 마음을 생각하지 않고 함부로 말해서 기분이 상했던 경험이 있어. 저번에 엄마가 친구 모임을 간 적이 있었거든. 엄마는 나름대로 예쁘게 차려입고 갔는데 한 친구가 엄마한테 옷이 좀 이상하다는 거야. 그래서 엄마가 엄청 속상했었어. 그러니까 말할 때는 항상 상대방의 기분을 생각하며 말해야 해. 알겠지?

아이 (딴생각을 하다가 건성으로) 네.

▶ 『국어-나 1-2』 중 '6단원 고운 말을 해요'. 같은 내용이라도 교육 방식에 따라 아이는 다른 내용을 배우게 된다.

앞선 대화에서 아이는 무엇을 배웠을까? 엄마가 한참이나 혼자 떠드는 동안 아이는 딴생각을 하다가 "네"라고 단 한마디만을 건성으로 대답했다. 아이가 엄마와의 대화에서 배운 내용은 건성으로 듣고 건성으로 대답하는 것이다. 공부를 못하는 아이들이 전형적으로 보이는 태도이다.

의사소통 능력을 신장시키기 위해서는 실제로 의사소통하는 기회가 많아야 한다. 실제 상황에서 의사소통을 많이 하면 의사소통 능력을 기를 수 있다. 의사소통을 하면서 할 수 있는 공부는 무엇일까? 하브루타이다. 하브루타는 의사소통 능력을 신장시킨다. 그렇다면 같은 내용을 하브루타로 배운다면 어떻게 달라질까?

엄마	말을 할 때는 듣는 사람을 생각해야 해. 혹시 친구가 네 마음을 속상하게 한 적이 있었니?
아이	음… 글쎄요.
엄마	엄마는 지난번에 신경 써서 입은 옷을 보고 친구가 조금 이상하다고 해서 속상한 적이 있었어.
아이	아, 맞다. 지난번에 뺄셈을 틀렸다고 민준이가 저한테 바보라고 해서 엄청 속상했었어요.
엄마	그때 네 마음이 어땠는데?
아이	부끄럽고 화가 났어요.
엄마	그랬구나. 그러면 친구가 뺄셈을 틀렸을 때 어떻게 말하면 좋을까?
아이	모를 수도 있어. 내가 도와줄게.
엄마	우아, 그렇게 이야기하면 친구가 엄청 고마워하겠다.
아이	(환하게 웃으며) 네.

대화에서 주로 말을 하는 사람은 아이다. 엄마는 질문하고 아이는 대답한다. 엄마는 아이가 잘 대답하지 못할 때 자신의 경험을 짧게 이야기함으로써 아이가 자신의 경험을 떠올릴 수 있도록 도와줬다. 아이는 엄마의 말을 듣고 스스로 말을 함으로써 의사소통하는 방법을 자연스럽게 체득한다. 하브루타는 그 자체만으로도 의사소통 공부이다. 하브루타를 잘하려면 상대방의 말을 잘 듣고 곰곰이 생각한 다음에 자신의 의견을 말해야 한다. 의사소통 능력이 발달하

지 않을 수가 없다. 그리고 하브루타는 일상의 언어를 더 촘촘하고 정밀하게 사용하도록 한다. 여름 수영장, 겨울 눈썰매장, 봄가을 축제 현장에서 신나게 놀고 있는 아이들을 인터뷰한 뉴스 내용을 살펴보면 계절과는 상관없이 언제나 한결같다.

기자 기분이 어때요?
아이 좋아요.
기자 얼마나 좋아요?
아이 하늘만큼 땅만큼이요.

인터뷰의 열에 아홉은 늘 이런 식이다. 하늘만큼 땅만큼 좋다는 표현은 우리나라의 모든 아이들이 입버릇처럼 쓰는 표현인 듯하다. 친숙한 표현이지만 좋은 표현은 아니다. 이러한 표현은 매우 단순하고 전형적이다. 이러한 표현을 쓰는 아이는 의사소통 능력이 굉장히 낮은 수준에 머물러 있다. 더 좋은 표현을 사용할 줄 모르는 것이다. 게다가 요즘 아이들은 모든 표현 앞에 '정말', '매우'라는 뜻으로 '개'라는 접두어를 왕왕 쓴다. "기분이 아주 좋아"는 "기분이 개 좋아", "매우 재밌어"는 "개 재밌어", "매우 맛있어"는 "개 맛있어"처럼 말이다. 이러한 현상은 의사소통 능력이 낮아서 일어나기도 하지만, 반대로 이와 같은 표현이 의사소통 능력의 신장을 저해하기도 한다. ==하브루타를 통해 단순하고 전형적인 표현을 더욱 세련되고 촘촘하게 바꾸도록 도와줄 수 있다.==

엄마	피자 어때?
아이	맛있어요.
엄마	어떻게 맛있어?
아이	그냥 맛있어요. 근데 어떻게 맛있냐니 대체 무슨 뜻이에요?
엄마	예를 들어 냉면을 먹었을 때 그냥 맛있다고도 할 수 있지만 어떻게 맛있는지 구체적으로 자세히 설명할 수 있어. 냉면의 면발이 탱글탱글하고 국물이 시원해서 맛있다고 하는 것처럼 말이야. 피자는 어떻게 맛있어?
아이	음… 피자는 따뜻하고 쫄깃해서 맛있어요.

'좋다', '맛있다'라는 성글고 큰 표현보다 어떻게 좋고, 어떻게 맛있는지 구체적으로 파고들어 분석하면 좋다. 보통은 부모가 아이의 말을 짐작하고 추측해서 대화를 진행해 나가는데, 이것은 아이의 의사소통 능력 발달에 그다지 좋은 방법은 아니다. 부모가 알아서 이해하는 바람에 더 좋은 표현, 더 정확한 표현을 쓰려고 노력할 필요가 없기 때문이다. 부모는 하브루타로 아이의 의사소통 능력을 키워줄 필요가 있다. 충분히 알아들을 수 있는 말이라도 "그 말의 뜻이 뭐야?", "좀 더 구체적으로 예를 들어서 말해볼래?"와 같이 물어보면 효과적이다. 이러한 질문이 아이가 자신의 말을 곱씹어보며 상대방이 더 잘 이해할 수 있게끔 표현하려고 노력하게 만든다. 그리고 아이의 의사소통 능력을 키워주며 궁극적으로는 자기효능감을 높여준다.

HAVRUTA

02

긍정적인 공부 정서를 다듬는 하브루타

스스로 하는 공부가 가장 재미있다

◆ 선물로는 공부를 시킬 수 없다

시험이나 수행 평가를 앞두고 학년에 관계없이 아이들이 자주 하는 말이 있다. 좋은 결과를 받으면 부모님이 선물을 사주기로 했다는 것이다. 결과가 나오는 날이면 선물을 받아 환호하며 좋아하는 아이들과 선물을 받지 못해 울상을 짓는 아이들로 나뉜다. 적지 않은 수의 아이들이 선물을 기대하며 공부를 한다. 부모가 먼저 선물을 제시하기도 하고 친구들의 이야기를 들은 아이들이 거꾸로 부모에게 먼저 요구하기도 한다. 부모와 아이 가릴 것 없이 공부는 대가를 받아야 할 수 있는 일로 생각한다. 이렇게 공부를 해도 아무런 문제가 없는 것일까?

앞서 우리는 채소 주스 실험을 살펴봤다. 아이들은 칭찬 스티커를 주면 채소 주스가 싫더라도 많이 마셨지만 이것은 칭찬 스티커를 주는 동안에만 유효했다. 더 이상 칭찬 스티커를 주지 않자 마시는 양은 줄어들었다. 굳이 마실 이유가 사라진 것이다. 공부도 다르지 않다. 공부를 위해 선물을 내걸면 당장은 조금 더 긴 시간 동안 책상 앞에 앉아 있게 할 수 있다. 하지만 딱 거기까지이다. 선물 때문에 공부를 시작한 아이는 선물이 없으면 더 이상 공부를 하지 않는다. 아예 처음부터 선물을 주지 않았을 때보다 더욱 공부를 싫어하게 된다. 왜 그런 것일까?

칭찬 스티커는 일종의 보상이다. 보상에는 외적 보상과 내적 보상이 있다. 외적 보상은 어떤 행위를 일으키고자 타인이 돈이나 선물 등의 물질 혹은 칭찬 따위를 상으로 제공하는 것이다. 부모가 아이에게 공부를 하면 용돈을 주겠다거나 컴퓨터 게임 시간을 늘려주겠다는 것이 대표적인 외적 보상이다. 내적 보상은 어떤 행위를 했을 때 행위자가 내면의 기쁨과 즐거움, 만족감 등을 얻는 것이다. 좋은 책을 읽거나 흥미로운 영화나 드라마를 보면서 재미를 느끼는 것이 일종의 내적 보상이다. 굳이 시키지 않아도 사람이 스스로 어떤 행동을 반복하는 이유는 행동을 통해 내적 보상을 받기 때문이다. 영화 마니아가 다양한 영화를 찾아보거나 컴퓨터 게임을 좋아하는 아이가 계속 게임을 하는 것은 모두 내적 보상을 받기 때문이다.

채소 주스 실험에서 처음에 아이들은 채소 주스를 싫어하고 잘 마시지 못했지만 점차 맛에 익숙해져 점점 더 많은 양의 채소 주스를 마실 수 있게 되었다. 누가 시키지 않았지만 맛과 즐거움 같은 내적 보상을 받아 더 잘 마실 수 있게 된 것이다. 하지만 외적 보상을 받은 아이들은 전혀 다른 양상을 보였다. 칭찬 스티커를 주지 않자 아이들이 마시는 채소 주스의 양이 줄어들었는데, 이것은 외적 보상을 받음으로써 내적 보상이 줄어들었기 때문이다. 아이들에게 채소 주스는 수단일 뿐이며 칭찬 스티커가 목적이 된다. 따라서 수단에 불과한 채소 주스 마시기는 목적인 칭찬 스티커를 위해 참아야 하는 고통스러운 일로 전락해 버린다.

선물을 미끼로 공부를 시키면 당장은 선물 때문에 공부를 하겠지만 그동안 아이의 머릿속에는 '선물을 받기 위해 참고 공부한다'라는 생각이 가득 차게 된다. 공부를 하는 내내 아이의 머릿속에는 공부하기 싫다는 생각이 들어 있을 수밖에 없고, 이러한 생각이 공부를 통해 받을 수 있는 내적 보상을 무너뜨린다. 공부를 좋아할 수 없게 되는 것이다. 초등 1학년은 아직 어리고 순진해서 부모가 선물을 준다고 하면 곧잘 공부한다. 그리고 그렇게만 공부해도 아무런 문제가 없다. 내용이 쉽고 양이 적기 때문이다. 하지만 문제는 고학년 때 나타난다. 선물을 받기 위해 억지로 공부한 아이의 내면은 공부를 증오하고 싫어하는 마음으로 가득 차게 된다. 공부 정서가 완전히 파괴되어 아이는 공부에서 어떠한 재미도 느끼지 못하게 된다. 공부를 자기를 괴롭히기 위해 쫓아오는 괴물쯤으로 생각해 어떻게든 도망가려고 할 뿐이다.

✦ 공부가 재미있어지는 첫걸음, 하브루타

스스로 공부하는 아이로 키우려면 아이가 공부에서 재미를 느낄 수 있어야 한다. 어떻게 공부에서 재미를 느낄 수 있을까? '학교'의 영어 단어인 'School'의 어원은 그리스어 'Scholar'로 '여가를 즐기다'라는 뜻이다. 그리스인들에게 공부는 여가를 즐기는 것이었던 셈이다. 그렇다면 어떻게 공부가 여가를 즐기는 것이 될 수 있었을까? 그리스인들은 하브루타가 출현하기 이전의 사람들이지만 그들의 공부 방식은 하브루타와 다르지 않았다. 그들은 '아고라Agora'라는 광장에 모여 서로 질문하고 대화하며 토론했다. 이것이 그들이 공부를 여가로 여긴 이유이다.

본래 사람들에게는 타인과 소통하기를 원하는 욕구가 있다. 대화는 자신의 욕구를 표현하고 외부 세계를 이해할 수 있게 해서 내가 더 편안하고 안전하며 기분 좋게 존재하도록 돕는다. 그래서 사람들은 대화를 즐긴다. 그리스인들은 가만히 설명을 듣고 외우는 방식으로 공부하지 않고 서로 만나 항상 질문하고 대화하면서 공부를 했다. 기본적으로 하브루타와 같은 원리이다. 하브루타는 함께하는 공부이다. 입을 다물고 설명을 듣고 앵무새처럼 반복하는 공부가 아니다. 각자의 생각을 말하고 의견을 주고받으며 소통하는 공부이다. 한국식 공부와는 큰 차이가 있다. 그렇다면 뺄셈을 배우는 한국식 공부와 하브루타식 공부는 어떻게 다를까?

엄마   7-4는 3이야. 7-4는 얼마라고?

아이 3이요.

엄마 9-4는 5야. 9-4는 얼마라고?

아이 5요.

한국식 공부를 하는 아이는 반복적으로 설명을 듣고 단순하게 답만 말한다. 매우 지루하고 괴로운 공부인 셈이다. 똑같은 내용이라도 질문하고 대화하면서 의미를 탐색해 나가면 공부는 충분히 신나고 즐거운 일이 될 수 있다. 공부는 지루하거나 괴롭지 않다. 반복해서 듣고 외우는 공부 방법이 지루하고 괴로울 뿐이다.

엄마 7-4는 얼마지?

아이 3이요.

엄마 그럼 문제를 만들어 볼까? 교실에 7명이 있었습니다. 4명이 나갔더니 3명이 남았습니다.

아이 사탕이 7개 있었습니다. 4개를 먹었더니 3개가 남았습니다.

엄마와 아이는 7-4=3이라는 딱딱한 수학식을 각자의 생각을 더해 실제 상황으로 바꿨다. 아이는 단순히 7-4라는 수학식의 정답만을 말하지 않고 상황을 설명했다. 엄마의 말을 듣고 자신의 말도 하는, 이른바 생각을 주고받는 대화가 일어났다. 이처럼 ==하브루타가 주는 대화의 재미를 통해 아이는 공부를 좋아하게 된다==.

이해의 재미, 외우는 공부에서 이해하는 공부로

✦ 한국식 암기 공부

필자는 아이들을 파악하기 위해 매년 초 기초 조사를 실시한다. 아이들의 건강 상태와 성격부터 시작해 좋아하는 과목과 싫어하는 과목까지 확인한다. 아이들은 모두 달라 같은 항목에서도 다양한 응답 결과가 나오는데, 단 이 질문만큼은 매년 같은 결과가 나온다. 바로 "싫어하는 과목은 무엇입니까?"이다. 거의 10년이 넘도록 조사했는데 단 한 번도 1위와 2위가 바뀐 적이 없었다. 1위는 수학, 2위는 사회였다.

아이들이 수학을 싫어하는 가장 주된 이유는 어려워서이다. 여러 가지 수식과 기호부터 시작해 수많은 공식을 암기하고 적용하는 일이 쉽지 않기 때문이다. 사회를 싫어하는 주된 이유는 외울 내용이 너무 많아서이다. 언뜻 표면적으로는 수학과 사회를 싫어하는 이유가 달라 보인다. 수학은 어려워서, 사회는 외울 내용이 많아서 싫어한다. 하지만 속을 들여다보면 수학과 사회를 싫어하는 이유는 같다. 수학이 어려운 이유는 이해하지 않고 암기하기 때문이다. 즉, 수학과 사회를 싫어하는 이유는 공통적으로 '암기'인 셈이다. 수학에서는 수많은 개념과 공식들을 이해하지 못하고 암기하니 기억이 날 리가 없다. 사회 역시 수많은 내용들을 이해하지 못한 채 암기하니 외울 내용이 너무 많아 보이는 것이다.

암기는 세상에서 가장 재미없는 행동이다. 재미있는 무언가도 암기하기 시작하면 재미가 없어진다. 손에 땀을 쥐게 하는 추리 소설도 내용을 암기해야 한다면 머리가 아파올 것이고, 엄청난 관객을 끌어모은 대박 영화도 대사를 암기해야 한다면 고통스러울 것이다. 몸을 들썩이게 하는 아이돌 댄스도 반드시 암기해서 시험을 봐야 한다면 쳐다보기조차 싫을 것이 분명하다. 이처럼 그 무엇도 암기를 해야 한다면 재미있을 수가 없다. ==아이들이 공부를 죽도록 싫어하는 이유는 분명하다. 세상에서 가장 재미없고 고통스러운 암기를 항상 하고 있기 때문이다.==

✦ 하브루타식 이해 공부

수학은 소위 암기 과목이 아니지만 아이들이 공부하는 모습을 보면 영락없는 암기 과목이다. 많은 아이들이 수학을 외운 공식에 숫자를 대입해 답을 구해내는 과목으로 생각한다. 하지만 수학은 그렇게 공부하면 안 된다. 수학은 세상의 수많은 현상을 숫자로 표현하는 학문이다. 수학에는 질서가 있다. 수학은 질서를 이해하고, 그 질서를 숫자로 바꿔 표현하며, 문제를 해결하는 학문이다. 누구나 암기 과목이라고 생각하는 사회도 사실은 암기 과목이 아니다. 사회는 사람이 살고 있는 세상에 대한 학문으로, 사회를 공부한다는 것은 세상을 이해하는 일이지 세상의 모든 것을 암기하는 일이 아니다.

수학이나 사회뿐만이 아니다. 세상에 암기 과목은 없다. 모든 공부는 내용을 이해하고 깨달아야 한다. 그럼에도 불구하고 아이들이 암기를 하는 이유는 크게 2가지이다. 첫째, 제대로 된 공부 방법을 몰라서이다. 이해해야 한다는 사실을 몰라 단지 외우는 것을 공부라고 생각한다. 그래서 무작정 외운다. 둘째, 노력 없이 좋은 성적을 받기 위해 꼼수를 쓰는 경우이다. 내용을 이해해서 답을 골라야 하는데, 내용을 이해하려면 더 많은 노력이 필요하기에 이해하지 않고 외워서 맞히려는 꼼수를 쓰는 것이다. 특히 두 번째 이유로 암기하는 경우가 많다. 그래서 중요하더라도 복잡한 내용이면 관심을 갖지 않고 제대로 듣지도 않는다. 아이들이 원하는 것은 정답이다. 아이들은 원리에 대한 설명이 조금만 길어져도 이렇게 묻는다. "그래서 공식이 뭐예요?", "그래서 답이 뭐예요?" 그러니 공부가 싫어질 수밖에 없다.

똑같은 내용이라도 어떤 방식으로 배우는지에 따라 아이들의 경험은 천지 차이다. 서로 다른 공부 방법이 어떻게 경험의 차이를 만드는지 실제 예시를 통해 비교해보자. 초등 5학년 수학에서는 다양한 도형의 넓이를 구하는 방법을 배운다. 아이들은 직사각형, 정사각형, 삼각형, 평행사변형, 사다리꼴, 마름모의 넓이를 구하는 방법을 배운다. 일반적으로 한국식 공부는 각각 도형들의 넓이를 구하는 방법을 하나하나 암기한다. 직사각형의 넓이 공식을 외우고 정사각형의 넓이 공식을 외운다. 이어서 차례대로 삼각형, 평행사변형, 사다리꼴, 마름모의 넓이 공식을 외운다.

필자는 같은 내용을 하브루타를 이용해서 내용을 이해하고 원리를 탐구하는 수업으로 진행했다. 무작정 도형의 넓이 공식을 설명하거나 암기시키지 않았다. 먼저 도형의 넓이를 구한다는 것은 결국 $1cm^3$가 도형 안에 몇 개가 들어가는지 확인하는 절차라는 원리를 하브루타를 통해 깨닫게 했다. 이후 각 도형에 $1cm^3$가 몇 개 들어가는지, 어떻게 확인할 수 있는지를 모둠 하브루타로 탐구하게 했다. 답을 알려주지 않으니 처음에 아이들은 답답해했다. 공식을 그냥 알려주지 왜 귀찮게 하느냐는 불평도 있었다. 하지만 하브루타를 통해 조금씩 실마리를 잡자 눈빛이 반짝였다. 몰입하기 시작했고 결국 근본적인 원리를 자신의 힘으로 깨닫자 아이들은 기뻐서 소리쳤다. "알았다! 내가 도형의 넓이를 구하는 원리를 발견해냈다!" 그날 아이들은 배움의 기쁨을 느꼈고 수학이 이렇게 재미있는 과목인지 처음 알았다고 했다.

초등 1학년 아이들도 다르지 않다. 단순한 암기 공부를 하는 아이들은 무언가 알았다는 이해의 재미를 느끼지 못한다. 짝수와 홀수를 이름으로 가르치기 전에 왜 2, 4, 6, 8과 같은 수를 짝수라고 부르는지, 왜 1, 3, 5, 7, 9와 같은 수를 홀수라고 부르는지 물어보자. 아이들은 무작정 외우다가 짝수는 짝이 맞아서 짝수이고 홀수는 홀로 남는 수가 있어서 홀수라는 사실을 이해하면 매우 큰 쾌감을 얻는다. "짝이 있어서 짝수구나", "홀로 있어서 홀수구나" 하면서 눈을 반짝이며 좋아한다. 공부에서 이해의 즐거움을 느끼는 것이다.

공부는 재미있을 수도 있고 재미없을 수도 있다. ==공부의 재미는 공부 자체에 달린 것이 아니다. 공부 방법에 달려 있다. 이해하지 못한 채 암기를 반복하면 그것은 노동이 된다.== 가치를 모르니 에너지가 무의미한 곳에 쓰인다고 느껴 점점 하기 싫어진다. ==이해하고 공부하면 그것은 놀이가 된다.== 세상의 이치를 깨닫고 원리를 파악하면 자신의 뜻대로 응용이 가능해진다. 이때 아이들은 스스로에게서 힘을 느낀다. 하브루타를 통해 외우는 공부를 이해하는 공부로 바꿔야 한다. 그러면 아이들이 공부에서 재미를 느낄 수 있다.

참여의 재미, 수동적 공부에서 능동적 공부로

✦ 한국식 구경꾼 공부

아이들은 게임을 정말 좋아한다. 여자아이들은 좀 덜하지만 남자아이들은 대부분 컴퓨터 게임을 좋아한다. 아이들의 게임 사랑은 지극하다. 공부를 하라고 하면 10분도 채 앉아 있기 힘들어하는 아이에게 게임을 하라고 하면 10시간도 가만히 앉아 있는다. 도대체 게임의 무엇이 아이들의 마음을 빼앗는 것일까? 여러 가지 이유가 있겠지만 가장 중요한 것은 능동성이다. 현실 세계와 달리 게임 세계에서는 아이들이 모든 것을 자신의 의도대로 할 수 있다. 내가 가고 싶으면 가고 가기 싫으면 가지 않는다. 먹고 싶으면 먹고 먹기 싫으면 먹지 않는다. 모든 것을 나의 판단에 따라 내 마음대로 할 수 있다. 만약 게임에서 능동성을 빼앗아 부모가 옆에 서서 시키는 대로 수동적으로 해야 한다면 어떻게 될까? 부모가 점프하라고 할 때 점프하고 칼을 휘두르라고 할 때 칼을 휘두르는 등 오직 부모가 시키는 대로만 게임을 해야 한다면 그때도 아이들이 게임을 좋아할까? 아마 그렇지 않을 것이다. 그러면 게임은 곧 공부와 함께 세상에서 가장 지겨운 일이 될 것이다. 능동성은 재미에 있어 매우 중요한 요소이다. ==사람들은 이왕이면 수동적으로 지켜보기보다 능동적으로 참여하고 싶어 한다.== 단지 노래를 듣기보다는 따라 부르고 싶어 하며 춤을 추고 있는 모습을 보면서 자신도 모르게 몸을 들썩인다. 물론 TV를 시청하거나 스포츠 경기를 관람하는 등 수동적인 활동에서도 재미를 느낄 수 있지만 더 큰 재미는 능동적으로 활동에 참여할 때 얻을 수 있다.

필자는 교사들을 대상으로 하브루타 수업에 대한 강의를 많이 한다. 초등학교, 중학교, 고등학교까지 학교에 따라 교사들의 질문이 다르다. 초등 교사는 아이들이 계속 딴짓을 하고 집중을 하지 않아서 수업을 하기 힘들다고 하고, 중고등 교사는 아이들이 잠을 자서 수업을 하기 힘들다고 한다. 고민의 내용은 다르지만 필자의 처방은 같다. 하브루타를 활용해 아이들이 능동적으로 참여하는 수업을 해보라는 것이다. 딴짓을 하는 초등학생들과 잠을 자는 중고등학생들의 행동은 서로 다르지만 원인은 같다. 선생님의 설명을 들으면서 수동적으로 가만히 앉아 있으려니 지겨워서 그러는 것이다.

초등 1학년은 굉장히 산만하다. 떠들고 돌아다니며 주변의 모든 물건을 만지면서 장난을 친다. 선생님의 설명을 듣고만 있으면 지루하기 때문이다. 집에서 부모와 공부할 때도 마찬가지이다. 부모의 설명이 길어지고 말이 많아지면 아이는 점점 딴짓을 하기 마련이다.

지루해 견딜 수가 없어서 그렇다. 아이가 집중해서 공부하게 하려면 아이에게 무언가 해야 할 것을 줘야 한다. 해야 할 것이 있으면 아이는 집중한다. 그중에서 가장 좋은 것이 '말'이다. 하브루타를 통해 아이가 공부할 내용에 대해 질문하고 생각하며 말하게 해보자. 부모가 설명할 때는 지루한 표정으로 하기 싫어하던 아이도 자기가 질문하고 자기가 생각하며 자기가 말하면 눈을 반짝이면서 참여하곤 한다. 능동적인 참여는 큰 재미를 불러일으킨다. 하브루타로 아이의 참여를 이끌어내면 아이는 공부에 재미를 느껴 열심히 하게 된다.

✦ 하브루타식 참여 공부

공부가 재미있으려면 무작정 암기하지 말고 내용을 이해하고 원리를 깨달아야 한다. 그렇지 않으면 지루하고 힘들 수밖에 없다. 학교 수업에서 교사가 원리를 가르치지 않는 것은 아니다. 아이들이 내용을 이해하고 원리를 깨달을 수 있도록 교사는 열과 성을 다해 설명한다. 교과서나 참고서에도 원리에 대한 설명이 들어 있다. 예쁜 그림과 쉬운 말로써 최대한 구체적으로 설명한다. 그럼에도 불구하고 아이들은 여전히 깨닫지 못한다. 왜 그런 것일까? 수동적으로 공부하기 때문이다.

엄마 3×2가 왜 6일까?

아이 잘 모르겠어요.

엄마 왜 3×2가 6이냐면 3×2는 3이 2개 있다는 뜻이야. 3이 2개면 몇 개일까?

아이   6개요.

엄마   그러니까 3×2는 6이야. 알았어?

아이   네.

    엄마는 3×2가 6이 되는 이유를 설명하고 있다. 이때 아이는 학습의 주인공이 아닌 구경꾼이 된다. 한국식 공부의 주인공은 아이가 아니다. 부모, 교사, 인터넷 강의, 문제집이 주인공이다. 부모, 교사, 인터넷 강의, 문제집이 아이를 가르친다. 아이가 해야 할 일은 가만히 앉아 설명을 듣는 것이다. 부모, 교사, 인터넷 강의, 문제집은 능동적이고 아이는 수동적이다. "알았어?"라는 엄마의 말에 아이는 "네"라고 대답했지만 정말 이해했는지는 알 수 없다. 아이는 몰라도 항상 안다고 말하기 때문이다. 하브루타로 능동적인 공부를 해야 한다. 구구절절 설명을 하는 대신 바둑돌을 3개씩 여러 줄 늘어놓고 이것이 구구단 3단과 어떤 관련이 있는지 하브루타를 하면 그 의미를 함께 찾을 수 있다.

엄마   3×2가 왜 6일까?

아이   잘 모르겠어요.

엄마   그럼 바둑돌을 한번 놓아볼까? 바둑돌 3개를 2줄로 놓아보자.

아이   (바둑돌을 놓는다.)

엄마 몇 개야?

아이 6개요.

엄마 이번에는 바둑돌 3개를 3줄로 놓아볼까?

아이 (바둑돌을 놓는다.) 9개네요.

엄마 3×3은?

아이 9요.

엄마 한 번 더 해볼까? 이번에는 바둑돌 3개를 4줄로 놓아보자.

아이 (바둑돌을 놓는다.) 12개네요.

엄마 구구단으로 뭘까?

아이 3×4=12.

엄마 3×2는 왜 6일까?

아이 3×2는 바둑돌 3개가 2줄이라는 뜻이라서 6이 돼요.

엄마는 적절한 질문을 하고 아이는 스스로 바둑돌을 놓아본 후 생각한다. 엄마의 역할은 질문을 하는 것으로 한정되어 있다. 바둑돌을 놓거나 생각하는 것은 모두 아이의 역할이다. 아이는 매우 능동적으로 공부하고 있다.

하브루타에서 아이들은 질문하고 대화하며 생각한다. 이러한 과정에서 궁금증이 생기고 풀린다. 스스로 질문하지 않고 수동적으로 설명을 들을 때는 이해하지 못해도 모른다고 말하기가 어렵다. 다른 사람들이 다 아는 것처럼 보여 나만 모른다고 하면 혼날 것 같기 때문이다. 반면 하브루타를 하면 이해하지 못한 내용에 대해 원하는 만큼 실컷 물어보고 생각할 수 있다. 능동적으로 움직일 수 있다. 능동성과 자유는 정서적으로 아이들에게 쾌감을 준다. ==참고 견뎌야 하는 공부가 아니라 움직이고 즐기는 공부가 된다.== 하브루타를 통해 아이들은 마구간에 갇힌 조랑말이 아닌 공부라는 그라운드를 달리는 야생마가 될 수 있다.

성장의 재미, 제자리 공부에서 성장하는 공부로

✦ 한국식 제자리 공부

보통 한국식 공부는 듣기, 외우기, 시험 보기, 잊어버리기라는 4단계를 거친다. 아이들은 설명을 듣고 외운 다음에 시험을 보고 잊어버린다. 아무리 열심히 공부해도 언제나 잊어버리기로 끝난다. 한국식 공부에서 공부의 끝이 망각인 이유는 주로 암기를 하기 때문이다. 암기 공부는 전화번호부 속의 수많은 전화번호를 외우는 일과 같다. 아무런 의미가 없는 숫자와 글자들을 이해하지 않고 그냥 외운다. 이러한 암기는 외울 내용이 많지 않을 때는 문제가 없다. 전화번호 3~4개 정도는 누구나 조금만 노력하면 외울 수 있다. 하지만 외울 내용이 늘어나면 점점 문제가 발생한다. 10개 정도까지는 어떻게든 외웠는데, 40, 50, 100개가 되는 순간 암기가 불가능해진다. 계속해서 새롭게 나오는 번호를 외우다 보면 앞서 외운 전화번호가 잊히고 서로 섞여서 어떤 번호가 누구의 번호였는지 분간하지 못하는 지경에 이르게 된다. 이처럼 한국식 공부로는 아이들이 아무리 노력해도 스스로 성장하고 조금씩 변하고 있다는 사실을 느끼지 못한다. 공부가 항상 잊어버리기로 끝나기 때문이다. 그래서 아이들은 자신이 제자리에 있는 것 같은 느낌을 받는다.

한국식 공부가 제자리인 또 다른 이유는 단편적인 정보를 습득하는 데서 멈추기 때문이기도 하다. 초등 1학기 2학기 '국어-가'의 '1단원 소중한 책을 소개해요'에 나오는 글을 읽은 후 한국식 공부는 다음과 같이 진행된다.

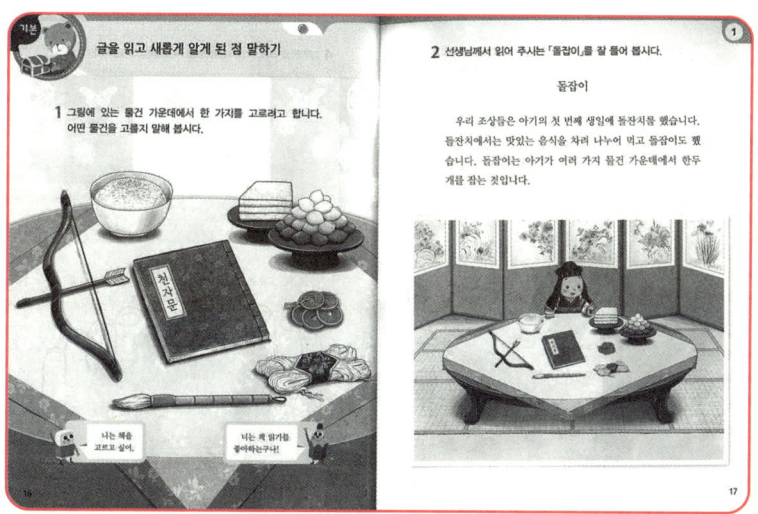

▶『국어-가 1-2』중 '1단원 소중한 책을 소개해요'. 아이가 재미를 느낄 만한 공부 방법은 따로 있다.

[제목: 돌잡이]

우리 조상들은 아기의 첫 번째 생일에 돌잔치를 했습니다. 돌잔치에서는 맛있는 음식을 차려 나누어 먹고 돌잡이도 했습니다. 돌잡이는 아기가 여러 가지 물건 가운데에서 한두 개를 잡는 것입니다.

엄마   아기의 몇 번째 생일에 돌잔치를 할까?
아이   첫 번째 생일이요.
엄마   돌잔치에서는 무엇을 나누어 먹을까?
아이   맛있는 음식이요.
엄마   아기는 물건을 몇 개 정도 잡을까?
아이   한두 개요.

물론 아직 읽기가 능숙하지 않아 내용을 잘 파악하지 못하기 때문에 이와 같은 공부도 필요하다. 문제는 여기서 공부가 멈춘다는 점이다. 돌잔치에 대한 정보를 알아서 나쁠 것은 없지만 이렇게 단편적인 정보를 외우는 공부는 아이들에게 의미를 주지 못한다. 아이들은 외우라고 해서 외우지만 자신이 왜 외워야 하는지를 납득하지 못한다. 이해도 되지 않고 재미도 없고 스스로 성장한다는 느낌도 들지 않는다. 필요 없는 정보를 어쩔 수 없이 외운다고 생각한다. 실제로도 그렇다. 이러한 정보를 외우는 일은 아이들의 인생에 도움이 되지 않는다. 지금 이 순간에도 수백, 수천 개의 새로운 정보가 발생하고 있다. 새로운 정보는 사람이 정보를 얻는 속도보다 더 빠르게 생겨난다. 그래서 단편적인 정보를 단순 습득하는 일은 큰 의미가 없다. 외우고 또 외워도 더 빨리 더 많은 지식이 생겨나기 때문이다. 아이들의 생각은 틀리지 않았다.

암기 공부는 초등 고학년이 되면 본격적으로 문제를 드러내기 시작한다. 초등 4,5학년 때부터는 모든 내용을 암기로 공부하기에는 너무나 양이 많아진다. 아이들은 학습 내용을 온전히 이해하지 못해 점차 공부에서 어려움을 느끼게 된다. 그럼에도 불구하고 초등 1학년 때부터 암기로 공부한 아이들은 이러한 사실을 인식하지 못한 채 계속해서 암기로 공부하려고 한다. 되지 않는 방법으로 노력하다 보니 아무리 공부를 해도 결과가 나오지 않고 스스로 성장한다는 느낌을 받지도 못한다. 사용하지도 못하고 잊어버릴 지식을 억지로 암기한다고만 느끼게 된다. 그러다가 결국 공부를 싫어하게 된다. 공부를 해봤자 소득이 없고 제자리를 맴돈다는 느낌만 들기 때문이다. 나무만 보고 숲을 보지 못하는 많은 부모들이 초등 1학년 때부터 아이에게 암기를 시킨다. 모르겠으면 그냥 외우라고 말한다. 눈앞에 쌓인 내용을 해치우는 일에만 급급해한다. 하지만 이러한 태도는 지금 해결해야 할 문제를 뒤로 미뤄 결국 아이가 공부를 포기하게 만드는 지름길이다. 초등 1학년은 문제를 해치우는 공부가 아니라 아이가 성장하는 공부를 시작하기에 좋은 시기이다. 그래야 아이가 포기하지 않고 공부에 재미를 느낄 수 있다.

✦ 하브루타식 성장 공부

　세상에는 재미있는 것들이 정말 많다. TV, 컴퓨터 게임, 아이돌, 유튜브, 친구들과 하는 축구……. 공부를 하기 위해서는 수많은 유혹을 참아내야 한다. 아이들이 유혹을 이겨내고 공부를 하기 위해서는 공부에서 재미를 느껴야 한다. 자신이 무언가를 알아가고 있으며 성장하고 있음을 느껴야 계속해서 공부를 하려고 노력하게 된다.

　성장하는 공부를 하려면 어떻게 해야 할까? 공부를 깊고 느리게 해야 한다. 지식은 서로 밀접하게 연결되어 있다. 덧셈은 뺄셈과 연결되고 또 곱셈과 연결된다. 곱셈은 다시 나눗셈과 연결된다. 삼각형은 사각형과 연결되고 사각형은 직사각형과 정사각형으로 연결된다. 단어는 문장으로 연결되고 문장은 글로 연결된다. 이야기 속 인물의 성격은 사건과 연결되고 사건은 배경과 연결된다. 그래서 하나의 지식을 깊이 이해하는 일은 다른 지식을 이해하는 데 큰 도움이 된다. 처음 배우는 지식을 이해하지 않고 단순 암기하면 이와 관련된 그다음 지식도 이해하지 못하고 암기해야만 한다. 처음 배우는 지식을 이해하면 그다음 지식도 이해할 수 있다. 만약 처음 배우는 지식을 깊이 이해한다면 그다음 지식은 더 쉽게 이해할 수 있다. 하나의 지식을 이해하는 데 드는 노력은 이전의 지식을 얼마나 깊이 이해했는지 정도와 반비례한다.

　초등 1학년이 공부하는 내용은 너무 쉽고 간단해서 암기만으로도 충분히 좋은 성적을 받을 수 있다. 하지만 이렇게 공부하면 그다음 공부에 악영향을 끼친다. 1학년 내용을 암기하면 2학년 내용도 암기해야 하고, 2학년 내용을 암기하면 3학년 내용도 암기해야 하며, 3학년 내용을 암기하면 4학년 내용도 암기해야 한다. 하지만 4학년부터는 공부의 양이 많고 어려워져서 점차 암기만으로는 공부하기가 힘들다. 결국 초등 1학년 때 암기로 공부를 시작한 아이는 4학년 무렵부터 흔들리기 시작하고 초등 고학년이나 중학교에 가면 성적이 급격하게 떨어진다. 부모는 아이가 공부를 하지 않아서 그런 것이라고 믿지만 결코 그렇지 않다. 암기로 공부를 하다 보니 해도 해도 안 돼서 스스로 포기하는 것이다. 이와 같은 사태를 막으려면 초등 1학년 때부터 하브루타로 깊고 느리게, 즉 성장하는 공부를 해야 한다. 그렇다면 앞서 살펴본 '돌잡이'라는 글로는 어떻게 깊고 느리게 성장하는 공부를 할 수 있을까? 아이에게는 다음에 이어지는 내용처럼 스스로 생각하고 고민하며 적용하는 질문이 필요하다.

엄마 왜 맛있는 음식을 차려서 나누어 먹었을까?

아이 축하하려고요.

엄마 왜 축하하는 걸까?

아이 생일이니까요.

엄마 생일이니까 축하를 하는 건 맞는데 왜 생일에 축하를 하는 걸까?

아이 잘 모르겠어요.

엄마 엄마가 힌트를 줄게. 예전에는 약이나 병원이 지금처럼 발전하지 않았어. 그럼 아이들이 어땠을까?

아이 쉽게 아프고 죽기도 했을 것 같아요.

엄마 그래. 그러면 왜 첫 번째 생일을 특별히 축하하는 걸까?

아이 아프지 않고 죽지 않고 건강한 것을 축하하려고요?

엄마 맞아.

아이 그런데 요즘에는 약도 많고 병원도 많잖아요. 애들이 쉽게 아프지도 않고 죽지도 않는데 왜 돌잔치를 해요?

엄마 돌잔치가 우리의 문화가 되었기 때문이야.

아이 문화가 뭐예요?

엄마 문화는 사람이 살아가는 방식이야. 예를 들어 우리나라 사람들은 쌀을 주로 먹잖아. 쌀을 별로 먹지 않는 문화도 있어. 그런 나라 사람들은 무엇을 먹을까?

아이 빵, 고기, 피자, 파스타 같은 것?

엄마 그렇지. 우리는 쌀을 주로 먹는 문화이고 빵을 주로 먹는 문화도 있어. 음식 말고 또 어떤 문화가 있을까?

아이 음… 집?

엄마 그래. 우리나라의 전통 집으로는 뭐가 있을까?

아이 한옥이랑 초가집이요.

엄마 다른 나라의 집을 본 적이 있니?

아이 벽돌집, 통나무집, 흙집?

엄마 그럼 우리 같이 문화에 대한 책을 찾아볼까?

위의 대화를 살펴보면 글 내용뿐만 아니라 파생된 다른 주제까지 이야기하고 있다. 글에 등장하는 정보를 단순히 외우는 데서 그치지 않고 글을 바탕으로 우리의 문화를 이해하고 과거와 현재를 비교한다. 여기서 문화를 끄집어내어 아이와 이야기를 나누고 문화에 대한 책을 찾아서 읽기에 다다른다.

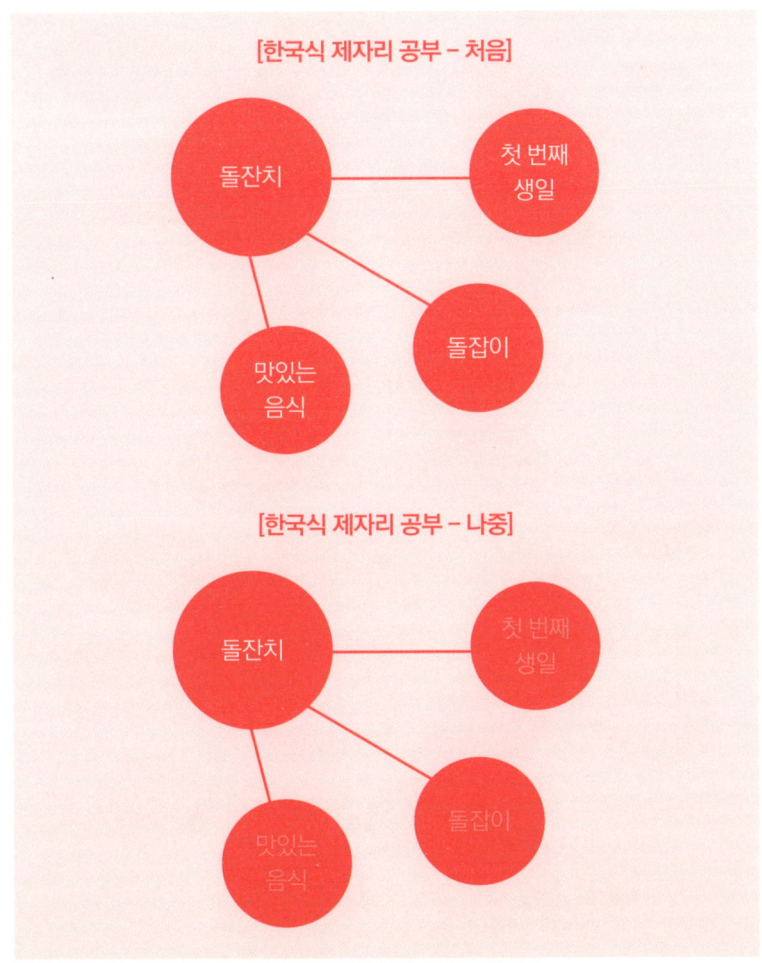

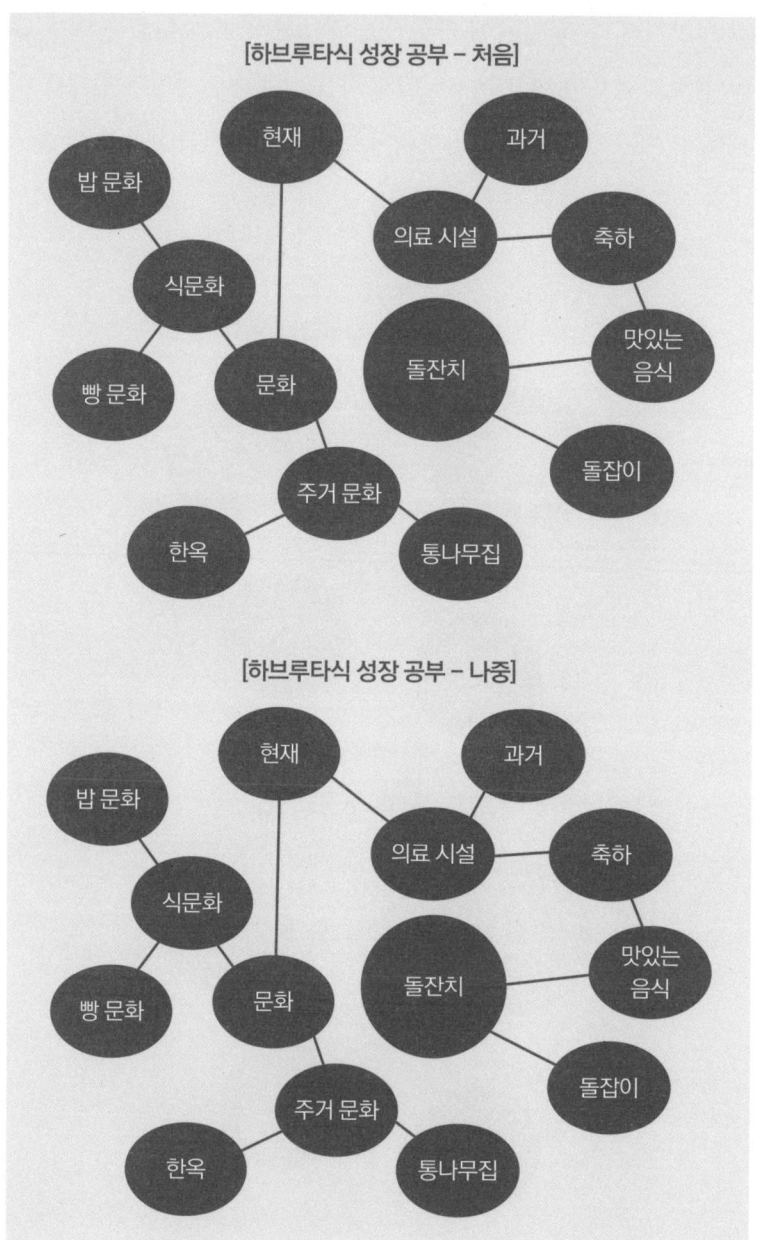

한국식 공부에서 강조하는 첫 번째 생일, 돌잡이, 맛있는 음식과 같이 단순하게 외운 정보는 시간이 지나면 사라진다. 다른 정보와 연결되지 않기 때문이다. 반면 돌잡이를 시작으로 과거와 현재의 의료 수준을 비교하고 식문화와 주거 문화에 대해 생각하며 이러한 주제를 다시 다른 책에서 찾아 읽는 방식으로 공부하면 확실히 다르다. 이와 같은 공부는 배우는 내용을 아이의 삶, 그리고 기존에 알고 있던 다른 지식과 연결한다. 그러면 더 이상 공부한 내용을 잊어버리지 않는다. 새로운 지식이 기존의 지식과 강하게 연결되었기 때문이다. 이처럼 강하게 연결된 지식을 갖게 되면 아이는 자신이 성장하고 있음을 느끼게 된다.

하브루타로 공부하는 아이들은 성장이 빠르다. 처음에는 암기로 하는 공부보다 진도가 느리겠지만 기반이 어느 정도 쌓이고 나면 상황이 완전히 달라진다. ==암기는 갈수록 힘들어지는 반면, 하브루타는 갈수록 공부가 쉬워진다. 충분히 알고 이해하는 내용이 많을수록 그 다음 내용을 배우는 일이 점점 쉽고 재미있어지기 때문이다.==

HAVRUTA

03
올바른 공부 습관을 세우는 하브루타

얕고 빠른 공부에서 깊고 느린 공부로

✦ 공부에도 명품이 있다

　명품이 있으면 가품도 있다. 가품은 비싼 명품을 살 여유가 없는 사람들의 헛헛한 마음을 저렴한 가격으로 채워준다. 요즘은 기술이 좋아져서 전문가가 아니면 구분하기 힘들 만큼 감쪽같은 가품도 많다. 그런데 언뜻 명품과 똑같아 보이는 가품도 전문가가 자세히 들여다보거나 몇 가지 간단한 실험을 하면 금세 정체가 탄로 나기도 한다. 겉으로 보기에는 명품과 비슷하지만 눈에 잘 띄지 않는 안쪽은 대충 만들거나 값싼 재료를 사용하기 때문에 몇몇 문제가 발생하는 것이다.

　공부에도 명품 공부가 있고 가품 공부가 있다. 가품을 사는 데

적은 비용이 들 듯이 가품 공부를 하는 데도 적은 노력과 시간이 든다. 하지만 가품의 품질이 떨어지는 것처럼 가품 공부의 품질 역시 떨어진다. 가품이 처음에는 싸게 잘 산 듯해도 결국 시간이 지나면 싼값을 하는 것처럼 가품 공부 역시 처음에는 짧은 시간에 많은 양의 공부를 잘한 것 같지만 시간이 지나면 쉽게 공부한 티가 난다. 반대로 명품을 사는 데 많은 비용이 들 듯이 명품 공부를 하는 데도 많은 시간과 노력이 필요하다. 그래서 당장은 왜 저렇게 비효율적으로 공부를 해야 하나 생각할 수도 있다. 하지만 시간이 지나면 알게 된다. 시간이 지날수록 비싼 돈을 주고 산 명품의 가치가 더 오르듯이 명품 공부도 시간이 갈수록 가치가 빛을 발한다. 어떤 공부를 해야 하는지는 자명하다.

그렇다면 가품 공부는 무엇이고 명품 공부는 무엇일까? 학습은 크게 피상적 학습과 심층적 학습으로 나눌 수 있다. 피상적 학습은 중요한 내용은 제대로 이해하지 못하면서 겉으로 보이는 내용에 대해서만 대충 공부하는 방법이다. 반면 심층적 학습은 겉으로 보이는 내용뿐만 아니라 보이지 않는 내용까지 깊게 파고들어 공부하는 방법이다. 피상적 학습은 배운 내용을 곧 잊어버려 실제로 적용하기가 힘들어서 배워도 배웠다고 할 수 없고 시험에서 답을 맞혔어도 안다고 할 수 없다. 그러나 심층적 학습은 배운 내용을 진심으로 이해하고 체득해 실제 상황에서 사용할 수 있다. 얕고 빠른 피상적 학습이 가품 공부이고 깊고 느린 심층적 학습이 명품 공부이다.

초등 1학년 때부터 정답 암기 중심의 얕고 빠른 피상적 학습을 한 아이들은 고학년이 되면 공부에서 쉽게 한계를 느낀다. 수많은 내용을 모두 암기하는 일이 힘들기 때문이다. 초등 1학년 때부터 심층적 학습을 한 아이만이 초등 고학년, 중고등학교의 어렵고 복잡한 내용을 이해할 수 있다. 이어서 피상적 학습과 심층적 학습은 어떤 것이며, 심층적 학습이 왜 중요한지, 하브루타로 어떻게 심층적 학습을 할 수 있는지 구체적으로 살펴본다.

✦ 얕고 빠른 피상적 학습

피상적 학습의 주된 방법은 암기이다. 피상적 학습자는 내용에 대한 이해 없이 있는 그대로의 정보를 일차원적으로 암기한다. 이성계-위화도회군, 세종대왕-한글 창제 식으로 하나의 정보를 다른 정보와 일대일 대응 방식으로 암기한다. 피상적 학습자는 이해하지 못하는 내용이 있더라도 개의치 않는다.

피상적 학습의 최대 장점은 정해진 시간에 많은 범위를 학습할 수 있다는 점이다. 같은 시간 동안 피상적 학습자는 심층적 학습자의 몇 배에 달하는 내용을 학습할 수 있다. 그래서 피상적 학습은 정해진 양을 최대한 빨리 해치우거나 정해진 시간 안에 최대한 많은 양을 학습하려고 할 때 사용된다. 쉽게 말해 공부하기 싫은 아이들이 부모가 정해준 공부의 양을 빨리 끝내고 놀고 싶을 때 사용한다.

빠르기 때문에 좋아 보이는 피상적 학습에는 결정적인 결함이 있다. 피상적 학습은 겉으로는 학습이 일어나는 것처럼 보이지만 실제로는 학습이 일어나지 않는다. 사람의 뇌는 이해되지 않은 내용을 장기간 보관하지 않는다. 그리고 정보를 아무렇게나 쑤셔 넣지 않고 의미에 따라 분류하고 연결해서 저장한다. 정보를 분류하고 연결하려면 의미에 대한 이해가 필수적이다. 이해가 되지 않으면 분류할 수 없고 분류할 수 없으면 저장할 수 없기 때문이다. 이해되지 않은 내용은 절대로 저장되지 않으며 기억의 쓰레기통으로 버려진다. 학창 시절에 열심히 외우면서 공부했는데 시험이 끝나자마자 모든 내용을 잊어버린 신기한 경험이 누구에게나 있을 것이다. 이해되지 않았기에 버려진 것이다.

==얕고 빠르게 짧은 시간 동안 많은 양을 학습하는 피상적 학습을 통해서는 진정한 학습이 일어나지 않는다.== 책상에 앉아 공부라는 행위를 하지만 결국 배움은 일어나지 않는 셈이다. 피상적 학습은 시험 직전에 이미 이해한 내용을 확인할 때 가끔 사용해야 효과를 볼 수 있다.

✦ 깊고 느린 심층적 학습

심층적 학습의 기본은 이해이다. 의미를 부여하고 추론하며 상상하고 평가하는 등 다양한 방법이 있지만 결국 기본은 내용에 대한 이해이다. 피상적 학습자가 '위화도회군'이라고 하면 단순히 '이성계'를 떠올릴 때 심층적 학습자는 '위화도회군이 일어난 배경 및 이후에 일어난 일과 그 의미'에 관심을 갖는다. 피상적 학습자는 위화도회군을 직선적으로 학습하는 반면, 심층적 학습자는 두루두루 우회하면서 넓게 학습하는 것이다.

심층적 학습은 일정한 시간 동안 학습할 수 있는 양이 적다. 같은 시간 동안 같은 힘으로 땅을 팔 때 얕게 파면 넓게 팔 수 있는 반면, 깊게 파려면 좁게 팔 수밖에 없는 이치와 같다. 피상적으로 정답만 외우면 엄청난 양을 다룰 수 있는데, 깊게 생각하고 파악해야 하니 일정한 시간 동안 배울 수 있는 양이 한정된다. 그러다 보니 아무래도 아이들이 덜 선호한다. 게다가 우리나라 시험의 대부분은 대충 외워서 푸는 문제라 피상적으로 정답만 암기하면 될 것처럼 느껴져 더더욱 심층적 학습을 하는 아이들이 드물다. 당장은 피상적 학습으로 인한 문제가 나타나지 않아 심각성을 모르기 때문에 우선은 피상적 학습에 매달린다.

하지만 심층적 학습에는 피상적 학습이 절대로 따라올 수 없는 힘이 있다. 앞서 ==사람의 뇌는 이해되지 않은 정보를 저장하지 않으므로 피상적 학습은 효과가 없다고 했는데, 반대로 이해된 정보는 저장하지 않으려고 해도 저절로 저장이 된다는 점이 심층적 학습이 가진 힘이다.== 예를 들어 '요나셨하사식'이라는 말을 외워야 한다면 사람들은 과연 이 말을 시간이 지나서도 기억할 수 있을까? 큰 노력을 들이지 않는다면 아마도 대부분의 사람들은 3분 안에 잊어버릴 것이다. 그런데 이 말이 "식사하셨나요?"를 거꾸로 쓴 것이라는 사실을 이해하면 어떨까? 아마 1개월이 지나도 1년이 지나도 "식사하셨나요?"를 거꾸로 쓴 것이라는 기억을 통해 '요나셨하사식'을 떠올릴 수 있을 것이다. 이해했기 때문이다.

✦ 하브루타로 깊고 느리게 공부하기

심층적 학습에 가장 최적화된 방법은 하브루타이다. 하브루타는 심층적 학습 그 자체이다. 하브루타에서는 절대로 암기를 이야기하지 않는다. 하브루타에서는 모든 내용을 심도 있게 논의하고 생각하며 공부한다. 한국식 공부가 있는 그대로의 정보 암기에 치중하는 반면, 하브루타는 주어진 정보가 옳은지 그른지, 어떤 가치가 있는지, 생각하지 못한 다른 측면은 없는지 등을 하나하나 따진다. 유대인들은 한 문장으로도 몇 시간씩 하브루타를 한다. 우리나라에서 이렇게 공부한다면 대부분의 부모들이 진도가 느리다고 호통을 칠 것이 뻔하다.

당장 하브루타로 심층적 학습을 시작하자. 아이에게 받아쓰기 시험용 글자를 외우게 하지 말고 자신의 생각을 자유롭게 쓰도록 하자. 아이에게 교과서 문장을 외우게 하지 말고 문장에 대해 곱씹어 보게 하자. 적절한 질문을 던져 문장의 의미를 탐구하고 아이가 스스로 생각하게 하자. 글에서 말하는 내용이 자신에게 어떻게 적용되는지를 고민하게 하자. 바로 이것이 심층적 학습이다. 그렇다면 그림책 『누가 내 머리에 똥 쌌어?Vom kleinen Maulwurf, der wissen wollte, wer ihm auf den Kopf gemacht hat』를 통해 일반적으로 행해지는 피상적 학습과 심층적 학습을 비교해보자. 먼저 피상적 학습이다.

엄마 누가 머리에 똥을 맞았어?
아이 두더지요.

엄마 비둘기의 똥은 무슨 색이었어?

아이 음… 노란색이요.

엄마 아니잖아. 흰색이야. 이것도 기억 못하겠어? 토끼 똥은 어떤 모양이라고 했지?

아이 까만 콩 모양이요.

　엄마는 아이에게 책에 나온 내용을 있는 그대로 묻고 있다. 전혀 외울 필요가 없는 불필요한 내용을 확인하고 있는 셈이다. 다음은 하브루타를 적용시킨 심층적 학습이다.

엄마 누구 똥이 가장 기억에 남아?

아이 토끼 똥이요.

엄마 왜 토끼 똥이 가장 기억에 남는데?

아이 까만 콩처럼 생겨서 재미있어요.

엄마 말똥은 어떻게 생겼지?

아이 동그랗게 생겼어요.

엄마 토끼 똥도 약간 동그란데 어떤 차이가 있을까? 그림을 통해 비교해 볼까?

아이 말똥은 크고 토끼 똥은 작아요.

엄마 왜 그럴까?

아이 말은 크니까 똥도 크고 토끼는 작으니까 똥도 작아요.

엄마 왜 몸이 크면 똥도 크고 몸이 작으면 똥도 작을까?

아이   몸이 크면 입도 커서 많이 먹으니까 똥도 크고, 몸이 작으면 입도 작아서 적게 먹으니까 똥도 작아요.

피상적 학습의 대화에서는 비둘기 똥의 색과 토끼 똥의 모양을 그저 확인하고 있는 반면, 심층적 학습의 대화에서는 아이의 입장에서 무엇이 왜 기억에 남는지를 확인하고 토끼 똥과 말똥의 공통점과 차이점을 파악한다. 똥의 크기가 다른 이유에 대해 질문하자 아이는 몸의 크기와 똥의 크기를 연결해서 이야기한다. 피상적 학습으로 책을 읽은 아이는 시간이 지나면 비둘기 똥의 색과 토끼 똥의 모양을 잊어버린다. 기억할 만한 요소가 전혀 없기 때문이다. 오히려 토끼 똥이 하얗고 비둘기 똥이 까만 콩과 같다고 잘못 기억할 수도 있다. 반면 하브루타로 심층적 학습을 한 아이는 몸의 크기와 똥의 크기 사이의 관련성을 이해한다. 이렇게 이해한 내용은 쉽게 사라지지 않는다. 어떤 동물이든 똥의 크기를 가늠할 수 있게 된다. 이것은 단순히 몸의 크기와 똥의 크기 사이의 관련성을 이해하는 것 이상의 의미가 있다. 아이는 세상의 많은 현상들 사이의 관련성에 대해 생각하게 된다.

초등 1학년 혹은 입학 전부터 심층적 학습을 한다면 아이에게 엄청난 공부 자산이 될 것이다. 피상적 학습으로 공부를 시작한 아이는 정답을 외우는 일만이 공부라고 믿는다. 학년이 올라가도 계속해서 정답만을 외우려고 한다. 다른 공부는 한 적이 없기 때문이다. 일단 피상적 학습에 길들여지면 나중에 심층적 학습으로 바꾸기는 매우 어렵다. 좋고 나쁘고를 떠나 한번 익숙해진 것을 바꾸기는 힘든 법이다. 암기에 적응된 아이가 원리를 생각하고 탐구하는 공부를 하려면 참을성이 부족해 짜증을 내고 하지 않으려고 한다. 반면 어릴 적부터 심층적 학습을 한 아이는 ==심층적 학습을 어려워하지 않는다. 어릴 때 우리말을 한번 배우면 더 이상 말하기에 어려움을 겪지 않는 것과 같은 이치이다. 심층적 학습을 제대로 체화시킨 아이는 어떤 정보를 접하더라도 무비판적으로 수용하지 않고 스스로 생각하며 고민하려고 한다. 이러한 습관은 평생에 걸쳐서 접하는 모든 지식을 의미 있게 만들어준다.== 다른 아이들보다 10배, 100배 앞서 나가는 비결이다.

그러므로 초등 1학년 때부터 부모와 아이가 하브루타로 깊고 느리게 공부할 필요가 있다. 하브루타를 통해 아이는 자신이 몰랐던 내용을 탐구하고 이유를 알아보며 더욱 깊이 생각한다. 공부 역량은 바로 이러한 대화를 중심으로 길러진다. 하브루타를 통해 의사소통 능력이 자라고 성공 경험이 생기며 자기효능감이 길러진다. 하브루타를 통해 공부에서 다양한 재미를 느껴 공부를 좋아하게 된다. 하브루타를 통해 깊게 공부하는 습관을 기르며, 집중하고 읽고 생각하는 공부 기본기도 쌓는다.

선행 학습에서 예습과 복습으로

✦ 선행 학습이 공부 습관을 망친다

학교 공부와 개인 공부 사이의 진도와 관련해 크게 3가지 종류의 학습이 있다. 선행 학습, 예습, 복습이다. 이 중에서 선행 학습과 예습은 언뜻 비슷해 보이지만 명확히 다르다. 과연 어떤 차이점이 있을까? 대개 학원의 도움을 받아 학교의 정상적인 진도보다 훨씬 빠른 속도로 진도를 나가는 공부를 선행 학습이라고 한다. 입학도 하기 전에 초등 2,3학년 수준의 수학을 배우거나 초등 5학년이 중학교 1학년의 내용을 배우는 것들이 모두 선행 학습이다. 반면 예습은 학교 공부를 중심에 두고 그 속도에 맞춰 내용을 조금 더 들여다보기 위해 하는 공부이다. 내일이나 모레 있을 수업에 더 집중하고 더 깊이 학습하기 위해 미리 준비하는 것이다.

어릴 때는 선행 학습을 한다는 자각이 없다. 초등학교 입학 전에 한글을 배우는 일도 엄밀히 따지면 선행 학습이지만, 책을 읽고 자신의 이름을 써보면서 자연스럽게 배우는 경우가 많아 굳이 선행 학습이라고 칭하지는 않는다. 대개 초등 4학년 정도부터 명확히 선행 학습을 이해하고 하는 아이가 생겨난다. 공부 좀 한다는 아이들은 서로의 진도를 확인하고 비교하기도 한다. 부모도 마찬가지이다. 학부모 모임에 나가서 아이의 선행 학습 진도를 확인한다. 우리 아이의 진도가 빠르면 경쟁에서 이긴 듯 괜히 뿌듯하고, 우리 아이의 진도가 느리면 경쟁에서 뒤처지는 것 같아 속상하고 불안하다. 선행 학습을 하지 않는 아이의 부모를 만나서 그러면 안 된다고 조언까지 하게 된다. 이러한 모습들을 지켜보다 보면 공부에 대한 부모와 아이들의 생각을 알 수 있다. 다수의 부모와 아이들은 공부를 달리기라고 여긴다. 진도가 빠르면 우수하고 좋은 상황이며 진도가 느리면 부족하고 좋지 않은 상황으로 생각한다. 정말 그럴까?

정부에서는 2016년 공교육 정상화 촉진 및 선행 교육 규제에 관한 특별법, 일명 선행 학습 금지법을 발표했다. 선행 학습을 법으로 금지한 것이다. 이로 인해 금지된 대표적인 사례가 초등 1,2학년 방과후 교실의 영어 수업이다. 하지만 방과후 교실에서 영어 수업을 들을 수 없게 된 초등 1,2학년 아이들이 학원으로 이동하는 등 부작용이 많다는 여론에 최근에는 다시 방과후 교실의 영어 수업을 허용하는 쪽으로 가닥을 잡고 있다. 선행 학습 금지법이 과연 선행 학습을 진짜 없애거나 대폭 줄일 수 있느냐는 질문에 대해서는 부정적인 의견이 대부분이다. 오히려 사교육을 배불릴 가능성만 높다는 것이다. 선행 학습 금지법이 실효성이 있느냐는 물음에는 부정적이지만, 근본적으로 선행 학습을 하지 않는 것이 아이의 공부에 좋다는 생각에는 전적으로 동의한다. 선행 학습이 공부 습관을 망가뜨리기 때문이다.

필자는 선행 학습의 효과를 확인하기 위해 아이들을 대상으로 관찰과 평가를 한 적이 있다. 아이들에게 현재 수학 선행 학습을 하고 있는지, 그렇다면 배우고 있는 내용의 진도가 몇 학년인지를 확인했다. 아이들은 대개 1학기에서 1년 정도, 길게는 2년 정도의 선행 학습을 하고 있었다. 그러고 나서 선행 학습을 하는 아이들을 대상으로 현재 학년 및 한 학년 아래의 학습 개념을 얼마나 제대로 알고 있는지 서술형 평가를 진행했다. 6학년에게는 6학년과 5학년의 내용을, 5학년에게는 5학년과 4학년의 내용을, 4학년에게는 4학년과 3학년의 내용을 묻는 방식이었다. 결과는 놀라웠다. 1~2년 정도의 선행 학습을 하는 아이들 중 현재 학년의 내용은 물론, 한 학년 아래의 내용조차도 제대로 알고 있는 경우가 드물었다. 물론 선행 학습을 하는 아이들 중 상당수는 객관식 시험을 보면 거의 80~90점을 넘는 상위권이었다. 하지만 서술형 평가를 통해 제대로 알고 푸는지를 물었을 때 개념과 공식을 제대로 이해하고 푸는 아이는 거의 없었다. 대부분의 아이들이 정확히 알지 못한 채 단순히 암기한 공식에 숫자만 집어넣고 있었다.

무언가를 배우는 일은 항상 이미 알고 있는 내용과 새로운 내용을 연결 짓는 과정이다. 글을 읽기 위해서는 반드시 가나다라를 알아야 하고 자연을 이해하기 위해서는 해와 달, 바람과 구름, 나무와 풀을 알아야 한다. 가나다라를 읽지 못하면서 글을 읽을 수는 없고 해와 달을 모르면서 자연의 개념을 이해할 수는 없다. 그래서 공부에는 항상 순서와 단계가 있다. 주어진 순서에 따라 올바르게 밟아 나가야 제대로 배울 수 있다. 그렇지 않으면 피상적으로 학습할 수밖에 없다. 심층적 학습을 하기 위해서는 이전 학년의 내용을 잘 알고 있어야 한다. 중학교 1학년 수학을 심층적으로 배우기 위해서는 초등 6학년까지의 수학이 탄탄하게 뒷받침되어야 한다. 초등 6학년까지의 수학을 제대로 배우지 않으면 중학교 1학년 수학도 제대로 배울 수가 없다.

초등 5학년 아이가 중학교 1학년 수학을 선행 학습하면 과연 그 내용을 심층적으로 이해할 수 있을까? 중학교 1학년 수학은 중학교 1학년 아이들도 어려워한다. 초등 6학년 수학도 초등 6학년 아이들이 어려워한다. 그런데 이러한 내용을 초등 5학년이 제대로 이해하면서 배울 수 있을까? 초등 5학년이면 초등 5학년 수학을 제대로 배워야 하는 시기이다. 아무리 공부를 잘한다고 해도 초등학생이 중학교 수학을 제대로 이해하고 배우는 일은 드물다. 이해하지 못하면서 무작정 외우는 아이만이 있을 뿐이다.

선행 학습을 하는 아이들은 학교에서 현재 학년의 내용을 배우고 학원에서 선행하는 학년의 내용을 배운다. 초등 5학년 수학에 집중해야 하는 시기에 초등 6학년 수학, 중학교 1학년 수학, 심지어는 중학교 2학년 수학을 함께 배우기도 한다. 현재 배우는 내용조차 제대로 이해하지 못한 채 선행 학습을 하니 암기 100%의 피상적 학습을 하게 된다. 제대로 알지 못하는 초등 5학년 수학 위에 초등 6학년, 중학교 1학년 수학을 얹는 셈이다. 이러한 상황을 가리켜 사상누각沙上樓閣이라고 한다. 모래 위에 정자를 지은 꼴이다. 좋은 집을 짓기 위해서는 튼튼한 기초가 가장 중요하다. 아무리 최고의 재료를 쓴다고 해도 모래 위에 집을 지으면 흔들리다가 결국은 무너질 수밖에 없다. 집은 천천히 정성을 들여 지어야 한다. 튼튼하게 짓는 일에는 관심이 없고 빨리 짓는 일에만 관심이 있으면 반드시 무너지게 되어 있다.

선행 학습은 기본적으로 사상누각의 구조이다. 초등 5학년 수학도 제대로 모르면서 그것을 기초로 초등 6학년 수학을 배운다. 그렇기 때문에 초등 6학년 수학에 대한 이해가 매우 불안정하다. 다시 불안정한 초등 6학년 수학을 기초로 중학교 1학년 수학을 공부한다. 대충 외워 실제로는 잘 알지도 못하면서 수업 중에는 안다고 거들먹거리며 제대로 듣지 않는다. 악순환의 굴레에 빠진다. 선행 학습은 필연적으로 피상적 학습이 될 수밖에 없다. 그렇지 않아도 우리나라는 해외 교육 선진국에 비해 학습량이 많다. 해외 교육 선진국이 적은 내용을 깊이 있게 배운다면 우리나라는 많은 내용을 대충 얕게 배운다. 어마어마한 양의 교육 내용이 이미 아이들을 충분히 괴롭히고 있다. 지금도 아이들은 너무 많은 학습량 때문에 힘들어한다. 여기에 선행 학습까지 더한다면 아이들은 엄청난 양에 치여 결코 심층적으로 공부할 수 없을 것이다.

어릴 때부터 선행 학습에 길들여진 아이들에게는 대충대충 진도만 빼면서 공부하는 좋지 않은 습관이 생긴다. 겉보기에는 진도가 쭉쭉 나가고 괜찮은 점수를 받아오지만 실상을 들여다보면 내용을 제대로 알지 못한다. 그냥 답만 아는 것이다. 이른바 '공부 골다공증'이다. 문제는 공부 골다공증에 걸려도 이것이 선행 학습 때문에 생겼다는 사실을 알아차리지 못한다는 점이다. 어릴 때는 말도 잘 듣고 공부도 잘했는데 나이가 들어서 안 한다고만 생각한다. 하지만 그렇지 않다. 골다공증에 걸린 노인이 뛰고 싶어도 뛰지 못하는 것처럼 공부 골다공증에 걸린 아이는 더 이상 학습을 따라오지 못한다. 배경지식이 텅 비어 있기 때문이다. 그러므로 초등 1학년 혹은 그전부터 심층적 학습으로 제대로 된 공부 역량을 길러주는 것이 중요하다. 초등 1학년 때부터 공부 역량을 기른 아이만이 고학년이 되어서 강하게 앞으로 치고 나갈 수 있다.

✦ 초등 1학년 부모가 아이의 공부를 살펴야 하는 이유

초등 1학년 때는 부모가 매일 저녁 아이가 오늘 배운 내용을 함께 돌아보고 내일 배울 내용을 미리 살짝 살펴보면 좋다. 학원에서 선행 학습을 하는 것보다 이와 같은 공부가 아이의 공부 습관을 들이는 데 더욱 효과적이다. 매일 저녁 부모가 아이의 공부를 봐주면 여러 가지 장점이 있다.

첫 번째, 매일매일 꾸준히 공부하는 습관을 들일 수 있다. 공부는 한순간에 에너지를 쏟고 끝내는 일이 아니다. 오늘도 내일도 모레도 꾸준히 노력해야 성공의 결실이 맺힌다. 그렇기 때문에 조금씩이라도 매일매일 꾸준히 공부하는 습관을 들이는 일은 매우 중요하다. 꾸준히 공부하는 습관을 들이지 못한 아이들은 거의 대부분 공부를 못한다. 매일 저녁 부모와 함께 하브루타로 예습과 복습을 하는 경험은 아이에게 평생 공부 습관을 만들어줄 수 있다. 아이와 함께 식탁에 앉아 교과서를 펼쳐놓고 오늘 배운 내용, 내일 배울 내용을 살펴보면서 가볍고 편안하게 대화를 나눠보자. 아이가 무엇을 배웠고 무엇을 이해하지 못했는지, 무엇이 궁금하고 더 알고 싶은지 대화를 나눠보자. 내일 배울 내용에 대해서도 무엇을 알고 있고 어떤 생각이 드는지 묻고 대화하면 된다.

두 번째, 수박 겉핥기식으로 진행되기 쉬운 초등 저학년 공부에 내실을 기할 수 있다. 집중력이 떨어져 산만하고 중구난방으로 각자 행동하는 초등 저학년 교실에서 깊이 있는 교육을 기대하기란 어렵다. 쉬지 않고 떠들어대며 제멋대로 행동하는 아이들이 적지 않아 교실은 그야말로 아수라장이 되어 수업이 흘러가는 대로 진행되는 경우가 많다. 하지만 부모가 내 아이만을 데리고 공부하면 깊이 있는 학습이 가능해진다. 오롯이 아이에게만 집중해서 생각을 들어주고 아이 생각의 속도에 맞춰 함께 이야기를 나눌 수 있다.

세 번째, 부모는 아이에게 개별적인 피드백을 구체적으로 줄 수 있다. 피드백이란 어떤 일을 했을 때 과정과 결과에 대해 반응이나 평가를 하는 것이다. 음식을 먹고 나서 맛있다, 맛없다, 채소가 상큼하다, 고기를 조금 더 삶으면 좋을 것 같다 등의 반응이나 평가가 피드백이다. 일반적인 수업을 하는 교실에서 아이가 선생님으로부터 개별적인 피드백을 받을 기회는 매우 부족하다. 나에게는 세상에서 가장 소중한 우리 아이지만 교실에서는 수많은 아이들 중 하나에 불과하기 때문이다. 매우 잘하거나 매우 못하지 않는 이상 주목받기 힘들다. 하지만 부모는 오롯이 내 아이에게만 집중할 수 있다. 아이의 말과 반응을 하나하나 구체적으로 살폈다가 가장 적절한 방식으로 피드백을 줄 수 있다.

네 번째, 부모가 아이의 상태를 구체적으로 파악할 수 있다. 일단 부모는 아이가 학교에 가면 잘할 것이라고 생각한다. 하지만 현실은 그렇지 않다. 하루 종일 장난만 치다가 아무것도 배우지 못할 수도 있고 친구와 싸워서 기분이 좋지 않을 수도 있다. 매일 저녁 시간을 내서 교과서를 펼쳐놓고 이런저런 이야기를 나누다 보면 아이가 제대로 공부하는지, 혹시 학교생활에 문제는 없는지 등을 자연스럽게 알 수 있다.

하브루타는 혼자 하는 공부가 아니다. 하브루타는 두 사람이 대화를 하면서 생각을 주고받는 공부이다. 생각을 주고받는 과정에서 더 깊은 생각을 하게 되고 내용을 배우게 된다. 그래서 ==부모가 아이의 공부를 봐주는 일이 중요하다. 아이 혼자서는 더 깊은 생각을 하기가 어렵기 때문이다.== 대화를 주고받으면서 아이가 미처 생각하지 못하는 점에 대해 부모가 여러 측면에서 질문하면 아이는 더 깊이 생각할 수 있게 된다. 초등 1학년 때부터 이렇게 한다면 아이는 깊고 느리게 매일매일 꾸준히 공부하는 최고의 공부 습관을 기를 수 있을 것이다.

HAVRUTA

04

탄탄한 공부 기본기를 쌓는 하브루타

공부 기본기 ❶ 집중력

✦ 집중력이 중요한 이유

공부 기본기 중 첫 번째는 집중력이다. 집중력은 하나의 대상에 대해 지속적으로 정신적인 에너지를 모아 같은 상태를 유지할 수 있는 힘을 뜻한다. 양궁 선수가 아무런 잡념 없이 모든 정신을 모아 과녁을 뚫어질 듯이 쳐다보며 오직 명중만을 생각하는 상태는 높은 집중력을 사용하는 예이다. 반대로 사람들이 북적이는 강남 거리를 걸으며 지나가는 사람, 맛있는 먹거리, 쇼윈도의 예쁜 옷 등으로 끊임없이 관심이 왔다 갔다 하는 때는 집중력이 낮은 상태이다.

부모들이 집중력에 대해 흔히 하는 오해가 있다. 학부모 상담 중에 아이의 집중력이 떨어진다고 하면 10명 중 7~8명은 아이가 컴퓨터 게임을 할 때는 집중력이 참 좋다고 이야기한다. 하지만 컴퓨터 게임을 할 때 집중하는 것은 진정한 의미에서의 집중력이 아니다. 집중력은 큰 자극이 없어 따분할 수 있는 일에 대해 참고 견디면서 집중할 수 있는 힘을 뜻한다. 다시 말해 책을 읽거나 공부를 할 때 발휘되는 힘이 집중력이지, TV를 보거나 게임을 할 때의 집중은 주의를 빼앗겨버린 상태일 뿐이다.

집중력은 학업 성적과 밀접한 관련이 있다. 공부를 잘하는 아이들은 집중력이 높다. 집중력이 높은 아이는 수업 중에 선생님이 하는 말을 놓치지 않고 잘 듣는다. 해야 할 일이 주어지면 잘 수행하기 위해 딴생각을 하지 않고 집중해서 활동을 한다. 반대로 공부를 못하는 아이들은 집중력이 낮다. 집중력이 낮은 아이는 수업 중에 선생님의 말을 제대로 듣지 않고 다른 생각, 다른 행동을 하면서 시간을 보낸다. 손장난을 하거나 그림을 그리거나 멍하게 앉아 있는 경우를 쉽게 볼 수 있다. 집중력과 학업 성적이 밀접하게 관련이 되어 있는 것은 너무나 당연하다. 집중하지 않고 다른 생각을 하는데 공부를 잘할 리가 없다. 무엇이든지 딴생각을 하면서 배울 수는 없는 노릇이기 때문이다.

학습에서 집중력은 첫 번째 관문이다. 물론 집중력은 공부의 전부가 아니기 때문에 집중력이 높다고 반드시 공부를 잘하는 것은 아니다. 공부를 잘하기 위해서는 집중력뿐만 아니라 다른 것들도 필요하기 때문이다. 하지만 집중력이 낮으면 반드시 공부를 못한다. 아무리 다른 조건이 좋다 하더라도 듣지 않고 읽지 않고 하지 않고 계속해서 딴생각을 하는데 어떻게 공부를 잘할 수 있을까?

✦ 아이들의 집중력은 왜 낮을까?

요즘 아이들의 집중력은 무척 낮은 편이다. 주로 컴퓨터와 스마트폰 때문이다. 컴퓨터나 스마트폰에 많이 노출된 아이들은 그렇지 않은 아이들보다 확실히 집중력이 낮다. 화려하면서 자극적인 영상에 노출된 아이들은 정적인 수업에 도무지 집중하지 못한다. 식당에서 밥을 먹을 때 부모가 아이에게 스마트폰으로 영상을 보여주는 경우가 흔한데, 이것은 아이의 집중력을 떨어뜨리는 매우 위험한 선택이다. 이와 같은 아이는 학교에 가서 수업에 제대로 집중하지 못할 가능성이 매우 높다.

컴퓨터와 스마트폰 사용 이외에도 아이들의 집중력이 낮은 데는 어릴 때부터 기초를 잡는다며 억지로 공부를 시키는 우리나라의 교육 방식 또한 큰 영향을 미친다. 몇 해 전, 인터넷에서 그야말로 웃픈 영상을 본 적이 있다. 영상에는 공부를 하기 싫어하는 6살 남자아이와 어떻게든 공부를 시키려는 엄마가 나온다. 엄마는 아이에게 빨리 학습지를 하라며 시키고 아이는 자기는 공부가 하기 싫다며 "내가 못 산다"를 연발한다. 아이는 구수한 사투리로 "내가 잠도 못 자고, 하고 싶은 것도 못하고, 나는 공부 못하겠다. 내가 살 수가 없다."와 같은 말을 내뱉어 보는 이들을 박장대소하게 만들었다. 많은 사람들이 영상을 보고 너무 재미있다고 했지만 필자는 크게 웃을 수가 없었다. '아이가 얼마나 힘들고 괴로울까?'라는 생각이 들어

씁쓸하게 느껴졌다. 현재 영상의 주인공은 중학생 정도 되었을 것이다. 그 후 아이가 어떻게 컸는지는 확인할 수 없지만 분명 공부를 그리 잘하지 않을 것이라는 사실만큼은 확신할 수 있다. 첫째, 아이의 공부 정서가 완전히 파괴되었기 때문이다. 어릴 때부터 이미 공부를 지긋지긋하게 생각하는데 어떻게 공부를 잘할 수 있을까? 오히려 아이에게 공부는 평생 피하고 싶은 대상이 되었을 것이다. 둘째, 저런 식으로 공부를 시키면 필연적으로 산만해지기 때문이다. 공부를 시킨다는 명목으로 학습지를 펴놓고 옴짝달싹 못하게 붙잡아두면 아이는 엄청난 스트레스를 받게 된다. 하기 싫은데 억지로 시키니 정신이 계속해서 밖으로 달아나 집중하지 못한다. 그래서 딴생각을 하면서 대충 하게 된다. 대충 하면 이해하지 못하고 이해하지 못하면 재미가 없으며 재미가 없으면 집중하지 못한다. 집중하지 못하면 점차 산만해지고 산만해지면 더욱 못하게 되며 그러면 더욱 재미가 없어진다.

특히 저학년일수록 공부를 하라고 억지로 책상에 앉히는 일은 매우 위험한 방법이다. 부모의 강압에 의해 책상에 앉지만 이때 아이의 머릿속은 대부분 공부하기 싫다는 생각으로 가득 차게 된다. 100이라는 정신 자원이 있다면 70~80은 공부하기 싫다는 생각을 하면서 나머지 20~30으로 짜내서 공부를 하는 것이다. 이러한 아이들은 공부를 하면서 점점 딴생각을 하는 데 익숙해지고 산만하게 변하기 쉽다. ==빠른 속도로 많은 양을 다루는 한국식 공부 방법도 아이들을 산만하게 만드는 주된 원인이다.== 이 주제에서 저 주제로, 이 내용에서 저 내용으로 빠르게 설명하고 암기하면서 마치 메뚜기가 뛰 듯 왔다 갔다 하는 공부는 아이들이 하나에 진득이 집중하지 못하도록 한다. 하나에 대해 진득하게 생각하고 고민하는 경험이 쌓여야 집중력이 길러지는데, 한국식 공부는 빠르게 많은 내용을 배우기만 한다. 그러다 보니 집중할 만하면 그다음으로 넘어가고 집중할 만하면 또 그다음으로 넘어간다. 이와 같은 상황에서 아이들은 집중력을 기르지 못하고 점점 더 산만해진다. 한국식 공부가 아이들을 점점 더 산만하게 만들어 공부하기 힘든 뇌로 변화시키는 셈이다.

✦ 하브루타로 집중력을 기르는 방법

집중력을 기르는 것은 운동을 해서 근육을 키우는 것과 크게 다르지 않다. 운동을 하면 우리 몸의 근육은 점점 커진다. 무거운 역기를 계속 들면 뇌에서 팔이 계속 무거운 것을 든다는 사실을 인식해 단백질을 보내 근육을 키울 것을 명령한다. 다음번에 무거운 물건을 들 때 더 쉽게 들 수 있도록 하기 위해서이다. 자꾸 힘을 쓰면 힘이 세지고 근육이 커진다. 집중력도 마찬가지이다. 계속 집중해야 하는 일을 하다 보면 어느새 집중력이 길러진다.

부모가 아이에게 "집중해"라고 말한다고 해서 집중력이 길러지는 않는다. 말만으로는 집중시킬 수 없고 집중력도 기를 수 없다. 아이가 스스로 집중을 하기 위해 노력해야지만 집중력이 길러진다. 집중하라는 명령은 오히려 아이에게 반감을 일으켜 더 집중하기 싫게 만든다. 아이의 집중력을 기르기 위해서는 아이가 스스로 집중할 수 있는 상황을 만들어야 한다. 그러므로 초등 1학년 때부터 하브루타로 그러한 상황을 계속해서 만드는 것이 중요하다.

아이가 집중을 하려면 우선 공부하는 상황이 능동적이어야 한다. 아이가 능동적으로 생각하고 말해야지 부모가 무조건적으로 말하고 가르치면 안 된다. 배우는 사람이 가만히 듣고 있기만 하면 부지불식간에 집중력이 흩어진다. 누구나 가만히 있으면 온갖 잡생각이 떠오르기 마련이다. 바쁘게 하루를 보낼 때는 아무런 생각이 들지 않다가 여유가 생기면 온갖 잡념이 머릿속을 가득 채우는 것도 그 때문이다. 부모가 계속해서 말하고 가르치면 아이는 당연히 딴생각을 하게 된다.

엄마   흉내 내는 말은 다양해. 나뭇잎은 살랑살랑. 따라 해봐.
아이   나뭇잎은 살랑살랑.
엄마   구름이 두둥실 떠 있습니다.
아이   구름이 두둥실 떠 있습니다. 아, 지겨워요. 하기 싫어요.

같은 내용이라도 아이가 능동적으로 생각하고 말하면 공부가 재미있어진다. 자연스럽게 집중한다. 스스로 말하고 생각하면서 능동적으로 학습하면 잡념이 사라지기 때문이다. 직접 참여해서 능동적으로 움직이는 사이에 집중력이 길러진다.

엄마   흉내 내는 말에는 무엇이 있을까? 비둘기는 어떻게 날아간다고 말할 수 있을까?

아이 비둘기는 훨훨 날아가요.

엄마 어떻게 날아간다고? 동작이랑 같이 해볼까?

아이 (동작과 함께) 날개를 이렇게 쭉 펴고 훨훨~

엄마 우아, 진짜 비둘기 같다.

하나의 주제를 끈기 있게 파고드는 공부도 아이의 집중력을 길러준다. 하지만 깊이 있게 이해하지 않고 많은 양을 단순히 피상적으로 훑으면서 이 내용 저 내용으로 계속해서 전환하면 뇌가 집중하지 못한다. 여러 가지 정보를 암기식으로 대충 배우고 빨리빨리 넘어가면 아이는 당연히 집중할 수가 없다.

엄마 단풍은?

아이 울긋불긋.

엄마 웃을 때는?

아이 깔깔깔.

엄마 사진을 찍으면?

아이 찰칵.

엄마 도시락을 먹을 때는?

아이 냠냠.

엄마 고추잠자리는?

아이 윙윙.

반면 하나의 주제를 다양한 측면에서 파고들면 뇌가 점차 집중하기 시작한다. 앞서 흉내 내는 말을 주제로 엄마와 아이가 대화를 하기는 했지만 흉내 내는 말 5가지를 피상적으로 외우기만 했다. 물론 5가지를 모두 다룰 수도 있지만 한두 가지만을 골라 조금 더 깊이 있게 배우면 훨씬 좋다. ==하브루타로 하나의 주제에 계속 매달리고 파고드는 과정이 흩어지는 집중력을 하나로 붙들어 매는 훈련이 되기 때문이다.==

엄마 가을 단풍 색은 어떻게 흉내 내는 말로 나타낼까?

아이 울긋불긋이요.

엄마 왜 울긋불긋이라고 할까?

아이 잘 모르겠어요.

엄마 불긋은 뭘 나타내는 것 같아? 색깔이랑 관련이 있어 보이는데……

아이 아, 붉어서 불긋이라고 하는 것 같아요.

엄마 그럼 단풍 말고 울긋불긋한 게 또 뭐가 있을까?

아이 화났을 때 얼굴이 울긋불긋해져요.

엄마 그래. 어머, 그러고 보니 이 옷도 색이 울긋불긋하네.

아이 진짜 그러네요.

공부 기본기 ❷ 읽기 능력

✦ 읽기 능력이 중요한 이유

읽기 능력은 매우 중요한 공부 기본기이다. 대부분의 사람들은 국어를 여러 가지 과목 중 하나 정도로밖에 생각하지 않는다. 그리고 읽기는 단순히 국어의 한 영역으로만 생각한다. 하지만 국어는 단순히 한 과목 이상의 의미가 있으며, 읽기는 단순히 한 영역 이상의 의미가 있다. 초등 1학년 교과서에 나오는 수학 문제와 전래 동요 '어깨동무'를 살펴보자.

[수학 문제]

분홍 솜사탕은 7개가 있고 파란 솜사탕은 2개가 있습니다. 분홍 솜사탕은 파란 솜사탕보다 몇 개가 더 많은가요?

[전래 동요]

동무 동무 어깨동무
어디든지 같이 가고
동무 동무 어깨동무
언제든지 같이 놀고

수학 문제와 전래 동요 모두 어떻게 제시되어 있는가? 바로 글이다. 아이들이 접하는 거의 모든 지식은 글로 되어 있다. 아이들은 수학 교과서를 읽음으로써 수학을 공부하고 과학책을 읽음으로써 과학 지식을 쌓는다. 아이들은 교과서나 관련 서적을 읽음으로써 내용을 배운다. 국어 능력과 읽기 능력은 세상의 모든 지식을 익히는 데 가장 기초가 되는 능력이다. 국어와 읽기가 제대로 되지 않으면 아무것도 배울 수가 없다. 국어 능력과 읽기 능력이 뒷받침되어야지만 진짜 공부를 할 수 있다. 사람들은 공부를 할 때 읽기를 가장 핵심적인 방법으로 사용하기 때문이다.

A school book fair sold 5 chapter books and 5 picture books. How many books were sold in all?

만약 이와 같은 문제가 초등 1학년 아이에게 주어진다면 어떨까? 이 문제는 5+5를 풀라는 것으로 1학년에게 결코 어렵지 않다. 하지만 영어로 제시되었기 때문에 대부분의 아이들은 이 문제를 풀지 못한다. 아무리 5+5의 정답이 얼마인지 잘 안다고 해도 말이다. 이를 통해 우리는 언어를 이해하지 못하면 지식에 아예 접근조차 할 수 없다는 사실을 알 수 있다. 처음에는 보지도 듣지도 못했던 미국의 사회 사업가 헬렌 켈러 Helen Keller가 위대한 인물이 될 수 있었던 이유는 읽기를 배웠기 때문이다. 앤 설리번 Anne Sullivan 선생님의 도움 아래 펌프에서 쏟아지는 물을 맞으며 Water라는 단어를 익혔고, 이때부터 읽기를 배울 수 있었다. 헬렌 켈러는 장애에도 불구하고 수많은 책을 읽을 수 있게 되었고, 이를 통해 더 넓은 세상으로 나아갈 수 있었다. 읽기가 바로 그 출발점이었다.

공부란 외부의 정보를 받아들여 자신의 것으로 만드는 과정이다. 그래서 공부는 크게 외부의 정보를 받아들이는 단계와 받아들인 정보를 자신의 것으로 만드는 단계로 나눌 수 있다. 두 단계가 효율적으로 잘 이루어지면 공부를 쉽게 잘할 수 있는 것이고, 그렇지 않으면 공부가 어려워져 아무리 해도 잘되지 않는다. 공부를 잘하려면 우선 외부의 정보를 잘 받아들여야 한다. 일단 외부의 정보를 받아들여야 이후에 자신의 것으로 만들 수 있는 여지가 생기기 때문이다. 그래서 공부를 잘하기 위해서는 우선 책을 통해 새로운 정보를 받아들일 수 있어야 한다. 집중력이 떨어져 책을 보면서도 딴생각을 하거나 읽기 능력이 부족해서 말 그대로 읽기만 할 뿐 뜻을 이해하지 못하면 새로운 정보를 받아들이는 일은 요원할 수밖에 없다.

국어와 읽기는 공부를 하기 위해 필요한 가장 기본적인 도구이다. 읽기 능력이 훌륭한 아이는 수많은 정보를 손쉽게 자신의 것으로 만들 수 있지만, 읽기 능력이 부족한 아이는 수많은 정보를 적절하게 다루지 못해 학습이 제대로 일어나기 어렵다. 국어와 읽기는 단순히 시험으로써 평가받는 하나의 영역이 아니라 집중력과 함께 평생에 걸친 배움을 좌지우지할 핵심적인 기능이다. 읽기 능력이 뛰어나면 어려운 내용도 쉽게 배울 수 있지만 그렇지 않으면 쉬운 내용도 배우기가 어렵다.

✦ 소리만 읽어서는 소용이 없다

학교 현장에서 살펴보면 아이들의 읽기 능력은 정말 심각한 수준이다. 체계적인 한글 덕분에 글자를 읽지 못하는 아이들은 드물지만 6학년이나 되었는데도 글을 읽은 후 내용을 파악하지 못하는 아이들이 무척 많다. 교과서를 읽은 후 아이들에게 내용을 물어보면 잘 모르겠다는 대답이 자주 돌아온다. 몇 년을 공부해도 글 한 편을 제대로 읽지 못하는 이유는 한국식 공부가 읽기를 다루는 방식이 잘못되었기 때문이다. 한국식 공부는 글을 읽고 나서 내용을 물어보고 모르면 설명을 한다. 부모는 설명하고 아이는 듣는다. 그다음에 다른 글을 읽으면 또 모른다. 그러면 다시 가르친다. 그다음에 또 다른 글을 읽고 모르면 다시 가르친다. 한국식 공부는 모르면 계속 가르치는 방법으로, 이러한 방식은 아무런 효과가 없다.

한국식 읽기 공부 방법이 효과가 없는 이유는 아이의 읽기 능력이 향상되지 않기 때문이다. A라는 글을 읽은 후 부모가 줄거리를 설명하면 아이는 A의 줄거리를 알게 된다. B라는 글을 읽고 설명하면 B의 줄거리를 알게 되고 C라는 글을 읽고 설명하면 C의 줄거리를 알게 된다. 하지만 아이는 그다음에 D라는 글을 읽으면 혼자서는 파악하지 못한다. 왜냐하면 아이는 글 A, B, C의 내용에 대해서만 배웠을 뿐 글을 읽고 이해하는 방법에 대해서는 배우지 못했기 때문이다. 글 A, B, C의 내용을 배우는 것과 글을 읽는 방법을 배우는 것은 완전히 다른 문제이다. 글 A, B, C의 내용을 배우면 각 글의 주인공, 사건, 줄거리에 대해서만 알게 될 뿐이다. 정작 새로운 글이 나오면 그 글의 내용은 스스로 파악하지 못한다. 그래서 새로운 글이 나오면 항상 이해하지 못하고 다른 사람의 설명을 들어야만 알 수 있게 되는 것이다.

여기까지 설명하면 또 많은 부모들이 글을 읽고 이해하는 방법을 가르치려고 한다. "글을 잘 봐", "누가 주인공인지 찾아봐야 해", "어떤 사건이 있었는지 파악해야 해"와 같은 말은 아무리 해도 효과가 없다. 마치 "공간을 잘 봐", "공을 안정적으로 드리블해야 해", "상대방을 속여야 해"처럼 축구를 말로 가르치는 것과 같다. 아무리 말로 축구를 가르쳐봤자 실력이 늘지 않는 것처럼 아무리 말로 글을 읽고 이해하는 방법을 설명해봤자 소용이 없다. 이렇게 무의미한 방법을 가정에서도 학교에서도 계속 쓰고 있으니 글을 읽고도 이해하지 못하는 아이들이 넘쳐나는 것이다.

✦ 하브루타로 읽기 능력을 기르는 방법

글의 내용을 파악하기 위해서는 직접적으로 알려주기보다는 아이가 스스로 내용에 대해 생각하도록 질문을 해야 한다. 직접적으로 답을 알려주면 아이는 아무런 생각을 하지 않기 때문에 글을 읽는 힘이 길러지지 않는다. 하지만 적절한 질문을 하면 아이는 어떻게든 답을 하기 위해 스스로 생각하게 된다. 이때 생각의 과정이 아이에게 스스로 책을 읽을 수 있는 힘을 길러준다.

책을 읽고 내용을 잘 파악하기 위해서는 "무슨 내용이었어?"라고 단도직입적으로 물으면 안 된다. 초등 1학년 아이들은 글을 읽은 후 전체적인 내용을 한번에 파악하는 힘이 부족하다. 그래서 이와 같이 물으면 어려워서 모른다고 하거나 지엽적인 부분을 설명하는 경우가 대부분이다. 아이가 어리석거나 머리가 나빠서 그런 것이 아니다. 초등 1학년 때의 특성이다. 그렇다고 해서 내용을 너무 구체적으로 설명해도 안 된다. 대신에 어떤 내용이 혹은 어떤 장면이 기억나는지를 묻는다. 전체적인 내용을 파악하지 못하는 아이들이 많기는 하지만, 누구든 한 장면 정도는 기억하기 때문이다. 바로 그 장면을 출발점으로 삼는다. 해당 장면을 시작으로 앞뒤 상황을 확인하면서 스스로 내용을 파악하도록 도와야 한다. 그리고 나서 아이가 선택한 장면을 갖고 원인이나 결과를 찾아본다. "왜 그런 일이 생겼을까?", "그래서 그다음에 무슨 일이 벌어졌지?"라고 묻는다. 그러면 단 하나의 장면만을 기억하는 아이도 왜 그런 일이 생겼고 그다음에 무슨 일이 벌어졌는지를 생각하게 된다. 생각은 날 수도 있고 나지 않을 수도 있다. 생각이 나면 줄거리를 연결하는 공부를 한 것이고 생각이 나지 않으면 다시 책을 펼쳐서 찾아보면 된다.

　다음은 그림책 『발레리나 벨린다 Belinda The Ballerina』를 읽고 나서 질문 중심의 하브루타를 통해 내용을 파악하는 엄마와 아이의 대화이다. 줄거리는 다음과 같다. 발이 너무 크다는 이유로 벨린다는 오디션에서 발레를 보여주지도 못한 채 탈락한다. 그 후로 벨린다는 자신이 발레리나가 되기에는 발이 너무 크다고 생각해 발레를 포기한다. 식당에 취직한 벨린다는 우연한 기회로 식당에서 춤을 추게 되고 유명세를 떨친다. 이러한 소식이 발레단장의 귀에 들어가 벨린다는 결국 발레리나로서 무대에 서게 된다.

엄마   어떤 장면이 기억나?

아이   벨린다가 오디션에서 떨어진 장면이요.

엄마   벨린다는 왜 오디션에서 떨어졌을까?

아이   발이 너무 커서요.

엄마   왜 발이 크다고 해서 떨어졌을까?

아이   보기에 이상하니까요.

엄마   벨린다는 춤을 잘 추는 것 같아, 아니면 못 추는 것 같아?

아이   잘 추는 것 같아요.

엄마   왜?

아이   식당에서 춤출 때 많은 사람들이 좋아했잖아요.

엄마   벨린다가 춤을 췄을 때 사람들이 어떻게 반응했지?

아이   잘 모르겠어요.

엄마   책을 찾아볼래?

아이   (책을 펼쳐서 찾아보고는) 다들 잘 춘다고 박수를 치면서 응원했어요.

엄마   결국 벨린다는 어떻게 됐을까?

아이   발레단장이 찾아와서 발레리나가 되어달라고 부탁했어요.

엄마   그러면 전체 내용을 어떻게 정리해서 말할 수 있을까?

아이   (어려워하지만 기억을 더듬어가며) 벨린다는 발이 너무 커서 발레리나 오디션에서 떨어졌어요. 그래서 식당에 취직했고 우연히 춤을 췄는데 사람들이 잘 춘다고 박수를 치면서 응원했어요. 그 후 멀리까지 소문이 났고 발레단장이 직접 찾아와서 벨린다에게 발레리나가 되어달라고 부탁했어요.

책을 읽는 목적은 단순히 내용을 이해하는 데 있지 않다. 수많은 책을 읽고 줄거리를 외우는 정도로만 공부한다면 더 이상 독서를 할 필요가 없다. ==아이들은 책을 읽고 내용에 대해 자신의 견해를 가질 수 있어야 한다.== 그래야 다른 책을 읽었을 때 자신의 견해를 내세울 수 있다. 한국식 공부로 책을 읽은 아이들에게는 자신의 견해가 없다. 내용도 파악하지 못했는데 내용에 대한 자신의 견해가 있을 리 만무하다. 그래서 아이들은 선생님, 부모님, 참고서에 제시된 견해를 듣고 그것을 외우는 방식으로 공부를 한다. 자신의 견해 없이 선생님, 부모님, 참고서가 말하는 내용을 베낄 뿐이다.

엄마 발이 크다고 오디션에서 떨어뜨리면 되겠어, 안 되겠어?
아이 안 돼요.
엄마 맞아. 안 돼. 발의 크기와 발레 실력은 상관이 없어. 발이 커도 발레를 잘할 수 있어. 그러니까 사람을 외모로만 판단하면 안 돼. 잘 알겠니?
아이 네.

엄마의 말 중에서 틀린 말은 없다. 하지만 교육 방법이 틀렸다. 이렇게 가르치면 아이에게서 자신의 생각이 사라진다. "엄마한테 들었어"만 남을 뿐이다. 잘못된 교육 방법이 줏대 없고 유행에 민감하며 스스로 생각할 줄 모르는 한국 사람을 만들고 있다. 교육 방법을 바꿔야 사람이 바뀌고 문화가 바뀌며 나라가 바뀐다. 하브루타로 아이가 자신의 생각을 말하게 해야 한다. 글의 내용에 대해 어떻게 생각하는지 자신의 해석을 말하게 하고 도덕적으로 올바른 방향으로 이끌어줘야 한다.

엄마 발이 크다고 오디션에서 떨어뜨려도 될까?

아이 안 될 것 같아요.

엄마 왜?

아이 벨린다가 속상하잖아요.

엄마 속상하면 잘못된 걸까?

아이 네.

엄마 가위바위보를 해서 지면 속상해. 이것도 잘못된 걸까?

아이 음… 그건 아닌 것 같아요.

엄마 속상하다고 모두 잘못된 건 아니구나. 정정당당하게 해서 져도 속상할 수 있어. 만약 채원이 네가 발레리나가 되고 싶어. 그리고 발레도 엄청 잘해. 그런데 단지 발이 크다는 이유만으로 발레를 시켜 주지 않으면 어떨 것 같아?

아이 엄청 억울할 것 같아요.

엄마 어떤 점에서 억울할 것 같은데?

아이 발레리나는 발레만 잘하면 되지, 발의 크기는 상관이 없어요. 그런데 상관없는 걸로 떨어뜨리니까 억울하지요.

엄마 그래. 실력과 관련이 없는 걸로 사람을 판단하면 안 되겠지?

아이 네.

엄마 우리는 생활에서 이것을 어떻게 실천할 수 있을까?

아이 저는 친구들을 외모로 판단하지 않을 거예요.

처음에 아이는 속상하기 때문에 벨린다를 오디션에서 떨어뜨리면 안 된다고 했다. 하지만 공정한 경쟁을 통해 오디션에서 떨어져도 속상할 수 있다. 단순히 떨어진 사람이 속상하다는 이유로 떨어뜨려서는 안 된다는 생각은 옳지 않다. 이럴 때는 틀렸다고 가르치는 것도 좋지 않으며 그냥 넘어가는 것도 좋지 않다. 그보다는 아이 생각의 허점을 찾아 적절히 질문함으로써 아이가 스스로 생각의 문제점을 파악하고 더 나은 생각을 발견하도록 도와야 한다. 사실 여기서는 조금 더 아이 중심으로 하브루타를 할 수 있다. 예를 들어 발이 크다고 오디션에서 떨어뜨린 일이 왜 잘못인지 더 많은 질문으로 아이의 더 많은 생각을 꺼낼 수 있다. 하지만 초등 1학년임을 고려했다. 초등 1학년 아이들의 평균 수준을 고려한다면 매우 구체적이면서 정확한 생각을 꺼내기는 어렵다. 만약 아이의 수준이 더 높다면 더 구체적인 질문으로 더 구체적인 생각을 끄집어낼 수 있다.

공부 기본기 ❸ 사고력

✦ 사고력이 중요한 이유

사고^{思考}란 머릿속으로 생각해 이치를 헤아리는 것이며 사고력은 그것을 하는 힘을 뜻한다. 우리는 일상에서 항상 사고하며 살아간다. 가격을 비교해서 살 물건을 결정할 때, 일정이 꼬여 해결할 방법을 찾을 때, 프로젝트를 성공적으로 진행하기 위해 획기적인 아이디어를 고심할 때 등 생활 전반에서 사고한다. 그리고 아이들은 공부를 할 때 사고한다. 교과서의 글을 읽고 이해할 때, 글쓴이의 의도를 찾을 때, 시험 문제를 읽고 정답이 무엇인지 고민할 때, 유사하면서도 미묘하게 다른 두 지식의 차이점이 무엇인지 떠올릴 때 아이들은 사고한다. 공부의 모든 과정은 사고로 이뤄지기 때문에 공부를 할 때 사고력은 매우 중요하다. 사고력이 뛰어난 아이는 교과서의 글을 더 잘 이해하고 글쓴이의 의도를 더 잘 파악한다. 시험 문제를 읽은 후 정답과 오답 간의 차이점도 더 잘 발견해낸다. 사고력이 뛰어난 아이는 공부를 잘할 수 있으며 그러면서 사고력도 길러진다. 그래서 사고력이 높은 아이는 성인이 되어 여러 가지 물건 중에서 자신에게 더 적합한 물건을 고르고, 꼬인 일정을 원만하게 해결하며, 프로젝트 성공을 위한 획기적인 아이디어를 내놓는다. 사고력이 높지 않다면 하지 못할 일이다. 사고력을 기르는 일은 곧 공부를 잘하는 길이다. 공부란 결국 사고력을 기르기 위한 일이기 때문이다.

사람의 사고력에는 여러 가지 종류가 있으며 그것들 사이에는 위계가 있다. 미국의 교육학자 벤자민 블룸Benjamin Bloom은 1956년 사고력에는 수준이 있다고 발표했다. 이후 미국의 심리학자 로린 앤더슨Lorin Anderson이 40여 년간의 연구 끝에 이것을 일부 수정해서 발표했다. 사람의 사고력은 크게 기억, 이해, 적용, 분석, 평가, 창의로 나뉘며 각각의 의미는 다음과 같다.

[1단계] 기억: 지식을 처음 형태 그대로 떠올리는 사고력
[2단계] 이해: 지식의 의미를 파악하는 사고력
[3단계] 적용: 지식을 다른 상황에 대입해 사용하는 사고력
[4단계] 분석: 지식을 작은 것으로 해체해 자세히 살펴보는 사고력
[5단계] 평가: 지식의 가치를 기준에 따라 헤아리는 사고력
[6단계] 창의: 지식을 이용해 기존에 없는 무언가를 만들어내는 사고력

6가지 사고력은 동등하지 않고 수준이 다르다. 기억에서 이해를 거쳐 창의로 갈수록 사고력의 수준이 점점 높아진다. 기억보다는 이해가, 이해보다는 적용이, 적용보다는 분석이, 분석보다는 평가가, 평가보다는 창의가 수준 높은 사고력이다. 그래서 공부를 할 때는 기억과 이해의 사고력만 사용하지 말고 적용, 분석, 평가, 창의의 사고력을 함께 사용하도록 해야 한다. 고차원적인 사고력일수록 아이의 머리를 더욱 성장시키기 때문이다. 사고력은 중요한 공부 기본기이다. 생각할 줄 아는 아이만이 지식을 이해하고 적용하고 분석하고 평가해 새롭고 창의적인 무언가를 만들어내는 인재가 될 수 있

다. 초등 1학년 때부터 사고력을 기른다면 아이는 공부에 큰 날개를 달게 될 것이다.

✦ 암기는 공부가 아니다

한국식 교육은 6가지 사고력 중에서 무엇을 주로 이용하고 있을까? 가장 낮은 수준의 사고력인 기억이다. 한국식 공부는 정보를 있는 그대로 기억했다가 시험을 볼 때 다시 떠올리는 일과 다르지 않다. 우리나라 사람들은 '공부'라고 하면 일단 '암기'부터 떠올린다. 수학은 구구단 및 각종 공식, 조선의 왕은 태정태세문단세, 원소 기호는 수헬리베붕탄질산을 외운다. 영어 단어를 외우기 위해 수십 번씩 종이에 써서 소위 깜지를 만들고 사전을 찢어 입에 넣고 씹어서 삼키는 사람들까지 있었다. 우리나라 사람들이 암기로 공부를 하는 이유는 부모님이 그렇게 공부했고, 또 부모님과 선생님이 그렇게 가르쳤기 때문이다. 우리는 학창 시절 내내 암기를 잘하는 것만이 진짜 공부라고 믿었다. 그리고 지금 우리 아이들에게도 암기를 시키고 있다.

왜 우리는 암기를 공부라고 믿어왔을까? 예전에는 인터넷과 스마트폰이 없던 시대라 지식을 구하기가 어려웠다. 그래서 물음에 대한 정답을 아는 것이 큰 힘이었다. 사람들은 지식을 구하기 위해 노력했으며 정답 외우기가 공부라고 믿었다. 게다가 1970~80년대 우리나라는 개발 도상국이었다. 당시는 저작권에 대한 개념이 정착되지 않았던 시절이라 우리나라의 산업은 주로 외국의 기술을 베끼는 수준에 머물러 있었다. 정답은 외국에 있었고 우리는 그것을 잘 베끼기만 하면 되었다. 그래서 공부도 그러한 형태를 띠게 되었다.

이제는 시대가 바뀌었다. 인터넷과 스마트폰으로 인해 지식과 정답을 그리 어렵지 않게 찾을 수 있게 되었다. 이른바 '구글링'만으로도 수십 년 전의 전문가들보다 더 많은 지식을 찾아낼 수 있게 되었다. 또한 우리나라는 경제적인 면에서 세계 10위권의 선진국으로 도약해 더 이상 남을 베낄 수 없는 위치에 서게 되었다. 앞서거나 최소한 현재의 위치라도 유지하기 위해서는 스스로 새로운 기술을 만들어내야만 하는 상황이 되었다. 지식이나 정답이 아니라 지식을 창의적으로 활용하는 사고력이 훨씬 중요해진 것이다.

우리나라 사람들은 누구나 암기가 공부고, 공부가 암기라고 믿고 있지만 암기는 올바른 공부 방법이 아니다. 암기는 학습자를 수동적으로 만들며 얕고 빠르게 대충 공부하도록 해 공부에서 재미를 느낄 수 없게 한다. 또한 암기는 주로 공부를 못하는 아이들이 사용하는 공부 방법이다. 수학을 못하는 아이들은 수학 공식을 암기하고 역사를 못하는 아이들은 역사적 사실을 암기한다. 예를 들어 공부를 못하는 아이들은 직사각형의 넓이를 구할 때 '가로×세로=넓이'의 공식만 단순히 암기해서 풀고, 조선 후기의 실정을 공부할 때 농민 봉기, 세도 정치, 과도한 세금 문제 등을 따로따로 암기한다. 반면 공부를 잘하는 아이들은 늘 이해하려고 노력하며 왜 그런지 스스로 생각하는 공부를 한다. 직사각형의 넓이를 구하는 공식이 왜 그렇게 나오는지를 이해하고, 조선 후기의 농민 봉기가 세도 정치와 과도한 세금 문제에서 비롯되었음을 이해한다.

　암기로 공부한 아이들은 많은 문제에 봉착하게 된다. 먼저 초등 4학년 이후로 성적이 급격하게 떨어지기 쉽다. 암기 공부는 대략 초등 3,4학년까지만 통하고 이후로는 점차 효과가 줄어든다. 그때까지는 학습 내용이 많지 않고 쉬워서 암기가 효율적이지만 이후로는 학습 내용이 늘어나고 어려워져 암기로만 공부하기는 힘들기 때문이다. 편하고 빠르다는 이유로 초등 1~3학년 사이에 암기로 공부한 아이들은 4학년 때부터 조금씩 어려움을 겪고 6학년 정도가 되면 성적이 완연히 떨어지게 된다. 이후 중학생이 되면 공부를 완전히 포기하는 지경에 이르게 된다.

　암기로 공부하는 아이들은 스스로 생각할 줄 몰라서 스스로 공부할 줄도 모른다. 공부는 서로 다른 내용 사이의 관계를 이해하는 것이다. 서로 다른 내용 사이의 관계는 다른 사람이 모두 설명하는 것이 불가능하다. 말로 표현하기에는 어려운 지점이 많기 때문이다. 이러한 부분은 머릿속에서 스스로 이해하는 과정이 필요한데, 암기로만 공부하는 아이들에게는 요원한 일이다. 해본 적이 없기 때문이다. 안타깝지만 아이들은 계속해서 다른 사람에게 설명을 요구하고 끝끝내 스스로 공부하는 방법을 습득하지 못한다.

✦ 하브루타로 사고력을 기르는 방법

　하브루타를 하는 유대인들이 세계적으로 얼마나 큰 성공을 했는지는 이미 잘 알려져 있다. 『부모라면 유대인처럼 하브루타로 교육하라』에 따르면 전체 노벨상 수상자 중에 유대인은 22%에 달한다고 한다. 이것은 자신을 유대인이라고 밝힌 사람에 한한 수치이며, 스스로 유대인이라고 밝히지 않은 사람들까지 모두 포함하면 30%에 육박할 것이라고 한다. 노벨상뿐만 아니라 수많은 다른 분야에서도 유대인은 두각을 나타내고 있다. 아인슈타인이나 지그문트 프로이트Sigmund Freud와 같은 세계적인 학자는 물론, 구글의 래리 페이지Larry Page, 페이스북의 마크 저커버그Mark Zuckerberg, 스타벅스의 하워드 슐츠Howard Schultz처럼 세계적인 기업의 창업자나 CEO 중에도 유대인은 많다. 이외에도 세계적인 금융 기관이나 방송사 중 상당수가 유대인의 소유이다.

유대인들은 어떻게 이토록 뛰어난 업적을 남기고 있는 것일까? 사고력에 비밀이 있다. 유대인들은 하브루타를 통해 사고력을 키운다. 우리나라에서는 아이에게 '토끼와 거북이' 이야기를 읽어준 다음에 둘 중 누가 이겼는지, 왜 토끼가 졌는지를 물어본다. 하지만 유대인들은 내용을 기억하는지 단순히 묻기보다는 사고력을 키우는 질문을 한다. 예를 들어 이야기의 내용을 간략하게 설명할 수 있는지(이해), 그동안 게을리 행동하다가 지는 경우를 본 적이 있는지(적용), 시합 중에 낮잠을 잔 토끼는 어떤 마음이었을지(분석), 잠든 토끼를 깨우지 않고 승리한 거북이가 진정한 승리를 했다고 볼 수 있는지(평가), 누군가가 게으름으로 인해 실패하는 새로운 이야기를 만들 수 있는지(창의)를 아이에게 물어본다. 어릴 때부터 온 가족이 함께하는 하브루타를 통해 질문을 주고받으며 생각을 하는 동안 유대인들의 머리가 깨어난 것이다. 차근차근 사고력을 키운 유대인들이 어떤 상황이든 필요한 것을 알맞게 생각해낼 수 있게 된 것이다. 물리학자가 되면 물리학자로서 생각할 줄 알고 심리학자가 되면 심리학자로서 생각할 줄 안다. 금융가에 있으면 금융 전문가로서 생각할 줄 알고 영화를 찍으면 영화감독으로서 생각할 줄 안다.

하브루타는 생각하는 공부이다. 하브루타를 할 때는 절대로 "그냥 외워라"라는 말을 하지 않는다. 아이가 그냥 외우려고 해도 반드시 질문을 통해 생각하게 한다. 가장 좋은 질문이 "왜?"이다. "왜?"라고 물으면 이유를 생각하라는 것이다. 3×4가 얼마냐는 질문에 아이가 12라고 답하면 잘 맞혔다고 칭찬하는 대신 "왜 3×4는 12일까?"라고 다시 물어보자. 이때 답을 하지 못한다면 제대로 배우지 않은 것이다. 아이가 원의 넓이를 구하는 공식이 "반지름×반지름×원주율"이라고 답한다면 반지름을 주고 넓이를 구하라는 대신 "왜 원의 넓이를 구하는 공식이 반지름×반지름×원주율일까?"라고 물어보자. 처음에 아이는 당황해할 것이다. 3×4가 12지 그럼 무엇이냐고, 당연한 내용을 왜 묻느냐고 반문할 것이다. 원의 넓이를 구하는 공식이 반지름×반지름×원주율이지 역시 당연한 내용을 왜 묻느냐고 반문할 것이다. 아이가 "왜?"라는 질문에 당황해한다면 지금 잘못 공부하고 있는 것이다.

세상에 이유가 없는 학문은 없다. 모든 학문과 모든 지식에는 이유가 있다. 학문을 나타내는 영어 단어에는 대개 '-logy'가 붙는다. 예를 들어 생물학은 Biology, 지질학은 Geology, 심리학은 Psychology, 방사선학은 Radiology와 같은 식이다. '-logy'는 'Logic'과 어원을 같이하는데, Logic은 논리를 뜻한다. 논리란 사물 속에 있는 이치로서 반드시 이유가 있다. 다시 말해 모든 학문은 논리에 따라 구성되기 때문에 하나의 내용에는 근거가 되는 원인과 이유가 있다는 것이다. 아이들은 단순히 3×4를 12라고 외우기 때문에 3×4가 왜 12냐고 물으면 당황해하지만 3×4는 결국 3을 4번 더하라는 의미이다. 3을 4번 더하면 12이다. 그래서 3×4가 12인 것이다. 원의 넓이를 구하는 공식 역시 원을 잘게 잘라 사각형으로 만들어서 확인해보면 결국 넓이를 구하는 방법이 반지름×반지름×원주율이라는 사실을 알 수 있다.

모든 내용에는 근거가 되는 원인과 이유가 있음에도 불구하고 우리는 어렵다는 이유로, 바쁘다는 이유로 등한시하고 암기만을 선호한다. 이해하지 못한 채 암기한 내용은 오랫동안 머릿속에 남아 있지 않으며 뇌를 무척 피곤하게 만든다. 아무리 외우고 또 외워도 잊어버리게 된다. 하지만 여기서 더 중요한 것은 암기가 머리를 발전시키지 못한다는 사실이다. 암기는 지금의 두뇌 용량을 발전시키지는 못하고 있는 그대로 사용하기만 하는 방법이다. 초등 1학년 때의 뇌와 초등 4학년 때의 뇌 사이에 나이로 인해 저절로 생기는 발전 이외의 발전을 만들지 못하는 셈이다.

아이에게 필요한 것은 지식과 정답이 아니라 지혜와 사고력이다. 아이가 진정으로 큰사람이 되려면 고정된 형태의 지식을 외우기보다는 각각의 상황마다 지식을 적절하게 활용하는 방법을 익혀야 한다. 하브루타를 하는 유대인처럼 고정 관념에 휩싸이지 않고 자신만의 사고력으로 남과 다른 새로운 생각을 할 수 있어야 한다. 상대성 이론을 만들어낸 아인슈타인이 그랬고 정신 분석학을 만든 프로이트가 그랬으며 〈쥬라기 공원Jurassic Park〉을 만들어낸 스티븐 스필버그Steven Spielberg가 그랬다. 사고력을 키우지 못하고 정답만을 외우는 공부를 하면 성인이 되어서도 부모에게 묻거나 학원에서 해결하는 사람이 될 수밖에 없다. 이렇게 아이를 키우지 않고 유대인처럼 스스로 생각할 줄 알고 세계를 누비며 자신의 능력을 발휘하는 자주적인 아이로 키우고 싶다면 초등 1학년 때부터 하브루타로 공부 역량을 키우는 일이 중요하다.

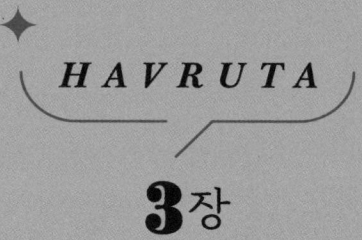

HAVRUTA

3장

초등 1학년 공부,
하브루타로 시작하라

하브루타의 3요소는 대화, 질문, 생각이다. 이 중에서 가장 먼저 대화를 시작한다. 일방적으로 아이에게 명령하는 대신 아이의 생각을 들어주는 대화를 해야 한다. 그러고 나서 질문을 한다. 사실을 확인하고 자극해서 아이의 사고력을 키워준다. 대화와 질문은 결국 생각을 위한 수단이다. 소리 내어 생각하고 힌트로 이끌어주며 스스로 판단하게 한다. 초등 1학년 때부터 질문, 대화, 생각을 중심으로 하브루타를 하면 내실 있는 공부 역량을 키울 수 있다.

HAVRUTA

01

대화를 시작하라

우리가 나눈 것이 정말 대화일까?

몇 년 전, 필자는 공동 연구를 하던 선생님들과 함께 학부모와 아이들을 대상으로 설문 조사를 실시한 적이 있었다. 조사 대상은 초등 3학년부터 6학년까지였다. 조사의 여러 가지 질문 중 하나는 하루에 부모와 자녀가 얼마나 대화를 나누는지에 대한 것이었다. 질문은 부모와 자녀에게 각각 주어졌다. 그런데 재미있는 일이 벌어졌다. 분명히 부모와 자녀는 대화 상대자로서 서로 대화를 나눈 시간이 같아야 하는데 결과가 전혀 달랐기 때문이다. 부모는 자녀와의 대화 시간이 평균 1시간이라고 응답한 반면, 자녀는 부모와의 대화 시간이 평균 10분이라고 응답했다. 이러한 현상은 비단 필자의 반에서만 일어나지 않았다. 하브루타 수업을 같이 연구하던 다른 선생님들의 반에서도 같은 내용의 설문을 했는데, 정도의 차이만 있었을 뿐 모든 반에서 유사한 현상이 나타났다. 부모가 생각하는 자녀와의 대화 시간이 자녀가 생각하는 부모와의 대화 시간보다 대략 5배에서 10배까지 많았던 것이다. 대화 시간에 대한 부모와 아이의 인식 차이는 아마도 대화가 무엇인지에 대한 인식 차이에서 기인한 것으로 보인다. 부모 입장에서 생각하는 대화와 아이 입장에서 생각하는 대화가 다른 것이다. 그렇다면 입장마다 대화가 다르다는 것은 어떤 의미일까? 다음의 대화를 살펴보자.

엄마 숙제 다 했어?
아이 아뇨.
엄마 엄마가 학교 갔다 오면 숙제부터 하라고 했지.
아이 알았어요.
엄마 컴퓨터 꺼.
아이 조금만 더 하고요.
엄마 끄라니까.
아이 이번 판만 하고요. 지금 끄면 안 돼요.
엄마 당장 꺼.

학교 갔다 와서 숙제도 하지 않고 게임부터 하는 아이와 숙제부터 하고 게임하라는 엄마 사이에서 벌어진 일이다. 이것은 대화일까? 엄마는 대화라고 생각할 것이다. 하지만 아이는 대화라고 생각하지 않을 것이다. 아이는 잔소리와 명령을 들었다고 생각하지 대화를 했다고 생각하지는 않을 것이다. 앞서 부모와 아이가 생각하는 서로 간의 대화 시간이 5배 이상 차이 나는 이유는 아마 이러한 생각 때문일 것이다. 엄마 입장에서는 조금 억울할 수도 있다. 꼭 필요한 말을 주고받았는데 이것이 대화이지 무엇이 대화인가 하고 말이다. 그러면 입장을 한번 바꿔서 생각해보자.

시어머니 에미야, 냉장고 다 치웠니?
며느리 아뇨, 아직 못 치웠어요.
시어머니 오늘은 냉장고부터 치우자고 하지 않았니?
며느리 네, 치울게요.

최 부장 김 대리, 보고서는 다 마무리됐나?
김 대리 아직 다 못했습니다.
최 부장 아니 맡긴 게 언제인데 아직도 다 못했어? 도대체 회사에는 왜 나온 거야?
김 대리 죄송합니다. 빨리 해서 드리겠습니다.

앞선 예시에서 '며느리'와 '김 대리'는 대화를 한다고 생각할까? 아마 그렇지 않을 것이다. 대화의 사전적 정의는 '마주 대하여 이야기를 주고받음'이다. 물론 사전적으로 해석하면 앞선 예시는 말을 주고받았기 때문에 분명 대화이다. 하지만 중요한 것은 사전적 정의가 아니다. 사람에게는 사전적 정의보다 감정적인 와 닿음이 더 중요하다. 앞선 예시는 사전적으로만 대화일 뿐 감정적으로는 아니다. 이렇게 말을 주고받으면 사람은 지시, 명령, 비난을 받았다고 느끼지 대화를 나눴다고는 느끼지 않는다. 지시, 명령, 비난은 대화가 아니다. 대화를 하고 나면 답답하고 기분이 나빠지는 경우가 있다. 대화처럼 느껴지지 않는 대화의 주된 특징은 일방적이며 소통이 일어나지 않는다는 것이다. 연설이나 강연을 들었다고 생각하지 대화를 나눴다고는 생각하지 않는다. 일방적으로 정보가 들어오기만 했기 때문이다. 언어를 매개로 각자의 마음 안에 있는 것이 교류되어야 진정한 대화이다.

앞선 엄마와 아이의 대화에서 엄마는 자신이 하고 싶은 말만 하고 있다. 그리고 아이는 방어를 하고 있다. 물론 컴퓨터를 조금만 더 하겠다고 말하기는 했지만 아이 입장에서 정말 하고 싶었던 말은 "학교에 갔다 와서 힘들어요. 숙제 같은 건 다 잊고 저도 좀 편히 놀고 싶어요."일 것이다. 다만 이렇게 말했을 때 본전도 못 찾을 것을 알기 때문에 가만히 있는 것이다. 대화가 성립되려면 쌍방이 모두 마음속의 진심을 꺼내야 한다. 그리고 상대방의 진심을 들어줘야 한다. 엄마, 시어머니, 최 부장처럼 나는 옳고 너는 틀렸다는 결론을 내린 다음에 일방적으로 하고 싶은 말을 다 하는 것은 대화가 아니다. 지시, 명령, 비난, 훈계일 뿐이다. 이러한 말은 일시적으로 화를 표출하는 데는 도움이 될 수도 있겠지만 실제 상황을 변화시키지는 못한다. 상대방이 명백하게 잘못한 상황이라도 마찬가지이다. 상대방이 자신의 마음을 솔직하게 표출하지 못했기 때문이다.

하브루타를 제대로 하기 위해서는 진짜 대화를 나눠야 한다. 부모가 먼저 하고 싶은 말을 모두 정해놓고 "너는 내 말만 들어"라는 마음가짐으로는 절대 제대로 된 하브루타를 할 수 없다. 우리나라 교육의 폐해가 바로 여기에 있다. 무엇이든 정답만을 강요하는 것이 우리나라 교육의 문제가 아닐까? 지금까지 이러한 방식으로 대화를 했다면 초등 1학년은 잘못된 대화의 패턴을 바꾸기에 매우 효과적인 시기이다. 초등학교 입학 전까지는 아직 아이가 어려서 함께 토론하고 생각을 나눌 기회가 거의 없다. 아이의 판단력이 부족해 옳고 그름, 안전과 위험 등을 직접적으로 가르쳐야 하는 경우가 많다. 하지만 초등 1학년이 되면 아이의 인지 뇌가 성장하기 시작하면서 대화를 나누기에 최적의 시기가 된다. 아직 부족하지만 아이도 나름대로 생각을 하고 자신의 말을 하게 되어 어느 정도 진지한 대화에 임할 수 있기 때문이다.

하브루타는 듣기와 말하기가 모두 중요하다. 아이는 부모의 말을 경청하면서 자기가 하고자 하는 말을 표현할 수 있어야 한다. 부모는 아이가 하고 싶은 말을 거리낌 없이 표현할 수 있도록 기회를 마련해줘야 한다. 부모가 아무리 하고 싶은 말이 많더라도 먼저 경청의 자세로 아이의 말을 들어줄 때 제대로 된 하브루타를 시작할 수 있다.

'부모'라는 계급장을 뗀다

지시와 명령은 계급이나 서열의 차이에서 온다. 직장에서 상사가 부하 직원에게, 군대에서 선임병이 후임병에게 지시와 명령을 내릴 수 있는 이유는 지시와 명령을 내리는 자가 그것을 받는 자보다 계급이나 서열이 높기 때문이다. 만약 상사가 퇴사하거나 선임병이 전역한다면 더 이상 지시와 명령을 내릴 수 없게 된다. 계급이나 서열에 의한 관계가 소멸되었기 때문이다. 부모가 아이에게 지시와 명령을 내릴 수 있는 이유도 부모가 아이보다 서열상 높은 위치를 차지해서이다. 주민등록등본만 보더라도 부모는 위쪽에 자녀는 아래쪽에 위치한다. 서열상 상하 관계가 문서에도 표시되어 있는 것이다. 미성숙한 아이보다 그러한 아이를 보호하고 지도해야 할 권리와 의무를 지닌 부모가 서열상 더 높은 위치를 차지하는 것은 사실 당연하다. 그래서 아이에게 부모를 공경하고 따르도록 가르친다.

일상에서 아이가 부모를 윗사람으로서 공경하고 따르는 일은 당연하고 자연스럽지만 하브루타를 할 때만큼은 부모가 보호자를 넘어 윗사람이 되면 좋지 않다. 서열은 자연적으로 평등한 상태에서 동등한 대화보다는 불평등한 상태에서 명령과 복종을 암시한다. 좋은 하브루타는 대화 참여자가 자신의 생각과 속마음을 거리낌 없이 꺼내놓을 때 이뤄지는데, 상하 관계이면 아랫사람이 솔직한 마음을 말하기가 어려워지기 때문이다. 아무래도 상하 관계에서는 아랫사람이 윗사람의 감정과 반응을 신경 쓸 수밖에 없고 진짜 하고 싶은 말을 하지 못하게 된다. 그러면 좋은 하브루타라고 할 수가 없다.

제대로 된 하브루타를 하기 위해서는 먼저 부모와 아이 사이에 존재하는 서열 관계를 타파해야 한다. 그렇게 하기 위해서는 부모가 먼저 '나는 저 아이의 부모이고 저 아이는 내가 관리해야 한다'라는 생각을 버려야 한다. 다시 말해 부모라는 계급장을 떼어야 한다. 서열 관계는 아랫사람이 먼저 벗어날 수는 없고 윗사람이 먼저 내려놓아야 하기 때문이다. 사실 계급장을 떼는 일이 말처럼 쉽지는 않다. 우리에게는 유교 전통의 장유유서長幼有序 정신이 뿌리 깊게 박혀 있기 때문이다. 거듭 강조하지만 진정한 하브루타를 하려면 부모가 자신이 윗사람이라는 계급장을 떼어야 한다. 그렇게 하기 위해서는 아이가 내 아이라는 생각을 먼저 버려야 한다. 내 아이가 하나의 독립된 인격체임을 인정하라는 뜻이다. 서양에서는 아이를 내 아이라고 생각하기 이전에 먼저 독립된 인격체라고 생각한다. 독립된 인격체로서의 대우가 우선이고 내 아이라는 나와의 관계성은 그다음이다. 반면 동양에서는 독립된 인격체라는 생각보다 내 아이라는 생각이 우선한다. 아이를 독립된 인격체로 인정하지 않고 부모의 소유물처럼 여기는 것이다.

아이를 독립된 인격체로 보는지 그렇지 않은지는 교육에서 매우 큰 차이를 발생시킨다. 아이를 어떻게 바라보는지에 따라 부모의 생각과 행동이 달라지기 때문이다. 예를 들어 아이가 부모의 뜻과 다른 선택을 했을 때 아이를 독립된 인격체로 인정한다면 그 선택을 당연하게 생각할 수 있다. 심지어는 아이가 성장했다는 증거로 보면서 기뻐할 수 있다. 하지만 아이를 내 아이로만 바라본다면 그 선택은 부모의 뜻을 거스르는 배은망덕한 행동이 될 것이다.

하브루타는 기본적으로 동등한 두 인격체 간의 대화이다. 하브루타가 가장 잘 실시될 수 있는 환경은 부모가 아이를 완전히 독립된 인격체로 인정할 때이다. 그래야 아이의 마음을 오롯이 들어줄 수 있게 되며, 부모 뜻대로 아이를 움직이려는 마음을 버리고 아이의 마음을 읽으려는 태도를 가질 수 있게 된다. 그러나 아이를 독립된 인격체로 인정하지 않으면 아이의 말과 행동 하나하나를 판단하고 평가하며 부모 자신의 마음에 맞춰 재단하게 된다. 이러한 사고방식은 단순히 하브루타를 위해서가 아니라 건강한 부모 자식 간의 관계를 위해서도 반드시 필요하다. 아이는 누군가의 자식이기 이전에 한 명의 사람이다. 부모와 아이는 서로 완전히 독립적이고 개별적인 인격체이다. 조금 더 심하게 말하자면 부모는 아이를 남이라고 생각해야 한다. 남이라는 단어를 너무 부정적으로 받아들일 필요는 없다. 생면부지에 어떻게 되어도 상관없는 타인으로서의 남이라는 뜻이 아니다. 나의 생각, 나의 감정, 나의 의도와는 분리되어 있는 개별적인 존재라는 뜻이다. 아이는 내가 아니기에 나와 같지 않으며 나와 전혀 다른 경험을 하면서 다른 세계에 살고 있는 타인이라는 점을 인식하라는 것이다.

모두 생각이 다르고 느끼는 바가 다르다는 사실을 인정해야지만 진정한 대화가 시작된다. 특히 보수적인 사고의 관계 지향적인 부모는 아이를 타인으로 인정하기 어려울 수 있으므로 주의해야 한다. 이렇게 계급장을 떼고 내 아이라서 내 마음대로 하겠다거나 내 아이라서 나처럼 생각해야 한다는 마음을 버리면 훨씬 더 진솔한 대화를 할 수 있다. 아이 역시 부모가 그러한 마음으로 대화를 시작하면 더 솔직하게 대화에 참여할 수 있다. 사실 우리나라처럼 사람을 만났을 때 나이부터 따지는 사회에서는 진정한 소통이 일어나기 어렵다. 단지 나이가 많다는 이유로 권위를 차지하고 젊은 사람에게 자신의 의견을 강요하기 쉽다. 어린 시절부터 부모에게 이러한 방식으로 교육을 받은 아이는 커서 나이가 별로 중요하지 않은 글로벌 사회에 적응하기가 힘들다. ==초등 1학년 때부터 하브루타를 통해 사람의 나이로 의견을 판단하는 문화보다 의견 자체를 들어주고 존중하며 나누는 문화를 보여준다면 아이의 올바른 매너와 태도를 기르는 데 많은 도움이 될 것이다.==

일단 가볍게 시작한다

우리나라에도 점점 하브루타가 퍼지고 있다. 하브루타 혹은 유대인을 주제로 한 수많은 자녀교육서가 출간되었고, 학교 교육에서도 하브루타라는 이름이 심심찮게 들린다. 하브루타는 전 세계적으로 엄청난 양의 부를 축적한 유대인들만의 독특한 교육 방법으로 알려지면서 크게 주목받기 시작했다. 그리고 하브루타가 이토록 유행하게 된 데는 이름의 영향도 적지 않은 듯하다. 도대체 무엇을 뜻하는지 정확히 알 수 없는 새로운 단어에 부모와 교육자들은 어떤 신비한 방법이 있는 것은 아닐까 궁금해하며 보물 상자를 열어보는 심정으로 하브루타를 대하고 있다.

TV에도 소개되고 관련 서적들이 쏟아져 나오며 주변에서도 계속 하브루타를 언급하니 분명히 무언가 있기는 한 것 같은데 정확하게 이해를 하지 못하겠다는 의견이 적지 않다. 하브루타를 다룬 유명한 책을 몇 권씩이나 읽어봐도 좋다는 내용만 있을 뿐 구체적으로 어떻게 하라는 것인지, 지금 내가 하는 것이 맞는지 확신이 들지 않는다. 부모로서 아이와 함께 어떻게 하브루타를 해야 하는지 궁금증만 더 늘어간다. 하브루타가 무엇인지에 대해서는 이런저런 말들이 많지만 하브루타를 하는 방법은 딱 정해져 있지 않고 하는 사람마다 조금씩 다르다. 빨간 배추김치만이 김치가 아니듯이 하브루타도 어떤 모습의 하브루타만이 진짜 하브루타라고 정의를 내릴 수는 없다. 하지만 김치라고 하면 누구나 빨간 배추김치를 가장 먼저 떠올리듯이 하브루타라고 했을 때 가장 전형적인 모습이 무엇인지를 생각해 보면 하브루타를 이해하기가 조금 더 쉽다. 유대인들이 하브루타를 하는 모습을 보면 보통 다음과 같다. 우선 두 사람이 마주 보거나 나란히 앉아 같은 책을 펼친다. 하브루타에 쓰이는 대표적인 책은 유대인의 율법서인 『토라Torah』나 지혜서인 『탈무드』이다. 책을 각자 읽어오거나 혹은 그 자리에서 함께 읽으며 책이 말하고 있는 내용에 대해 생각을 나눈다. 책의 내용에 대해 각자의 해석을 나누고 그 해석이 가능한지 대화를 나눈다. 전체적인 내용에 대한 해석은 물론,

한 문장만을 놓고 심도 있게 뜻하는 바를 토론하기도 한다. 결국 하브루타는 두 사람이 책을 읽고 각자의 해석으로 대화하며 생각을 나누는 것이다.

하브루타가 책을 읽고 각자의 해석을 나누는 것이라니 하브루타를 시작하기 위해 당장 책을 꺼내서 읽어야만 할 것 같다. 하브루타 서적에서 추천하는 책 목록부터 찾아서 구입해 아이에게 읽혀 하브루타를 하고 싶다. 의욕은 칭찬할 만하나 그렇게 하는 것은 좋지 않다. 독서로 하브루타를 시작하면 부모나 아이 모두 부담스러울 수 있다. 우선 독서를 좋아하지 않는 아이는 하브루타를 하기 위해 책을 읽자고 하면 당연히 싫어한다. 아이를 붙잡고 하브루타를 해야 하니 꼭 책을 읽어야 한다고 다그치면 아이는 독서가 싫기 때문에 하브루타까지 덩달아 싫어진다. 하브루타의 즐거움을 느끼기도 전에 독서가 싫어서 하브루타가 싫어지는 것이다. 사실 독서를 싫어하지 않는 아이라도 처음부터 책을 읽고 하브루타를 하는 것은 쉽지 않다. 독서 하브루타를 하기 위해서는 책을 읽고 내용을 파악해 어느 정도 자신의 생각을 가질 수 있어야 한다. 그렇지 않은 상태에서 하브루타를 하면 하브루타가 잘 이뤄지지 않는다. 책을 읽고 내용을 파악해 질문하고 대화하는 데는 어느 정도의 기술이 필요한데, 하브루타에 대한 경험이 전혀 없는 상태에서는 쉽지 않기 때문이다. 무엇을 어떻게 시작해야 할지 모르는 상태에서 하다 보면 이리저리 헤매게 되고 시간을 낭비해서 아이에게 하브루타에 대한 부정적인 인식만 심어주게 된다.

초등 1학년의 어린아이와 하브루타를 하려는 부모의 입장에서도 마찬가지이다. 글을 잘 읽지 못하는 아이, 다 읽고도 내용을 잘 파악하지 못하는 아이, 다 읽고도 자기 생각이 없는 아이를 지도하기 위해서는 아이를 잘 이끌어주는 기술이 필요하다. 단순히 정답을 알려주는 공부 방법이라면 일방적으로 부모가 아는 내용을 설명하면 되겠지만, 아이가 스스로 깨우치도록 유도하는 것은 하브루타를 처음 시작하는 부모로서는 여간 어려운 일이 아니다. 그래서 이래저래 시행착오만 겪다가 결국 포기하기 쉽다.

먼 길을 떠날수록 짐은 가볍게 싸야 한다. 먼 길을 가려면 분명 필요한 것이 많겠지만 그렇다고 필요한 것을 다 싸들고 가면 가다가 지쳐서 멀리 갈 수가 없다. 그래서 먼 길을 갈수록 꼭 필요한 것만 챙겨서 떠나야 하며 나머지는 가는 길에 천천히 구하면 된다. 하브루타도 마찬가지이다. ==초등 1학년 때부터 시작해서 아이를 교육하는 방법으로 두고두고 잘 쓰려면 가볍게 출발해야 한다.== 그래서 아이도 부모도 부담 없이 스트레스 없이 시작해야 오래오래 할 수 있다. 초등 1학년의 어린아이가 거부감 없이 쉽게 접하고 편하게 생각하는 것이 중요하다. 그렇다면 어떻게 하는 것이 가벼운 시작일까? 만약 아이가 원래 독서를 좋아한다면 수월하게 시작할 수 있다. 아이가 이미 읽은 책으로 편안하게 대화를 나누면 된다. "이 책 재미있니?"라는 질문으로 시작한다. 그리고 나서 아이가 신나게 자기 말을 하도록 유도만 하면 된다. 다음과 같은 질문으로 아이의 말문을 열 수 있다.

- 어떤 점이 재미있었어?
- 그것에 대해 너는 어떻게 생각해?
- 엄마(아빠)는 이렇게 생각하는데 그렇지 않니?
- 너라면 어떻게 할 거야?

하브루타에 좋다는 책을 사서 읽히기보다는 이미 재미있게 읽은 책에 대해 물어본 후 자연스럽게 대화한다. 이때 아이에게 대화에 대한 책임이나 숙제를 주기보다는 원한다면 부모가 기꺼이 대화 상대가 되어주겠다는 태도를 보여준다. 그러면 아이는 부담 없이 자신이 좋아하는 것에 대해 대화할 수 있어 기쁨을 느낄 것이다. 만약 아이가 독서를 좋아하지 않는다면 일상생활에서 대화를 시작한다. 영화나 드라마를 보고 하브루타를 할 수도 있고 산책을 하다가 본 것에 대해 하브루타를 할 수도 있다. 영화나 드라마에 스마트폰에 중독된 사람이 나오면 스마트폰 사용에 대해 하브루타를 하고, 공원에서 누군가 개똥을 치우지 않고 그냥 갔다면 공중도덕에 대해 하브루타를 한다. "스마트폰을 너무 많이 쓰면 어떤 문제가 생길 수 있을까?", "개똥을 치우지 않고 그냥 가면 다른 사람들에게 어떤 피해가 생길 수 있을까?"와 같은 질문을 하면 된다. 일상에서 한 장면을 골라 각자의 의견과 생각을 거리낌 없이 공유해보자. 내친김에 가족끼리 극장에 들러 영화 한 편을 본 후 근사한 레스토랑에 가서 저녁을 먹으면서 영화 내용에 대해 하브루타를 해보자. 상상만으로도 사랑스러운 시간이 되지 않을까?

설득력이 있는 부분을 찾는다

하녀 둘이 싸우다가 황희 정승에게 하소연했다. 황희 정승은 한 하녀의 말을 듣고 "네 말이 옳구나"라고 했다. 다른 하녀가 펄쩍 뛰며 자신의 사정을 말했다. 그랬더니 황희 정승은 "그렇다면 네 말도 옳다"라고 말했다. 모두 지켜보고 있던 부인이 "대감께서는 옳고 그름을 분명히 밝혀주셔야지, 한 나라의 정승께서 그처럼 사리가 분명치 않으시면 어떡합니까?"라며 타박하자 황희 정승은 "부인의 말도 참으로 맞소"라고 대답했다.

조선 시대의 명재상인 황희 정승의 유명한 일화이다. 황희 정승은 조선을 건국한 태조부터 한글을 창제한 세종까지 무려 4명의 왕을 모시며 최고 권력의 자리에 오랜 기간 머물렀다. 그는 늙은 나이를 이유로 관직에서 물러나려고 했지만 세종이 윤허하지 않아 생의 마지막까지 고된 종사를 처리해야만 했다. 높은 관직은 올라가기도 어렵지만 유지하기는 그보다 더 어려운데 어떻게 4대에 걸친 왕들이 그를 믿고 나랏일을 맡겼을까? 다양한 역량과 정치 수완이 있었겠지만 앞서 살펴본 하녀와의 일화가 비밀 중 하나인지도 모르겠다.

높은 자리에 오른 사람일수록 다른 사람의 생각에 무관심하기 쉽다. 보수적이기 이를 데 없는 조선 시대의 정승이라면 더더욱 그럴 것이다. 하지만 황희 정승은 달랐다. 그는 사소한 집안일을 두고 싸우는 두 하녀의 이야기를 모두 들었다. 일장 연설을 하거나 훈계를 하지 않고 두 하녀와 부인 모두에게 당신 말이 옳다며 그들의 입장에서 생각했다. 많은 역사가들은 황희 정승이 그토록 오랜 기간 최고의 관직에 머무를 수 있었던 원동력으로 뛰어난 정치적 균형 감각을 꼽는다. 자신의 생각이나 주장에만 몰입하거나 한쪽의 의견만을 듣고 치우치는 일 없이 항상 양쪽의 의견을 들으면서 존중했다고 한다. 이러한 균형 감각은 왕이 다양한 파벌의 사람들을 조율해 조정을 안정시키는 데 필수적인 역량이었고, 이로 인해 황희 정승은 끝까지 그의 자리를 지킬 수 있었던 것이다.

　부모가 아이와 하브루타를 하다 보면 답답한 경우가 적지 않다. 아무리 생각해도 얼토당토않은 말을 아주 진지하게 하기 때문이다. 영유아기라면 그러려니 하지만 나이가 들어서 나아졌다고 생각했는데 또 이상한 소리를 하면 답답하기까지 하다. 그러면 하브루타고 무엇이고 일단 다 멈추고 우선 가르치고 싶은 욕구가 생긴다. 이렇게 이상한 소리를 하는데 모두 받아주자니 불필요한 노력을 하는 느낌이며, 그냥 정답을 알려주면 당장 알 것 같은 생각이 들기 때문이다. 당연히 정답을 알려주면 쉽다. 부모도 쉽고 아이도 쉽다. 모두가 편하다. 부모는 아는 것을 그냥 말하면 되고 아이는 말을 듣고 고개를 끄덕이기만 하면 된다. 하지만 여기서 짚고 넘어갈 것은 그렇게 해서는 아무것도 배우지 못한다는 사실이다. 아이가 삶을 이해하고 배우며 생각할 수 있으려면 스스로 자신의 생각을 말하고 다른 사람과 의견을 주고받아야 한다. 그래야 비로소 부모의 마음을 이해하고 자신의 의지를 파악하며 세상의 원리를 깨닫게 된다.

　부모는 아이와 하브루타를 할 때 황희 정승이 되어야 한다. "그릴 수도 있겠구나"라는 한마디 말이면 충분하다. 틀린 말을 맞았다고 하면 안 되겠지만 전체적으로는 인정할 수 없더라도 부분적으로는 설득력이 있을 수 있다. 하브루타에서 중요한 것은 결론이 아니라 왜 그렇게 생각하게 되었는지의 과정이다. 아이가 이상한 말을 하더라도 "그게 말이 되니?"라고 면박을 주기보다는 "왜 그렇게 생각했어?"라고 먼저 물어보자. 아이가 나름대로 이유를 설명하면 조금이라도 이해가 되는 부분을 찾아서 "그럴 수도 있겠구나"라고 말해주자. 전체적으로 아이의 생각이 맞든 틀리든 상관없이 부분적으로라도 아이가 나름대로 생각한 근거를 인정하고 칭찬해주면 아이는 자신의 의견이 존중받는 느낌을 받아 하브루타에 재미를 붙일 수 있다. 잘못한 부분은 이후에 알려줘도 늦지 않다.

아직 어린아이의 말을 어른의 기준으로 하나하나 반박하면 아이는 하브루타에 재미를 느끼기가 어렵다. 세상 경험이 부족한 아이에게는 지금 하는 말이 최선일 수 있다. 초등 1학년에게 중요한 것은 지금 당장 정답을 하나 더 맞히고 외우는 일보다 하브루타를 통해 공부의 재미를 느껴 더 질문하고 더 대화하며 더 생각하고 싶다는 마음을 갖는 일이다. 하브루타가 재미있고 공부가 재미있다고 생각하는 아이만이 공부를 좋아하게 되고 부모가 시키지 않아도 계속해서 자신의 힘으로 공부할 수 있기 때문이다.

HAVRUTA

02

질문으로 확장하라

질문은 공부의 핵심이다

✦ 지식은 스스로 만드는 것이다

　EBS 다큐프라임 〈왜 우리는 대학에 가는가〉는 우리에게 2010년 서울에서 열린 G20 폐막 기자 회견장에서 일어났던 일을 통해 질문을 한다는 것에 대한 질문을 던졌다. 이날 당시 미국의 대통령이었던 버락 오바마Barack Obama는 우리나라 기자들에게 개최국이라는 이유로 특별한 질문 기회를 제공했다. 전 세계에서 온 모든 기자들이 단 한 번만이라도 질문할 기회를 얻기 위해 노력하는 와중이었기에 이것은 매우 특별한 기회였다. 하지만 단 한 명도 손을 들고 질문하지 않았다. 기회를 엿보던 중국 기자가 대신 질문해도 되느냐고 물었지만 오바마는 우리나라 기자에 대한 예의를 지키기 위해 다시

한 번 질문을 받겠다고 말했다. 하지만 끝내 우리나라 기자는 단 한 명도 질문하지 않았고 어색한 분위기에서 질문권은 중국 기자에게 넘어갔다. 다큐멘터리에서는 몇 명의 기자들을 섭외해 이날의 영상을 보여준 후 "기자님이라면 저 자리에서 질문을 하셨을까요?"라고 물었다. 질문을 받은 기자들은 자신이라도 질문하지 못했을 것이라고 대답했다. 그리고 이렇게 덧붙였다. "우리에게는 질문도 답인 것 같아요. 어떤 상황에서 어디까지 질문이 용인되고, 어떤 질문을 할 수 있을지 말이에요."

우리나라에서는 질문이 중요하다는 사실이 잘 받아들여지지 않는다. 필자가 질문의 중요성을 피력하면 교사, 부모, 아이 가릴 것 없이 답이 중요하지 왜 질문이 중요하냐고 반문한다. 답을 외워야 시험에서 좋은 점수를 받을 수 있지 질문을 해서 점수가 나오느냐고 말이다. 도대체 왜 공부에서 질문이 중요할까? 아이가 학교를 다녀왔을 때 우리나라 부모와 유대인 부모가 각각 아이에게 건네는 말이 있다. 우리나라 부모는 "오늘 선생님 말씀 잘 들었니?"라고 묻고, 유대인 부모는 "오늘은 어떤 질문을 했니?"라고 묻는다고 한다. 단순한 말 속에 각각 배움에 대해 어떻게 생각하는지가 숨겨져 있다. 우선 우리나라 부모의 "오늘 선생님 말씀 잘 들었니?"라는 질문에는 배움은 다른 사람의 말을 듣고 그 내용을 받아들이는 것이라는 믿음이 내포되어 있다. 예를 들어 곱셈을 배우기 위해서는 곱셈에 대한 선생님의 설명을 듣고 그 내용을 이해해야 한다고 생각하는 것이다. 반면 유대인 부모의 "오늘은 어떤 질문을 했니?"라는 질문에는 배움은 스스로 생각하고 고민하면서 지식을 만들어가는 것이라는 믿음이 내포되어 있다. 곱셈을 배우기 위해서는 곱셈에 대해 질문하며 모르는 부분을 스스로 이해해야 한다고 생각하는 것이다.

우리나라에서는 아이가 지식을 만든다는 말 자체를 이해하지 못한다. 스스로 지식을 만드는 교육을 받아본 적이 없기 때문이다. 마치 검은색 백조를 본 적이 없는 사람이 흰색 백조 이외의 백조를 상상하지 못하는 것과 같다. 하지만 세상에는 검은색 백조가 실재하며 공부 역시 그러하다. 지식을 스스로 만드는 공부를 단 한 번도 해보지 못한 우리나라 사람들에게 스스로 지식을 만들라는 주문은 너무나 해괴하지만 사실 조금만 생각해보면 오히려 상식적이며 공부에 대한 기존의 믿음이 너무나 이상하다는 사실을 깨달을 수 있다. 지금 이 책을 읽는 사람들은 책 속의 모든 문장을 암기하고 있을까, 아니면 자신의 상황을 떠올리며 나름대로 이해하려고 노력하고 있을까? 의심의 여지없이 후자일 것이다. 사람은 컴퓨터가 아니기 때문에 어떤 내용이든 그것을 원래 형태 그대로 모두 암기할 수 없다. 이것이 가능한 사람은 사진을 찍듯이 기억을 저장하는 서번트 증후군Savant Syndrome 환자뿐이다. 사람은 누구나 들은 말을 중심으로 자신이 이해할 수 있는 한도 내에서 자신만의 지식을 만들어나간다.

✦ 정답 교육에서 질문 교육으로

한국식 교육은 아이가 스스로 지식을 만들지 못하게 한다. 모든 지식을 다 만들어 제공한 후 그대로 기억할 것을 요구한다. 이처럼 잘못된 공부 방법은 크게 2가지 문제를 일으킨다.

첫째, 질문 없이 있는 그대로 외운 지식은 온전히 자신의 것이 되지 않아 사용할 수도 없고 쓸모도 없다. 지식은 온전히 자신의 것이 되었을 때만 사용할 수 있다. 지식을 온전히 자신의 것으로 만드는 일은 지식을 글자 그대로 외우지 않고 자신의 상황이나 삶과 연결해 자신만의 방식으로 이해함을 뜻한다. 예를 들어 '토끼와 거북이' 이야기를 읽은 후 부모는 아이에게 그렇기 때문에 성실하게 살아야 한다는 교훈을 가르친다. 아이는 그 교훈을 외운다. 그리고 시험에서 정답을 골라낸다. 하지만 정답을 맞힌 아이가 실제로도 성실하게 사느냐고 묻는다면 이것은 별개의 문제이다. 성실하게 살아야 한다는 정답을 고르고는 뒤돌아서서 곧바로 불성실한 삶을 산다. 단지 이야기의 교훈만 암기했을 뿐 자신의 삶과 연결해 스스로 어떻게 살 것인지에 대해서는 질문하지 않았기 때문이다. 그래서 유대인 부모는 아이가 학교를 다녀오면 "오늘은 어떤 질문을 했니?"라고 묻는다. 아무짝에도 쓸모없는 가짜 지식을 얼마나 듣고 왔는지를 묻지 않고 지식이 너에게 어떤 의미인지 얼마나 고민하고 생각했는지를 묻는 것이다. 부모에게 이러한 질문을 받은 아이는 학교에 가서 질문을 하게 되고 진짜 살아 있는 지식을 얻게 된다.

둘째, 질문 없이 정답을 외우기만 하면 창의성을 키울 수 없다. 창의성은 남들과 다르게 생각하는 것이다. 남들이 A, B, C를 말할 때 가, 나, 다를 말할 수 있어야 창의적인 사람이다. 이 시대 최고의 창의적 인물로 알려진 스티브 잡스 Steve Jobs는 모두가 컴퓨터의 성능을 강조할 때 감성에 집중했다. 모두가 더 빠른 속도, 더 뛰어난 기능 등 기계적인 측면에 혈안이 되어 있을 때 감성, 공감, 스토리에 심혈을 기울였다. 결과는 누구나 아는 것처럼 잡스의 완승이었다. 창의성은 절대로 정답에서 나오지 않는다. 정답은 타인에 의해 주어지는 것으로 그렇게 생각하도록 강요받는 내용이다. 정답대로 생각하고 말하지 않으면 틀린다. 그래서 정답으로 지식을 배운 사람은 정답 이외에는 다른 가능성을 생각하지 않는다. 정답이 아니면 오답에 불과하기 때문이다. 창의성은 정확히 반대이다. 정답이 그렇게 생각하도록 강요하는 지식이라면 창의성은 그것 말고 다른 것을 찾는 힘이다. 정답 교육이 답은 하나뿐이라고 가르칠 때 창의성 교육은 정답만이 답이 아니라 다른 길과 다른 가능성이 있다는 것을 고려하도록 한다. 정답과 창의성은 모순의 관계에 있다. 정답을 중심으로 배우면 창의성이 떨어질 수밖에 없다. 정답이라는 고정 관념이 다른 생각을 하지 못하게 막기 때문이다. 그런데 우리나라 교육의 9할은 정답 교육이다. 정답을 가르치고 정답을 배우며 정답을 아는지 확인하려고 시험을 본다. 아이들의 창의성이 절대적으로 부족할 수밖에 없는 구조이다. 이미 여러 차례 말했듯이 현대 사회에서 정답의 가치는 매우 보잘것없어졌다.

지식을 나의 것으로 만들고 창의성을 길러주는 것이 바로 질문이다. "왜 그럴까?", "만약에 나라면 어떨까?", "이럴 때는 어떻게 해야 할까?", "다른 방법은 없을까?" 등과 같은 질문을 해야지만 지식에 자신만의 가치와 의미를 부여하고 새로운 길을 발견할 수 있게 된다. 그래야 주어진 것을 그대로 받아들이지 않고 다른 측면에서 다른 시각으로 바라보게 된다. 정답 교육이 가르치는 사람의 시각과 입장을 강요하는 것이라면 질문 교육은 배우는 사람이 자신만의 시각과 입장을 세워서 새로운 방향을 바라보게 하는 것이다. 초등 1학년 때부터 새로운 질문으로 아이를 대하고 깨워보자. 아이가 학교에 갈 때 "선생님 말씀 잘 들어"라고 하는 대신 "선생님 말씀을 들으면서 많은 질문을 떠올려봐. 그리고 질문에 대해 생각해봐. 정말로 궁금한 건 실제로 선생님에게 꼭 질문하렴"이라고 말해보자. 학교를 마치고 돌아오면 "오늘 선생님 말씀 잘 들었니?"라고 묻는 대신 "오늘은 어떤 질문을 했니?"라고 물어보자. 처음으로 공교육을 받기 시작하는 초등 1학년 때부터 아이가 이와 같은 질문을 하면서 수업을 듣는다면 아이는 공부란 질문하는 것임을 자연스럽게 받아들이고 생각하는 공부를 하게 될 것이다.

질문을 사랑하게 한다

6~7살 정도의 아이를 키우는 부모라면 누구나 아이의 끝없는 질문에 지쳐본 적이 있을 것이다. 그맘때 아이는 하루 종일 질문을 한다. 처음에는 우리 아이가 궁금한 것이 참 많구나 하면서 정성껏 대답하지만 끝도 없는 질문 공세에 결국은 지치게 된다. 목도 아프고 머리도 아프며 무엇이라고 대답하기 어려운 내용도 많다. 끝없어

보이던 아이의 질문이 어느 순간부터 줄어들기 시작한다. 질문은 초등 3,4학년이 되면 현저히 줄어들고 5,6학년이 되면 거의 하지 않는다. 왜 그럴까? 취학 전에는 자유로운 환경에서 다양한 경험을 하며 배움의 욕구가 넘쳐났지만, 학교 교육을 거치면서 자발적으로 새로운 것을 알아보고자 하는 호기심이 점점 떨어지기 때문이다. 아이의 질문이 점차 줄어드는 것은 무척 안타까운 일이다. 질문은 배움에서 무엇과도 바꿀 수 없을 만큼 중요한 것으로 인류 역사상 가장 똑똑한 인물로 손꼽히는 아인슈타인은 다음과 같은 말을 남겼다.

가장 중요한 것은 결코 질문을 멈추지 않는 것이다.

질문은 배움의 기회이다. 질문은 지적 호기심이 넘치고 지적 능력이 폭발적으로 성장하고 있다는 증거이다. 질문은 아이가 주도적으로 배움을 이끌고 있음을 뜻한다. 남이 시켜서 억지로 하는 공부가 아니라 스스로 궁금해서 하는 즐겁고 쾌활한 공부라는 증거이다. 아이의 질문이 줄어들면 부모의 몸은 편해질지 몰라도 안타깝기 그지없다. 그렇다면 어떻게 해야 아이가 꾸준히 질문을 할 수 있을까? 가장 중요한 것은 아이가 질문의 가치를 느껴 질문을 사랑하게 만드는 것이다. 스스로 질문을 사랑하게 된 아이는 질문하기를 결코 멈추지 않을 것이다.

아이가 질문을 사랑하게 하려면 부모의 반응이 중요하다. 아이가 질문했을 때 당연한 것을 묻느냐는 반응, 지쳤다는 표정을 보이면 아이는 움츠러든다. 자신의 질문이 부모를 귀찮게 한다는 사실을 눈치채고 점점 질문하기를 꺼리게 된다. 아무리 하찮은 내용이라도 아이가 질문하면 최대한 밝은 표정을 지으면서 긍정적으로 받아들여 주자. "그렇게 좋은 질문을 하다니 엄마는 정말 놀라운걸?", "우아, 그런 게 궁금하구나. 엄마는 미처 생각하지 못했는데……. 그런데 왜 그런지 엄마도 궁금하네" 등과 같은 말은 아이로 하여금 질문은 즐겁고 계속하고 싶은 것이라는 생각을 들게 하고 결국에는 질문을 사랑하게 만들 것이다.

내가 모르는 내용을 질문한다면 어떻게 해야 할까? 곧바로 대답해줄 수가 없어 부모로서 체면이 말이 아닌데 어떻게 해야 할까? 이럴 때는 도저히 웃어줄 수가 없는데 어떻게 해야 할까? 모든 질문에 대답을 해야 한다는 강박 관념을 버리자. 아이의 질문에 부모가 하나하나 모두 대답을 해야 하는 것은 아니다. 한 사람이 세상에 대한 모든 지식을 갖고 있을 수는 없다. 그러므로 부모이기 때문에 모두 알아야 한다고 생각하지 말자. 창피하다는 생각도 버리자. 아이가 질문을 했는데 모른다면 당황하지 말고 "글쎄, 엄마는 잘 모르겠는데, 너는 왜 그렇게 생각해?"라고 대답하면 된다. 그리고 나서 아이와 함께 왜 그런지 하브루타를 하면서 탐구해 보자.

답을 말하지 않아야 할 때는 답을 모를 때뿐만이 아니다. 답을 알 때도 답을 말해 주는 것은 좋지 않다. 답을 말해주는 것은 앞서 언급했던 정답 교육이다. 그 순간 아이가 정답을 하나 배울 수 있을지는 모르겠지만 좋지 않은 공부 습관을 하나 얻고 창의력이 줄어들

것이다. 하브루타는 답을 말해주는 교육이 아니다. 하브루타는 아이에게 스스로 생각하는 힘을 키워주는 교육이다. 답을 말해준 후 뿌듯함을 느껴본 적이 있다면 특히 주의해야 한다. 부모의 자존감이 낮은 경우 아이에게 답을 알려줌으로써 자신이 얼마나 똑똑한지 보여주려는 경향이 있다. 자신의 낮은 자존감을 약간 보상받을 수 있을지언정 아이에게는 좋은 교육 방법이 아니다.

답을 잘 알고 있는 내용을 아이가 묻더라도 우선 말하지 말고 "너는 어떻게 생각해?"라고 먼저 물어보자. 그러면 아이가 자신의 생각을 내놓을 것이다. 아이의 생각이 훌륭하든 그렇지 않든 중요하지 않다. 아이가 자신의 생각을 꺼내는 과정이 중요하다. 그것만으로도 아이의 생각하는 힘은 커진다. 부모는 아이가 꺼내놓은 생각을 발판 삼아 계속해서 질문을 하면 된다. 아이의 말이 설득력이 있으면 있는 대로 설득력이 없으면 없는 대로 아이가 궁금해하는 내용으로 접근해나간다. 아이의 생각이 설득력이 있다면 유사한 경우를 들거나 보충 설명을 요구하면서 아이의 생각을 발전시키고, 설득력이 없다면 반대의 사례나 아이의 생각으로는 입증이 불가능한 경우를 제시해서 다시 생각하게 한다. 이러한 과정을 통해 점점 생각을 발전시켜나가는 것이다.

초등 1학년 정도의 아이라면 보통 하루에 수십 개에 달하는 질문을 한다. 아이의 질문마다 하브루타를 하려면 하룻밤을 꼬박 새도 시간이 모자를 것이다. 또한 아이가 질문을 할 때마다 부모가 매번 하브루타를 하자고 하면 아이 입장에서도 힘들 수 있다. 그래서 모든 질문에 하브루타를 하기보다는 적절히 선택하는 편이 좋다. 아이가 특별히 관심을 보이거나 평소에 지속적으로 관심을 보인 질문을 중심으로 선택한다. 그러고 나서 부모가 질문을 통해 아이의 생각을 이끌어줄 수 있는 주제를 정하면 된다. 시간이 허락한다면 하브루타를 하고 시간이 허락하지 않는다면 간단하게 일상적인 답만 말해도 괜찮다. 다만 이러한 경우에도 곧바로 답만 이야기하기보다는 까닭과 주변 상황을 보태 구체적으로 설명하는 편이 보다 바람직하다.

언제까지나 부모가 모든 것에 대답해줄 수는 없으므로 스스로 답을 찾아보도록 하는 방법도 좋다. 하브루타를 한 다음에 "그러면 우리가 생각한 게 정말 맞는지 살펴볼까?"라고 하면서 정보를 함께 찾아본다. 간단하게 인터넷을 통해 정보를 찾아볼 수도 있고 주말에 도서관을 가보는 것도 좋은 방법이다. 도서관에 가서 책을 살펴보는 활동은 아이에게 커다란 공부 자산이 된다. 하지만 하브루타를 하지 않고 곧바로 정보부터 찾아보는 경우는 되도록 피해야 한다. 쉽게 답을 찾아서 알려주면 아이가 스스로 생각을 하려고 하지 않기 때문이다. 중요한 것은 답이 아니라 답을 찾아가는 과정이라 한다.

사실 질문을 먼저 한다

'팩트Fact'라는 말이 널리 유행처럼 사용되고 있다. '팩트 폭력'이라는 말도 있고, TV 뉴스에서 '팩트 체크'라는 코너도 운영하고 있다. '팩트'는 주관적이거나 개인적인 견해 혹은 실제 사실과 다른 거짓이 아닌 누가 봐도 똑같은 객관적인 것으로서 참인 사실을 뜻한다. 최근 들어 팩트가 주목받고 있는 이유는 우리 사회가 정보 사회이기 때문이다. 예전에는 사람과 사람이 제한된 양의 정보를 직접 주고받았기에 상대적으로 정보에 대한 신뢰도가 높았다. 반면 최근에는 인터넷을 통해 엄청난 양의 정보가 익명으로 유통되면서 가짜 정보가 크게 늘어났다. 이러한 변화로 인해 정보의 사실성, 즉 팩트가 중요해졌다.

집을 지을 때 가장 중요한 것은 집터이다. 집터를 평평하게 잘 다져야 그 위에 어떤 집을 짓더라도 무너지지 않을 수 있다. 아무리 건물이 휘황찬란하더라도 집터를 제대로 다지지 않았다면 집은 작은 충격에도 무너질 수 있다. 식물에게도 가장 중요한 것은 뿌리이다. 아무리 잎이 화려하고 줄기가 튼튼해도 뿌리가 썩으면 살아남을 수 없다. 뿌리가 없다면 서 있을 수도, 영양분을 흡수할 수도 없기 때문이다. 하브루타를 할 때 집의 집터, 식물의 뿌리와 같은 것이 바로 팩트, 즉 사실이다. 하브루타를 할 때는 가장 먼저 사실 여부를 확인해야 한다. 사실에 대한 이해가 충실하지 않으면 하브루타는 제대로 진행되지 않는다. 하브루타는 학습자의 생각, 의견, 견해를 나누는 학습 방법이다. 올바른 생각은 오직 올바른 사실에 기초했을 때만 나올 수 있다. 거짓에 기초한 생각과 의견은 어떤 경우에도 옳지 않다. 사실만이 생각과 의견의 기반이 되기 때문이다. 물론 하브루타는 생각에 관한 것이지만 그전에 사실에 대해 확인하고 동의하는 절

차를 거치지 않으면 제대로 이뤄질 수가 없다.

처음으로 하브루타를 하다 보면 이러한 점을 간과하기 쉽다. 사실을 제대로 확인하지 않은 채 생각을 이야기하는 것이다. 왜냐하면 사람들은 대개 자신이 알고 있는 것을 사실이라고 믿으며 크게 의심하지 않기 때문이다. 특히 아이와 함께 하브루타를 하면 더욱 그렇게 할 확률이 높은데, 내용이 쉬워서 그렇다. 어른이 보기에는 주제와 관련된 사실이 너무 간단하고 뻔해서 굳이 논의를 거쳐야 한다고 생각하지 않는다. 하지만 현실은 그렇지 않다. 초등학교 교실을 살펴보면 사실을 제대로 파악하는 아이들이 그다지 많지 않다. 고학년이라도 글을 읽은 후 내용을 제대로 파악하는 아이가 한 반의 절반 정도에 불과하다. 나머지 절반은 글을 읽고도 자신이 무슨 내용을 읽었는지조차 모른다. 이러한 아이들은 대부분 지엽적이고 순간적인 이미지에 사로잡혀 있다. 예를 들어 '흥부 놀부' 이야기를 읽은 다음에 흥부가 부자가 되는 장면이나 도깨비들이 놀부를 똥통에 빠뜨리는 장면 등 자극적인 장면에 생각이 갇히는 것이다. 이야기를 읽기만 할 뿐 전체적으로 파악하지 못한 채 가장 강렬한 장면에만 생각이 머무는 것이다. 고학년도 상황이 이러한데 저학년으로 가면 문제는 더 심각하다. 떠듬떠듬 글조차 제대로 읽지 못하는 아이들이 무척 많을뿐더러 읽은 후에도 '검은색은 글씨요, 흰색은 종이다'의 수준으로 교실에 앉아 있는 아이들이 부지기수이다. 내용도 파악하지 못한 아이들과 하브루타를 한다는 것 자체가 어불성설이다. 도대체 어떻게 하면 아이들이 사실 여부를 파악할 수 있을까?

이것 또한 질문이 할 일이다. 사실을 확인하는 질문을 사실 질문이라고 한다. 책을 읽고 하브루타를 할 때 사실 질문을 하는 가장 쉬운 방법은 번갈아가며 문제를 내는 것이다. 함께 책을 읽은 후 부모가 먼저 사실 질문을 문제로 낸다. 이때 문제를 내는 부모만 책을 보고 아이는 책을 볼 수 없도록 해야 한다. 부모는 책을 살펴보며 문제를 내는데, 책 속에 정답이 정확하게 나와 있는 내용으로 한다. 아이는 책을 보지 않고 정답을 맞힌다. 다음은 칼데콧상 Caldecott Medal 을 받은 미국의 동화 작가 모리스 샌닥 Maurice Sendak 의 『괴물들이 사는 나라 Where the wild things are』를 읽고 낸 문제이다.

엄마 엄마가 먼저 문제를 낼게. 주인공의 이름은 무엇일까?
아이 맥스요.

한두 문제를 내서 아이가 익숙해지면 역할을 바꿔 아이가 문제를 내고 부모가 맞힌다. 서로 문제를 내면 퀴즈 게임을 하는 느낌이 들어 재미있다. 하지만 부모가 계속 문제를 내면 아이는 흥미를 잃게 된다. 그리고 시험을 보는 느낌을 받을 수도 있다.

아이 맥스의 방에서는 어떤 일이 일어났을까요?
엄마 나무와 풀이 자라나기 시작했어.

사실 질문을 하다가 모르는 내용이 나와도 틀렸다고 하지 않는다. 맞거나 틀렸다고 하는 대신 기억하지 못했다고 말한다. 민감한 아이들은 틀렸다는 말을 굉장히 싫어하기 때문이다. 반면 기억하지 못했다고 하면 덜 민감하게 받아들인다. 아이가 모르는 내용이 있더라도 정답을 알려주지 않는다. 책을 펼쳐서 스스로 찾아볼 수 있도록 한다. 맞고 틀리고 혹은 기억하고 기억하지 못하고가 중요한 것이 아니라 글을 읽고 내용을 파악하며 파악하지 못했을 때 찾아보는 태도가 중요하다.

엄마 맥스는 어떤 장난을 쳤을까?
아이 벽에 못을 박았어요.
엄마 또?
아이 음… 음…
엄마 잘 기억이 안 나? 그러면 다시 책을 펼쳐볼까?
아이 (책을 펼쳐서 살펴보다가) 아, 알았다! 강아지를 괴롭혔어요.
엄마 그래. 포크를 들고 강아지를 괴롭히고 있어.

부모는 아이와 함께 책을 읽어야 한다. 귀찮거나 시간이 없다는 이유로 제대로 책을 읽지 않고 문제만 낸다면 좋은 질문을 하기가 어렵다. 내용을 파악하지 못한 상태에서의 질문은 단편적이고 재미가 없다. 그리고 책을 같이 읽지 않은 채 내는 질문은 시험으로 변질되기 쉽다. 마지막으로 아이와 감정의 교류가 일어나지 않는다. 같은 책을 읽고 공감하며 대화를 할 때 부모와 아이 사이에는 정말 중요한 감정의 교류가 일어난다. 부모와 함께 시간을 보내면서 같은 책을 읽고 마음을 나누는 경험은 아이의 인생에 매우 소중한 선물이 될 것이다.

확장 질문으로 생각을 자극한다

하브루타는 사실을 확인하는 공부가 아니라 생각을 나누는 공부이다. 그렇기 때문에 사실만을 확인하면 하브루타가 아니다. 사실은 생각을 보다 잘 나누기 위한 기초일 뿐이다. 사실이 집터라면 생각은 집이다. 좋은 집을 짓기 위해 집터를 열심히 다지지만 목적은 집터가 아니다. 집터는 결국 집을 짓는 것이 목적이다. 기존의 공부에서 가장 간과하는 부분이기도 하다. 집을 짓기 위해 집터를 다지는데 집터만 다질 뿐 집을 짓지는 않는다. 부모가 아이와 하브루타를 하면서 사실 질문으로 정확한 내용을 확인했다면 그다음으로 해야 할 일은 아이의 생각을 꺼내는 것이다. 확인한 사실을 바탕으로 아이의 고유한 생각을 끄집어내야 한다. 하브루타의 재미는 바로 이 지점, 자유로운 생각과 상상에서 나온다. 아이는 능동적으로 생각하고 자유롭게 상상하면서 공부의 순수한 즐거움을 느끼게 된다. 사실을 확인하는 질문은 사실 질문이고 아이의 생각을 꺼내는 질문은 확장 질문이다. 생각을 확장하는 질문이라는 뜻이다. 확장 질문은 사실 질문으로 내용 파악을 끝낸 후 책을 보면서 한다. 사실 질문은 내용을 파악하기 위한 질문이므로 질문을 하는 사람만 책을 보지만 확장 질문은 책에 답이 없기 때문에 답을 하는 사람도 책을 볼 수 있다. 볼 수 있는 것이 아니라 사실 책을 보면서 하는 편이 더 좋다. 생각은 사실에 근거해야 하므로 아이가 책을 살펴본다면 자신의 생각을 조금 더 정돈할 수 있기 때문이다. ==확장 질문은 반드시 책에 답이 나오지 않으며 정해져 있지 않은 내용을 다뤄야 한다.== 책에 나오거나 책에 나오지는 않더라도 일반적으로 잘 알려진 내용을 묻는다면 이것은 확장 질문이 아니다. 아이의 생각을 펼쳐낼 수 없기 때문이다. 앞서 살펴본 『괴물들이 사는 나라』를 읽고 다음과 같이 확장 질문을 하면서 대화할 수 있다.

엄마 왜 맥스의 방에서 나무와 풀이 자꾸자꾸 자라났을까?
아이 맥스가 밖으로 나가고 싶어서 그런 것 같아요.
엄마 맥스는 1년 동안이나 배를 타고 항해했는데 무엇을 먹고 살았을까?
아이 낚시를 했을 것 같아요.

확장 질문을 하면서 생각을 주고받을 때는 단답형으로 대화가 끝나지 않도록 주의한다. 부모가 질문을 하면 아이는 대개 단답형으로 짧게 대답하는데, 이때 적절한 질문을 던져 아이가 자신의 생각을 구체화하도록 도와야 한다. 가장 대표적인 질문이 "왜 그렇게 생각해?"이다.

엄마 왜 맥스의 방에서 나무와 풀이 자꾸자꾸 자라났을까?

아이 맥스가 밖으로 나가고 싶어서 그런 것 같아요.

엄마 왜 그렇게 생각해?

아이 맥스는 장난꾸러기잖아요. 집 안에 갇혀서 분명 답답했을 거예요. 그러니까 밖으로 나가고 싶었겠죠.

엄마 맥스는 1년 동안이나 배를 타고 항해했는데 무엇을 먹고 살았을까?

아이 낚시를 했을 것 같아요.

엄마 왜 그렇게 생각해?

아이 바다잖아요. 배를 타고 가는데 농사를 지을 수도 없고 낚시를 하지 않으면 먹을 수 있는 게 없었을 거예요.

엄마 무엇으로 낚시를 했을까?

초등 1학년 아이에게 적합한 또 다른 확장 질문은 "너라면?"이다. 이 질문은 아이가 이야기의 상황에 자신을 대입해 생각하도록 한다. 아이는 이 질문을 통해 다양한 상황에 자신을 대입시키면서 간접 경험을 할 수 있다.

엄마 너라면 방에 갇혔을 때 어디로 가고 싶어?

아이 놀이터로 가고 싶어요.

엄마 놀이터에 가서 뭘 하고 싶어?

아이 그네를 타고 싶어요.

확장 질문을 할 때는 아이의 생각을 있는 그대로 인정해주고 들어주는 것이 중요하다. 아이의 생각이 부족하고 어설퍼 보여도 우선은 받아줘야 한다. 부모들이 흔히 하는 실수가 자신의 생각을 강요하는 것인데, 이것은 하브루타를 싫어하게 만드는 가장 큰 요인이므로 주의해야 한다. 부모가 자신의 생각을 말하는 것은 좋지만 그 생각을 아이가 무조건 받아들여야 한다고 강하게 밀어붙여서는 안 된다. 아이가 부모의 생각을 받아들일지 그렇지 않을지는 부모의 목소리 세기나 강요에 의해서가 아니라 말의 설득력에 의해서여야만 한다. 부모의 말이 이해 가능하고 논리적이며 정서적으로 어긋나지 않는다면 아이는 굳이 강요하지 않아도 부모의 생각을 받아들일 것이다. 그렇지 않다면 그냥 둬도 괜찮다. 교육은 길게 봐야 하며 오늘만 날이 아니기 때문이다.

정답 강요와 암기가 아닌 질문하고 생각을 확장하는 살아 있는 공부 하브루타는 초등 1학년 아이의 공부 역량을 키우는 데 효과 만점이다. 아이는 존중받는 느낌을 통해 자기효능감을 키우고 부모와 동등한 입장에서 이뤄지는 공부에 재미를 느낀다. 그뿐만 아니라 질문과 대화를 통해 깊고 느리게 공부하는 방법을 배우며 집중해서 다양하게 생각하는 힘까지 기를 수 있다.

HAVRUTA

03

생각으로 완성하라

명령을 듣고 자란 아이는 명령을 듣는 어른이 된다

요즘 아이가 너무 말을 안 듣는다. 내가 다 생각하고 준비했는데 꼭 자기 마음대로만 하려고 한다. 오늘도 화를 참지 못하고 결국 소리를 질렀다.

"네가 뭘 알아? 엄마가 시키는 대로 하라고 했지? 네가 뭘 안다고 자꾸 네 마음대로 하려고 해? 엄마가 어른이잖아. 뭐가 좋은지 알려주고 너는 시키는 대로만 하면 되는데 그게 그렇게 힘들어? 도대체 왜 그래?"

딸아이는 결국 눈물을 한바탕 쏟고 말았다. 당연히 내 마음도 좋지 않다. 어제도 아이를 혼내서 한바탕 눈물을 쏟았는데 오늘 또 혼냈기 때문이다. 어제도 혼날 만하기는 했다. 왜인지 우리 아이는 친구들 사이에서 항상 끌려다니는 느낌이다. 어제 학교에서 연극 역할을 정했는데 자기가 원하지도 않는 배역을 친구들이 시켜서 그냥 하기로 했다는 것이다. 속상하다며 우는 아이를 보고 나도 모르게 화가 나서 "넌 왜 아무 생각이 없니? 네 생각을 말해야지. 왜 바보처럼 끌려다니기만 하니?"라고 소리를 지르고 말았다. 내 말에 아이는 더욱 서럽게 울었다. 우는 모습을 보니 안쓰럽기는 했지만 저렇게 아무 생각도 없이 앞으로 어떻게 계속 학교를 다닐지 걱정이 이만저만이 아니다.

아이를 키우다 보면 누구나 한 번쯤 겪는 일상적인 일이다. 그런데 사실 두 이야기는 전혀 어울리지 않는 한 쌍이다. 앞의 이야기에서 엄마는 아이가 자신이 시키는 대로 하기를 바라고 있다. 그런가 하면 뒤의 이야기에서는 아이가 다른 사람의 눈치를 보지 않고 자신의 생각을 당당히 말하기를 바라고 있다. 얼핏 보면 이상한 점이 없지만 사실 매우 상반된 요구이다. 앞의 요구는 스스로 생각하지 말고 시키는 대로 하라는 것이고, 뒤의 요구는 시키는 대로 하지 말고 스스로 생각하라는 것이기 때문이다. 일종의 이중 잣대이다.

대부분의 부모는 아이가 자신의 말을 잘 따르기를 원한다. 말을 잘 듣는 아이를 칭찬하고 말을 듣지 않으면 혼낸다. 부모 말대로 해야 착한 아이라며 복종을 강요한다. 하지만 부모는 복종을 강요했다는 사실을 인정하지 않는다. 그렇게 아이를 키워놓고는 아이가 스스로 결정하지 못하고 앞으로 나서지 못하면 너무 소심하고 연약하다며 걱정을 한다. 아이가 스스로 생각하고 행동하며 자신의 삶을 주도하는 사람이 되기를 바란다. 아이가 두 조건을 모두 만족시켜주면 물론 좋겠지만 그럴 수는 없다. 두 조건은 모두 스스로 행동하려는 태도와 관련되어 있기 때문이다. 부모가 시키는 대로만 잘 따르기를 바라는 것은 아이가 주도적으로 무언가를 하지 말라는 뜻이다. 반면 다른 사람 앞에서 하고 싶은 말을 하고 친구들을 이끌라는 것은 주도적으로 행동하라는 뜻이다. 어떨 때는 주도적으로 하지 말고 시키는 대로 하라고 했다가 다른 때는 주도적으로 하라고 요구하는 것이다. 안에서는 부모의 말을 잘 듣고 밖에서는 다른 사람들을 이끌면 정말 좋겠지만 이것은 불가능하다. 아이는 버튼 하나로 바꿀 수 있는 로봇이 아니다. 아이는 자신의 생각 없이 시키는 대로 하는 주도성이 없는 사람이 되거나 자신의 생각을 갖고 말할 수 있는 주도성이 있는 사람이 되거나 둘 중 하나이다.

시키는 대로 아이가 잘 따르면 부모는 편하다. 밥을 먹으라면 먹고 잠을 자라면 자고 공부를 하라면 공부하고 얼마나 좋을까? 원래 명령을 하면 편한 법이다. 하지만 명령은 문제를 일으킨다. 명령은 듣는 사람을 의존적으로 만든다. 특히 아이에게 내리는 잦은 명령은 더욱 그렇다. 부모가 자주 명령을 하고 아이가 여기에 익숙해지면 아이는 스스로 생각하는 힘을 잃어버린다. 사람은 항시 생각한다. 무엇을 먹을지, 무엇을 입을지, 무슨 말을 할지, 누구를 만날지 등 생각에는 끝이 없다. 성숙한 사람은 그렇지 않은 사람보다 상대적으로 더 많은 생각을 더 깊게 한다. 미성숙한 사람은 아무 말이나 입에서 튀어나오는 대로 떠들지만 성숙한 사람은 어떤 말이 적합하고 어떤 말이 적합하지 않은지 고민해서 한다. 성숙한 사람과 성숙하지 않은 사람은 결국 생각의 질 차이로 결정된다. 부모가 자주 명령을 내리면 아이는 생각할 기회를 잃게 된다. 부모가 판단해주고 부모가 결정해주고 부모가 명령을 내려주니 아이는 아무것도 할 필요가 없다. 그냥 시키는 대로만 하면 된다. 편하지만 생각할 기회를 갖지 못하면 생각하는 힘을 키울 수가 없다. 무엇을 먹고 무엇을 입으며 무슨 말을 할지 고민해본 사람만이 무엇을 먹고 무엇을 입으며 무슨 말을 할지 스스로 결정할 수 있다. 부모가 모든 것을 결정하고 명령을 내린 아이는 부모가 없으면 아무것도 결정할 수 없다. 아이는 지금 미숙하고 실수투성이지만 미래에는 분명 어른이 된다. 어른이 되면 결국 스스로 생각하고 행동해야 한다. 언제까지나 부모의 말을 듣고 시키는 대로만 살 수는 없다.

많은 사람들이 나이가 들면 저절로 다 해결되니 걱정하지 않아도 된다는 말을 위안으로 삼는다. 반은 진실이고 반은 거짓이다. 나이가 들면 분명히 좋아지지만 충분하지는 않다. 나이가 들면서 저절로 좋아지는 정도로는 충분히 좋은 사고력을 기를 수 없다. 큰 문제를 일으키지 않을 정도로만 좋아질 뿐이다. 흐르는 시간으로 다 해결이 된다면 왜 교육이 필요할까? 높은 수준의 판단력은 부모가 능동적으로 길러줘야 한다. ==어릴 때부터 스스로 생각해본 경험이 많은 아이는 클수록 더 좋은 판단을 할 수 있다.== 반면 ==성장 과정에서 주로 부모의 명령을 듣고 자라 스스로 생각해본 경험이 결여된 아이는 커==

서도 다른 사람이 판단해주기를 바란다. 어떻게 해야 할지 누군가 알려주지 않으면 불안해한다. 어른들 중에서도 결정 장애, 우유부단, 자신의 결정에 확신이 없고 불안을 많이 느끼는 사람들은 어릴 때부터 부모가 계속 모든 것을 대신해줘서 그런 것이다. 아이를 그렇게 키우고 싶지 않다면 더 이상 명령하지 말고 지금 당장 다음과 같이 질문해야 한다.

- 너는 어떻게 생각해?
- 왜 그렇게 생각해?

교육의 목적은 생각에 있다

어떤 일을 하든지 가장 중요한 것은 목적이다. 목적지가 명확한 상태에서 운전을 해야 원하는 곳에 도착할 수 있고 목적이 명확할 때 더 정확하게 말할 수 있다. 목적지가 명확하지 않으면 원하지 않는 곳에 도착하게 되고 목적이 명확하지 않은 상태에서 말을 하면 원하지 않는 말을 하게 된다. 그렇다면 이제 초등학교를 다니기 시작한 아이를 교육하는 목적은 무엇일까? 많은 사람들이 좋은 대학, 좋은 직장, 윤택한 삶을 말하지만 이것은 교육을 통해 얻게 되는 부수적인 결과물이지 목적은 아니다. 그렇다면 좋은 대학, 좋은 직장, 윤택한 삶을 부수적으로 얻게 되는 교육의 진짜 목적은 무엇일까?

유대인들은 어떤 목적을 갖고 교육했기에 세계적으로 부와 명성을 얻고 성공했을까?

많은 부모들이 아이의 성적을 목적으로 삼고 교육시킨다. 시험에서 더 좋은 성적을 받기 위해 예상 문제를 확인하고 정답을 외우며 점수 따는 방법을 익힌다. 하지만 이러한 목적으로는 아무리 열심히 공부를 한다고 해도 밥벌이조차 쉽지 않다. 유대인들은 세계적인 기업을 세우고 놀라운 영화를 만들며 새로운 이론으로 세상을 변화시켰다. 전 세계를 그들의 뜻대로 움직이고 있다. 어떻게 해서 이러한 일이 가능할까? 그들은 우리보다 정답을 더 잘 외우고 시험에서 더 좋은 점수를 받았을까? 과연 이와 같은 능력이 세계적인 기업을 세우고 놀라운 영화를 만들고 세상을 바꾸는 새로운 이론을 내놓는 데 도움이 될까?

유대인들이 우리보다 훨씬 큰 성공을 거둔 이유는 정답을 더 많이 알고 시험에서 더 좋은 점수를 받아서가 아니라 하브루타를 통해 생각하는 방법을 깨우쳤기 때문이다. 한국식 공부는 지식을 외우는 방식이다. '토끼와 거북이' 이야기를 통해 우리 아이들은 토끼는 게으르고 거북이는 부지런하기 때문에 거북이처럼 행동해야 한다고 배운다. '피노키오' 이야기를 읽은 후에는 거짓말을 하면 피노키오처럼 코가 길어지니 거짓말을 하면 안 된다는 사실을 배운다. 그러나 유대인들은 하브루타를 통해 지식을 가르치지 않고 아이들이 생각할 수 있게 한다. '토끼와 거북이' 이야기를 읽고 거북이처럼 부지런해야 한다고 어른이 바라는 정답을 주입하지 않는다. 대신에 질문으로 생각하게 한다.

"토끼와 거북이 중에 누구의 행동이 더 바람직한 것 같아?"
"토끼처럼 게으름을 피운 적은 없었어?"
"학교에 다녀와서 어떻게 해야 거북이처럼 부지런하게 행동하는 것일까?"

이러한 질문을 통해 자신이 토끼처럼 게을렀던 때를 떠올리고 거북이처럼 부지런히 행동해야겠다는 다짐을 하며 그러기 위해서는 무엇을 해야 할지 생각하게 한다.

질문을 통해 생각하는 공부 하브루타는 아이의 뇌를 성장시킨다. 뇌는 근육과 같다. 운동을 꾸준히 하면 근육이 점점 강해지듯이 생각을 꾸준히 하면 뇌도 점점 성장한다. 운동을 계속하면 반사 신경이 빨라지듯이 생각을 계속하면 뇌의 일 처리 속도가 빨라진다. 뇌를 컴퓨터에 비유하면 뇌가 성장한다는 것은 아이가 점점 더 성능이 좋은 컴퓨터를 갖게 된다는 의미이다. 초기의 컴퓨터는 현재의 계산기처럼 간단한 연산 정도만 할 수 있는 기계였다. 그러다가 시간이 흐르면서 점차 발전해 지금은 매우 빠른 속도로 수많은 업무를 동시에 처리할 수 있게 되었다. 아이 역시 처음에는 간단한 계산조차 힘들어하지만 뇌가 발달하면서 어렵고 복잡한 문제도 척척 해결할 수 있게 된다는 뜻이다. 결국 공부를 잘하려면 생각하는 힘을 길러줘야 한다. 생각하는 힘을 길러주려면 뇌를 발달시켜야 하고 뇌를

발달시키기 위해서는 생각하는 경험을 많이 제공해야 한다.

매우 단순하고 명확한 논리임에도 불구하고 대부분의 부모들은 이러한 사실을 간과한다. 어릴 때는 생각하는 것보다 외우는 것이 더 빠르기 때문이다. 6×9가 얼마인지 배운다면 6×9가 얼마인지 생각하는 것보다는 6×9=54라고 외우는 것이 더 빠르다. 그래서 많은 부모와 교사들이 아이에게 6×9가 얼마인지 생각하게 하지 않고 6×9=54라고 외우도록 시킨다. 그래서 대부분의 아이들이 구구단을 단순히 외운다. 하지만 문제는 그다음부터이다. 이렇게 구구단을 외우면 생각하는 힘이 커지지 않는다. 초등 고학년, 중학생, 고등학생이 되면서 점점 공부 내용이 어려워지는데, 스스로 생각할 줄 모르니 문제 풀이가 점점 힘들어진다. 단순히 공식을 외워서 문제를 푸는 정도로는 절대 상위권이 될 수 없으며, 상위권이 되려면 당연히 스스로 생각할 줄 알아야 한다. 6×9=54를 외우며 암기가 공부라고 생각한 아이는 스스로 생각할 줄 모르기 때문에 클수록 공부를 따라가기가 힘들어지고 끝내는 포기하게 된다. 초등 1,2학년 때 공부를 잘하던 아이가 초등 4,5학년 때부터 성적이 떨어지고 중학생이 되면서 석차가 중위권으로 떨어지는 이유는 암기만 해서 생각할 줄 모르기 때문이다.

처음으로 돌아가서 질문에 답해보자. 교육의 목적은 무엇인가? 교육의 목적은 아이들이 생각하는 힘을 키우는 것이다. 좋은 성적, 좋은 직장, 윤택한 삶은 사고력을 키워 자신의 분야에서 최대한의 능력을 발휘하는 사람만이 얻게 되는 결과물이다. 특히 어린 시절의 공부는 오늘의 지식 하나를 외우는 데 목적을 두면 안 된다. 그러면 나중에 분명히 뒤처지게 된다. 공부는 생각하는 힘을 키우는 것이다. 답이 무엇인지보다는 어떻게 해서 답이 되는지, 실제로는 답이 어떻게 적용되는지, 다른 방법으로 답을 찾을 수 있는지 등을 살펴보고 생각해야 한다.

하브루타는 사람과 사람이 만나 질문하고 대화하는 공부 방법이다. 왜 질문하고 대화할까? 생각하기 위해서이다. 혼자 책상에 앉아 책을 보며 답을 외우는 대신에 사람을 보며 질문하고 대화하며 생각하라는 것이다. 그냥 생각하라고 하면 생각하지 않으니까, 무엇에 대해 생각해야 할지 모르니까 질문하라는 것이다. 혼자 하기보다는 함께했을 때 더 좋은 생각을 할 수 있으니까 서로 대화하라는 것이다. 질문과 대화는 생각을 나르는 수단이다. 정답만 배우면 당장은 빠르지만 이러한 공부 방법은 소화시키지 못할 음식물을 억지로 삼키는 것에 불과하다. 억지로 삼킨 음식물은 소화 불량을 일으킬 뿐이다. 절대로 잊지 말아야 한다. 교육의 목적은 결국 생각할 줄 아는 사람을 키우는 것이다. 처음으로 진정한 공부를 마주하는 초등 1학년 때부터 생각하는 공부를 시작한다면 아이를 보다 수월하게 생각하는 사람으로 키울 수 있을 것이다.

생각하는 부모가 생각하는 아이를 키운다

　교육의 목적은 생각이다. 교육은 결국 스스로 생각하는 아이를 키우기 위한 활동이다. 그런데 우리 아이들은 지금 어떠한가? 대다수의 아이들이 스스로 생각할 줄 모른다. 스스로 생각하기는커녕 시키는 일 하나도 제대로 하지 못한다. 그래서 많은 사람들이 아이들에게 스스로 생각하는 공부를 시키기는 무리라고 판단한다. 언뜻 들으면 맞는 말인 것 같다. 생각할 줄 모르는데 어떻게 생각하는 공부를 시킬 수 있을까? 그럴 듯하지만 완전히 틀린 말이다. 수영을 할 줄 모르면 수영을 배울 수 없는 것일까? 원래 수영을 잘한다면 굳이 수영을 왜 배울까? 수영을 못하니 수영을 배우는 것이고 수영을 배워야 수영을 잘할 수 있게 되는 것이다. 생각을 못하니 생각하는 공부를 할 수 없는 것이 아니고 생각을 못하니 생각하는 공부를 해야 하는 것이며 생각하는 공부를 해야만 생각할 줄 알게 되는 것이다. 스스로 생각할 줄 모를수록 더더욱 스스로 생각하는 공부를 해야 한다. 아이가 스스로 생각할 수 있도록 하려면 어떻게 해야 할까? 아이가 말을 배우는 과정을 떠올려보자. 세상에 처음 태어난 아이는 말을 할 줄 모른다. 아이가 말을 할 줄 모르고 알아듣지 못한다고 해서 부모가 말을 하지 않고 계속 몸짓만 한다면 아이는 영원히 말을 배우지 못할 것이다. 말을 알아듣지 못해도 옆에서 계속 말을 시키고 따라 하게 하니까 말을 시작하고 결국 자연스럽게 말을 할 수 있게 되는 것이다. 말을 하는 기능은 유전자와는 무관하다. 우리나라 부모 밑에서 태어나도 다른 나라로 입양이 되어 자라면 한국어는 한마디도 하지 못한다. 사람 사이에서 태어나도 늑대에게서 길러지면 늑대의 울음소리밖에 내지 못한다. 말은 아무런 노력 없이 얻게 되는 것이 아니라 말을 듣고 말을 하면서 조금씩 배워나가는 것이다. 아이는 주로 누구에게 말을 배울까? 바로 부모이다. 부모가 무슨 말을 어떻게 하는지를 보고 들으면서 배운다.

생각도 마찬가지이다. 생각하는 힘도 유전자와는 무관하다. 아이는 말하는 방법을 배울 때처럼 생각하는 방법 역시 부모를 관찰하며 배운다. 부모가 평소 어떤 방식으로 생각하고 행동하는지를 보면서 생각하는 방법과 행동하는 방법을 배운다. 그래서 부모가 생각이 깊으면 아이도 생각이 깊고 부모가 생각이 없으면 아이도 생각이 없다. 부모가 아무런 생각 없이 되는 대로 살면서 아이에게 생각 좀 하면서 살라고 말하는 것은 프랑스어를 들어본 적도 없는 아이에게 느닷없이 프랑스어로 말하라는 것과 마찬가지이다. 불가능한 일이다. 부모가 생각하는 방식은 부모가 사용하는 언어처럼 아이에게 그대로 교육된다. 의도적으로 가르치려고 하지 않아도 평소의 말과 행동을 통해 아이는 부모의 사고를 배우게 된다. 부모의 사고방식과 사고의 질이 아이에게 의도하지 않게 전달된다. ==높은 수준의 사고를 하는 부모 밑에서 자란 아이는 높은 수준의 사고를 하게 되고, 낮은 수준의 사고를 하는 부모 밑에서 자란 아이는 낮은 수준의 사고를 하게 된다.==

그렇다면 아이가 좋은 생각을 많이 할 수 있도록 하기 위해서 부모가 해야 할 일은 무엇일까? 아이에게 필요한 것은 공부를 많이 하라는 잔소리나 생각 좀 하고 살라는 훈계가 아니다. 어떻게 해야 생각을 할 수 있는지를 가르쳐줄 과외 선생님 역시 아니다. 생각하는 방법을 배워야 하는 아이에게 필요한 것은 깊이 생각하고 고민하는 부모의 모습이다. 그때그때 대충 임기응변으로 살아가는 부모가 아이에게 가르칠 수 있는 것은 그때그때 대충 임기응변으로 살아가는 것뿐이다. 이것은 가능성이 높은 정도가 아니라 단언컨대 그러하다. 아이가 깊이 생각하고 고민하며 행동하기를 원한다면 부모가 먼저 그러한 모습을 보여줘야 한다.

가정 교육의 첫걸음은 보여주기이다. 가정 교육의 중간걸음도 보여주기이다. 가정 교육의 마지막 걸음도 보여주기이다. 부모가 생각하는 모습을 보여주는 것만이 아이를 생각하도록 만들 수 있다. 일상생활 속에서 습관적으로 간단히 생각하는 모습을 보여주자. 예를 들어 귤을 먹을 때도 무작정 손에 집히는 대로 먹기보다는 몇 개씩 나눠 먹을 수 있는지 아이와 대화하면서 먹으면 생각하는 모습을 보여줄 수 있다.

엄마　귤이 몇 개 있지? 같이 세어볼까?

아이　1, 2, 3, 4, 5, 6, 7, 8, 9, 10. 10개요.

엄마　우리 가족이 똑같이 나눠 먹으려면 1명이 몇 개씩 먹을 수 있을까?

아이　잘 모르겠어요.

엄마 우리 가족은 몇 명이지?

아이 4명이요.

엄마 4명이 1개씩 먹으면 몇 개를 먹게 될까?

아이 4개요.

엄마 4명이 2개씩 먹으면?

아이 8개?

엄마 4명이 3개씩 먹을 수 있을까?

아이 아뇨. 모자라요.

엄마 2개씩 먹으면 몇 개가 남지?

아이 2개요.

엄마 2개를 어떻게 할 수 있을까?

아이 반으로 잘라서 똑같이 나눠 먹을 수 있어요.

엄마 그러면 1명당 몇 개를 먹게 되는 걸까?

아이 2개 반?

엄마 똑같이 나눠 먹는 방법 말고 다른 방법은 없을까?

아이 누군가가 안 먹으면 되지 않을까요?

엄마 엄마는 먹고 싶은데 채원이도 먹고 싶지?

아이 네.

엄마 그러면 각자 왜 먹어야 하는지 설명해볼까?

아이 좋아요.

엄마 엄마는 어른이잖아. 몸도 크고 배도 커. 그래서 엄마가 더 먹어야 한다고 생각해.

아이   저는 아직 어리잖아요. 앞으로 더 커야 하니까 더 먹어야 돼요. 엄마는 이미 다 컸잖아요.

오직 부모가 질문으로 아이의 생각을 이끌어내면서 생각하는 모습을 보여줄 때만 아이에게 생각하는 방법을 가르칠 수 있다. 가정 교육은 시작도 중간도 끝도 모두 아이가 앞으로 살기를 바라는 삶을 부모가 지금 살아가는 방법밖에 없다. 부모가 아이에게 할 수 있는 최선의 교육은 아이가 살기를 바라는 모습대로 자신이 살아가는 모습을 보여주고 아이가 그러한 환경에서 살도록 하는 것이다. 아이가 스스로 생각할 수 있도록 엄마와 아빠가 오늘부터 한 번 더 생각하고 고민하는 모습을 보여주자.

소리 내어 생각한다

부모가 항상 생각하는 모습을 보여주는 일 외에 아이의 생각을 키우는 방법에는 무엇이 더 있을까? 생각하는 방법을 가르친다는 것은 매우 어려운 일이다. 눈에 보이지 않기 때문이다. 수영을 가르치려면 수영하는 모습을 보여주면 되고 노래를 가르치려면 노래를 불러주면 되는데 생각은 보이지 않으니 어떻게 가르쳐야 할지 막막하다. 생각은 어떻게 가르칠 수 있을까?

생각하는 방법을 가르치는 효과적인 방법은 '소리 내어 생각하기'이다. 소리 내어 생각하기란 말 그대로 생각을 소리 내어 하는 것이다. 사람들은 대개 생각은 머릿속으로 하고 결론만 말한다. 외식하자는 아이의 말에 "안 돼. 오늘은 그냥 집에서 먹을 거야"라고 말하는 식이다. 집에서 먹을 것이라는 말에는 부모의 생각이 숨어 있다. 이번 달 생활비에 적자가 나서 당분간 외식을 자제해야 하기 때문일 수도 있고, 비가 오고 날씨가 좋지 않아 밖에 나가기가 어려워서일 수도 있다. 하지만 보통은 이러한 과정이 생략된다. 그러면 아이는 정확한 이유를 알 수가 없다.

학습을 할 때도 마찬가지이다. 아이가 7+8을 암산한다. 아이가 못하면 부모는 결론만 말한다. 7+8=15라고 말하면서 왜 모르냐고 타박하기 쉽다. 이왕이면 7+8을 구하는 과정에서 이뤄지는 생각을 생생하게 들려줘야 한다.

아이 엄마 7+8이 얼마예요?

엄마 엄마가 한번 생각해볼게. 먼저 7을 10으로 만들어야겠어. 그러면 3이 필요해. 8에서 3을 빌려와야겠다. 이제 7하고 3이 더해져 10이 되었어. 그리고 8에서 3을 가져왔으니까 5가 남아. 아까 10이 있었고 지금 5가 남았으니까 15네. 그래서 7+8은 15야.

엄마는 7+8을 계산하는 머릿속의 과정을 하나하나 말로써 들려주고 있다. 물론 잘했지만 조금 부족한 면이 있다. 모든 생각을 엄마

혼자 진행했기 때문이다. 중요한 지점에서 아이에게 질문을 던져 생각에 참여시키면 좋다.

아이 엄마 7+8이 얼마예요?
엄마 7+8이 얼마일까? 엄마와 함께 생각해보자. 먼저 7을 10으로 만들어야겠어. 그러면 얼마가 더 필요할까?
아이 3이요.
엄마 그러면 8에서 3을 빌려와야겠다. 그러면 7하고 3하고 더해서 10이 되었어. 그리고 8에서 3을 가져왔으니까 얼마가 남았지?
아이 5요.
엄마 아까 10이 있었고 5가 남았으니까 얼마일까?
아이 15요.

소리 내어 생각하기로 생각하는 방법을 알았다면 아이에게 기회를 넘긴다. 아이가 한번 해보도록 기회를 주지 않으면 아이는 곧 잊어버리게 된다. 다시 아이에게 질문하면 습관적으로 머릿속으로만 생각하려고 한다. 이때 말로써 생각을 하도록 이끌어준다.

엄마 그러면 이번에는 네가 해볼래? 9+3은?
아이 음…….
엄마 아까 엄마가 한 것처럼 말로 해볼래?

아이   9가 10이 되려면 1이 필요해요. 3에서 1을 빌려주면 2가 되고요. 그래서 10하고 2니까 12예요.

　　소리 내어 생각하기는 여러 가지 장점이 있다. 첫째, 수준 높게 생각하는 방법을 직접적으로 접할 수 있게 한다. 좋은 생각이 어떤 것인지, 어떤 방식으로 생각을 진행해야 하는지 몰랐던 아이는 소리 내어 생각하기를 통해 수준 높게 생각하는 방법을 배우게 된다.
　　둘째, 생각하는 습관을 길러준다. 의도적으로 생각하는 일은 사실 그리 쉽지 않다. 많은 사람들이 의도적으로 깊이 생각하기보다는 자동적으로 떠오르는 생각을 따라간다. 더 쉽기 때문이다. 하지만 소리 내어 생각하기를 자꾸 하다 보면 부모와 아이 모두 일단 멈춰서 생각하고 결정하며 행동하는 습관을 기를 수 있다.
　　셋째, 모방을 통해 연습할 기회를 제공한다. 어른이 생각한 이후에 아이에게 생각할 기회를 제공하면 아이는 어른의 방식을 흉내 내어 좋은 방법을 연습하게 된다. 아이는 부모의 생각을 들으면서 '아, 저런 것이 중요하구나', '이때는 이렇게 생각해야겠구나'처럼 흉내 내며 배우게 된다.
　　넷째, 아이가 잘못을 저지른 생각의 과정과 사고의 방식을 구체적으로 파악할 수 있다. 생각은 눈에 보이지 않기 때문에 아이가 잘못하더라도 파악하기가 쉽지 않다. 정답이 15인데 14라고 하면 결론적으로 틀렸다는 사실은 알 수 있지만 왜 그러한 결과가 나왔는지는 정확히 알 수 없다. 하지만 소리 내어 생각하기를 하면 알 수 있다. 그래서 결론적으로 "틀렸어"라고 말하는 대신에 왜 틀렸는지, 어떻게 고쳐야 하는지를 이야기하고 도와줄 수 있다.

초등 1학년 아이는 아직 생각하는 방법을 잘 모른다. 단지 머릿속에서 떠오르는 대로 행동하기 쉽다. 이때 부모가 소리 내어 생각하기로 어른이 생각하는 방법을 알려준다면 아이는 자신보다 더 깊이 생각할 줄 아는 어른의 방법을 보고 들으며 구체적으로 배울 수 있을 것이다.

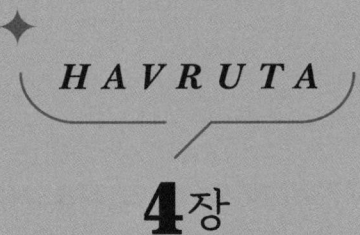

HAVRUTA

4장

초등 1학년 공부, 하브루타로 실천하라

하브루타는 실제 공부와는 거리가 멀고 단지 공부 역량을 키우는 데만 도움이 되는 것일까? 그렇지 않다. 하브루타로 공부하면 공부를 하면서 동시에 공부 역량을 성장시킬 수 있다. 하브루타로 국어, 수학 등 주요 교과를 공부할 수 있다. 하브루타로 놀이와 인성 교육도 할 수 있다. 물론 하브루타로 예습과 복습도 할 수 있다. 이제부터 일상생활의 구석구석을 하브루타로 채우자. 그러면 하브루타로 초등 1학년 우리 아이의 공부와 공부 역량 키우기를 모두 해결할 수 있을 것이다.

HAVRUTA

01

하브루타로 공부하는 초등 1학년 국어

 초등 1학년 때 배우는 교과는 국어, 수학, 통합으로 총 3과목이다. 그중에서 가장 중요한 것을 꼽자면 단연코 국어이다. 구체적으로는 듣기, 말하기, 읽기가 매우 중요하다. 초등 1학년 때부터 3가지 언어 능력의 바탕을 잘 마련해야 한다. 3가지 언어 능력이 아이 공부의 질을 직접적으로 결정하기 때문이다. 듣기, 말하기, 읽기가 잘 되는 아이는 수업을 잘 듣고 잘 배우며 잘 이해할 수 있지만, 듣기, 말하기, 읽기가 안 되는 아이는 수업을 잘 듣지 못하고 듣더라도 잘 배우지 못하며 잘 이해하지 못한다. 다른 사람의 말을 잘 듣고 이해할 수 있는 아이, 책을 읽고 내용을 잘 파악하는 아이가 지식을 잘 습득할 수 있고, 자신의 생각을 잘 말할 수 있는 아이가 지식을 정리해 자신의 것으로 만들 수 있기 때문이다. 많은 부모들이 국어를 단지 하나의 과목이라고 생각해 시험 점수만을 바라보는데, 이것은 매우 어리석은 행동이다. 초등학교 국어의 시험 점수가 말해주는 것은 거의 없다. 중요한 것은 점수가 아니라 실제로 듣기, 말하기, 읽기, 쓰기를 얼마나 잘하느냐이다.

듣기와 말하기

✦ 듣기와 말하기가 안 되는 아이들

듣기와 말하기는 학습에서 가장 중요하다. 사람은 누구나 다른 사람의 말을 듣고 자신의 생각을 말함으로써 배운다. 듣지 못하고 말하지 못하면 배울 수 없다. 물론 헬렌 켈러는 듣지 못했지만 듣기를 읽기로 보충하며 노력했기 때문에 위대한 사회 사업가가 될 수 있었다. 사람은 듣고 말하면서 배운다. 사실 듣기와 말하기는 배움의 가장 중요한 수단임에도 불구하고 초등 1학년 교실을 살펴보면 듣기와 말하기가 잘되지 않는 아이들이 무척 많다. 여기서 듣기와 말하기가 잘되지 않는다는 것은 신체적으로 문제가 있어 아예 듣거나 말하지 못한다는 뜻이 아니다. 듣지만 내용을 듣지 못하고 말하지만 내용을 말하지 못하는 것을 의미한다.

듣기는 영어에서 크게 2가지로 나뉜다. 하나는 '히어링 Hearing'이고 또 다른 하나는 '리스닝 Listening'이다. 히어링은 소리를, 리스닝은 의미를 듣는 것이다. 히어링은 물리적으로 들려오는 음파를 감지하는 행위이다. 지나가는 자동차 소리를 듣거나 평온한 들판에서 바람이 부는 소리를 듣는 것은 모두 히어링이다. 반면 리스닝은 소리에 담긴 의미를 파악하는 일이다. 오늘 어떤 사건이 있었는지 귀를 기울여 뉴스를 듣는 것, 우리 아이가 왜 우는지 이야기를 들어보는 것은 모두 리스닝이다. 우리말로 히어링은 소리 듣기이고 리스닝은 의미 듣기이다.

말하기도 마찬가지이다. 말하기도 소리 말하기와 의미 말하기로 나눌 수 있다. 의미가 거의 없거나 있어도 전달되지 않는 말하기는 소리 말하기이다. 반대로 상대방에게 정확하게 자신의 의도를 전달하는 말하기는 의미 말하기이다. 갓난아기의 울음은 소리를 내는 것이지만 의미 말하기로 볼 수 있다. 왜 우는지 부모가 알아듣기 때문이다. 반대로 성인이더라도 상대방이 도저히 이해하기 힘든 말을 혼자 중얼거리면 이것은 소리 말하기에 불과하다.

초등 1학년에는 소리 듣기와 소리 말하기가 되지 않는 아이는 드물지만 의미 듣기와 의미 말하기가 되지 않는 아이는 무척 많다. 사실 제대로 되는 아이가 더 적은 실정이다. 부모는 집에서 한두 명의 아이를 데리고 있어 어떻게든 소통을 하지만 학교는 그렇지 않다. 교실에서 아무 의미도 듣지 못하고 아무 의미도 말하지 못하는 아이들이 많다. 듣기와 말하기가 제대로 되지 않는 아이들은 사회적, 학습적 측면에서 여러 가지 문제에 직면한다. 우선 사회적으로는 타인과의 관계 형성에 어려움을 겪는다. 어른들도 대화가 안 되는 사람과는 함께 어울리고 싶지 않은데, 아이들이라고 다르지 않다. 상대방의 말을 제대로 듣지 않는 아이들은 친구를 사귀기가 힘들다. 말을 듣지 않고 엉뚱한 행동을 하면 친구들이 점차 함께 놀지 않으려고 한다. 소통이 되지 않아 계속 문제가 생기고 답답하기 때문이다. 의미 말하기를 제대로 하지 못하면 친구들 사이에서 끌려다니기 쉽다. 어른들과 마찬가지로 아이들도 의견의 충돌이 일어나면 대화로 조율해 나가는데, 이때 자기주장을 못하는 아이는 주도권을 빼앗기게 된다. 옳은 선택, 옳은 말을 함에도 불구하고 제대로 표현하지 못해 무시당하기 십상이다.

학습적 측면에서도 문제가 발생한다. 배움을 단순화하면 외부의 정보를 받아들여 자기의 것으로 만드는 일이다. 따라서 배움의 출발점은 외부의 정보를 받아들이는 것이다. 선생님이 "이것은 기역(ㄱ)이에요. 기역으로 시작하는 말에는 기차, 구름이 있어요"라는 말을 할 때 아이가 기역에 대해 제대로 배우려면 일단 선생님의 말에 귀를 기울여야 한다. 선생님의 말을 잘 들어야 이해하든 활용하든 무엇이든 할 수 있다. 듣지 않는 아이에게 그다음은 장담할 수가 없다. 듣지 않는 아이들은 새로운 정보도 제대로 듣지 않기 때문에 배움이 일어나지 않는다. 그래서 듣지 않는 아이들은 학습에도 문제가 생긴다.

말하기 역시 되지 않으면 외부의 정보를 자기의 것으로 만들 수가 없다. 자기의 것으로 만드는 일은 이해하고 활용하는 방법을 자신만의 방식으로 습득하는 것이다. 정보를 이해하지 못하고 단순히 외우기만 하면 오래가지 않아 사라진다. 이해해야 오랫동안 잊지 않고 기억해서 사용할 수 있다. 이해를 위한 가장 좋은 방법이 바로 말하기이다. 정보를 가만히 듣고만 있으면 쉽게 이해되지 않는다. 하지만 들은 정보를 말로 다시 설명하면 그때서야 이해되기 시작한다. 설명하기 위해서 정보를 정리하고 되새기기 때문이다. 말을 못하는 아이들은 머릿속에서 정리를 하지 못한다. 무엇이 중요하고 무엇이 덜 중요한지, 어떤 내용부터 먼저 말하고 어떤 내용은 생략해도 되는지를 판단하지 못한다. 이러한 상태에서는 아무리 많은 것을 보고 듣고 배워도 아무것도 남지 않는다. 정리가 되지 않아 머릿속이 혼란스럽기만 할 뿐이다. 반면 말을 잘하는 아이들은 배우기도 잘한다. 배운 내용을 차근차근 정리할 수 있기 때문이다. 말하기는 도움을 받을 수 있는 기회도 제공한다. 입을 다물고 있는 아이는 아는지 모르는지 선생님이 확인할 방법이 없다. 몰라서 가만히 있다는 사실을 알아도 말을 하지 않으면 어떤 점을 잘 이해하지 못하는지 파악할 수가 없다. 그래서 가르쳐주고 싶어도 적절한 도움을 주기가 어렵다. 하지만 맞든 틀리든 말을 하고 발표를 하면 잘못된 내용이 보인다. 그러면 선생님이 그 내용에 대해 무엇이 맞았고 무엇이 틀렸는지를 조언해 이해하는 데 도움을 줄 수 있다. 맞고 틀리고를 떠나 알고 있는 내용을 최대한 구체적으로 말할 수 있어야 더 잘 배울 수 있는 기회를 제공받는 것이다.

✦ 초등 1학년을 위한 듣기와 말하기 공부 방법

아이들이 듣기와 말하기를 잘하지 못하는 이유는 무엇일까? 우선 듣기가 잘 안 되는 이유는 크게 집중력 부족과 이해력 부족으로 나눌 수 있다. 의미를 듣기 위해서는 상대방이 무슨 말을 하는지 들으려는 집중력이 필요하다. 하지만 초등 1학년 아이들의 집중력은 대체로 부족하다. 온갖 장난과 공상을 하느라 상대방의 말을 들으려고도 하지 않는다. 집중해서 듣더라도 이해력이 부족해서 이해하지 못하기도 한다. 이해력이 부족하면 덩달아 집중력도 떨어진다. 집중해서 들으려고 해도 이해가 되지 않기 때문에 자꾸만 딴생각이 떠오르는 것이다.

말하기가 잘 안 되는 이유는 크게 자신감이 부족한 경우, 말하고자 하는 바를 정리하지 못하는 경우, 적절한 표현을 찾지 못하는 경우로 나눌 수 있다. 집에서는 말을 잘하지만 밖에서는 말을 잘하지 못하는 아이들은 자신감이 부족한 경우이다. 횡설수설하는 아이들은 주로 정리가 되지 않는 경우이다. 이러한 아이들은 자신이 무슨 이야기를 하려고 했는지조차도 잘 모른다. 표현력이 부족한 아이들은 말을 잘하고 싶은데 어휘나 문장 구사력이 뒷받침되지 않아 제대로 전달하지 못하는 경우이다. 그중에서 횡설수설 정리가 되지 않거나 적절한 표현을 선택하지 못하는 아이, 말보다 먼저 화를 내고 소리를 지르는 아이, 표현이 서툴러 말하고자 하는 바를 제대로 전달하지 못하는 아이를 위한 하브루타 공부 방법을 알아본다. 이와 같은 하브루타 연습은 듣기와 말하기에서 아이에게 자신감을 심어준다. 그리고 자신감은 성공 경험을 제공해 결과적으로 아이를 즐겁고 행복한 학교생활로 이끌 것이다.

횡설수설 정리가 되지 않거나 적절한 표현을 선택하지 못하는 아이

횡설수설 정리가 되지 않거나 적절한 표현을 선택하지 못하는 아이는 부모와 함께 차분하게 할 말을 미리 정해서 준비하면 좋다. 부모는 질문을 통해 아이가 스스로 생각을 정리할 수 있도록 이끌어준다. ==먼저 하고 싶은 말을 딱 한 문장으로 명확하게 말한 후에 더 하고 싶은 말을 추가하는 방식으로 연습하면 아이의 말하기 실력이 늘어날 것이다.==

아이 (알아듣지 못할 만큼 횡설수설한다.)

엄마 무슨 말인지 모르겠어. 어떤 말을 하고 싶어? 딱 한마디로 하고 싶은 말이 뭐야?

아이 (잠시 고민하다가) 민서가 저를 놀리지 않았으면 좋겠어요.

엄마 아, 그렇구나. 놀리지 말라는 말을 하고 싶구나. 왜 그랬으면 좋겠는데?

아이 기분이 엄청 나빴거든요.

엄마 어떻게 나빴는데?

아이 화가 나고 짜증이 났어요.

엄마 그랬구나. 그러면 다시 한 번 정리해서 말해볼까?

아이 민서가 자꾸 놀려서 화가 나고 짜증이 나요.

엄마 그럼 민서한테 뭐라고 말하면 될까?

아이 민서야, 네가 나를 자꾸 놀려서 화가 나고 짜증이 나. 나를 놀리지 않았으면 좋겠어.

말보다 먼저 화를 내고 소리를 지르는 아이

말보다 먼저 화를 내고 소리를 지르는 아이 역시 말할 내용을 미리 준비하고 연습함으로써 좋은 말투를 배울 수 있다. 감정 표현이 서툰 아이일수록 무작정 화를 내는 경우가 많은데, 이것은 자신의 감정을 어떻게 표현할 수 있을지 모르기 때문이다. 말할 내용을 준비하고 그 말로 역할극을 연습하면 올바른 말하기 방법을 터득할 수 있다.

아이 엄마, 오늘 학교에서 병석이가 제 지우개를 마음대로 가져가서 안 돌려줬어요.

엄마 그래서 어떻게 했어?

아이 돌려달라고 했는데 안 돌려줘서 싸우다가 선생님한테 혼났어요.

엄마 너는 병석이한테 어떻게 말했는데?

아이 "돌려줘!"라고 소리를 질렀어요.

엄마 그럴 때는 무작정 소리를 지르지 말고 차분하게 이야기해야지.

아이 그렇게 했어요. 그런데도 안 돌려주니까 화가 나서 소리를 지른 거예요.

엄마 병석이도 네가 소리를 질러서 기분이 나빠 안 돌려줬을 수도 있어. 차분하게 말하면 돌려줄지도 몰라.

아이 그러면 어떻게 해야 하는데요?

엄마	이렇게 하면 어떨까? "병석아, 내가 지금 지우개를 써야 하는데 네가 내 것을 안 돌려줘서 속상하고 기분이 나빠. 빨리 돌려줘"라고 해볼래?
아이	병석아, 나 지금 지우개 써야 해. 그런데 네가 안 주니까 내가 기분이 나빠. 빨리 돌려줘. 안 그러면 선생님한테 말할 거야.
엄마	우아, 잘했어. 다음에 또 문제가 생기면 꼭 그렇게 말해.

표현이 서툴러 말하고자 하는 바를 제대로 전달하지 못하는 아이

횡설수설하지는 않지만 표현이 서툴러 말하고자 하는 바를 제대로 전달하지 못하는 아이도 있다. 사실상 거의 모든 초등 1학년 아이들은 아직 어리기 때문에 표현력이 좋지 않다. "얼마나 좋아요?"라고 물으면 "하늘만큼 땅만큼이요"처럼 모호하고 상투적인 표현을 사용하거나 이마저도 말하지 못하는 경우가 빈번하다. 이때 부모가 ==적절한 질문을 던지면 아이가 자신이 전달하려는 바를 정리해서 표현하도록 이끌어줄 수 있다.== 어떻게 전달해야 할지 몰라 막연해하던 아이도 질문으로써 적절히 유도하면 점차 스스로 적당한 표현을 생각해내면서 배우게 된다.

엄마	오늘 눈썰매장 어땠어?
아이	재미있었어요.
엄마	썰매를 탈 때 몸이 어땠어?

아이	찌릿찌릿했어요.
엄마	왜?
아이	속도가 빨라서 조금 무서웠거든요.
엄마	무섭기만 했어?
아이	아뇨, 무서웠지만 재미있었어요.
엄마	그럼 정리해서 말해볼까?
아이	썰매를 탈 때 엄청 신났어요. 속도가 빨라 조금 무서워서 몸이 찌릿찌릿하기도 했지만 그래도 재미있었어요.

읽기와 쓰기

✦ 소리 읽기란 무엇인가

듣기를 소리 듣기와 의미 듣기로, 말하기를 소리 말하기와 의미 말하기로 나눈 것처럼 읽기도 소리 읽기와 의미 읽기로 나눌 수 있다. 소리 읽기는 글자를 읽는 것으로, 예를 들어 'ㄱ'과 'ㅏ'가 만나면 '가'가 됨을 이해하는 것이며, 의미 읽기는 단어, 문장, 글을 읽고 나서 그 의미를 이해하는 것이다. 소리 듣기와 소리 말하기는 신체적으로 문제만 없다면 누구나 할 수 있다. 전혀 교육을 받지 않은 아기도 소리를 듣고 낼 수 있다. 반면 읽기는 다르다. 읽기는 소리 읽기를 위해서도 별도의 교육이 필요하다. 그래서 초등 1학년 교육의 핵심은 읽기를 배우는 데 있다고 해도 과언이 아니다. 아이가 소리 읽기를 잘하려면 어떻게 하브루타를 해야 할까?

통으로 글자를 소리 내어 읽는다

초등 1학년 1학기 국어 교과서를 살펴보면 2단원에서 ㄱ, ㄴ, ㄷ, ㄹ과 같은 자음을 배우고, 3단원에서 ㅏ, ㅑ, ㅓ, ㅕ와 같은 모음을 배운 다음에, 4단원에서 자음과 모음을 결합해 글자를 만들도록 구성되어 있다. 자음을 배우고 모음을 배운 후 둘을 합쳐 글자를 만드는 과정은 매우 자연스럽고 당연한 배움의 순서처럼 느껴진다. 하지만 전혀 그렇지 않다.

대부분의 아기들은 처음으로 "엄마"라는 말을 한다. 주로 돌보는 사람이 반복적으로 "엄마 해봐, 엄마"라고 말해 이것을 듣고 따라 하는 과정에서 "엄마"라는 말을 뱉게 된다. 이때 아기들은 '엄마'라는 말을 한번에 통으로 배우지, '엄'과 '마'를 따로따로 배운 다음에 둘을 합쳐서 '엄마'라고 하지 않는다. '엄'과 '마'를 분리해서 말하고 생각하는 것은 한참 뒤의 일이다.

글자를 배우는 과정도 마찬가지이다. 아이들은 처음으로 한글을 접할 때 ㄱ, ㄴ, ㄷ, ㄹ이나 ㅏ, ㅑ, ㅓ, ㅕ와 같은 자음과 모음이 아니라 산, 의자, 우유, 코끼리와 같은 단어를 먼저 접한다. 아이들은 자음과 모음 혹은 하나의 음절을 인식하기 전에 일단 글자의 형태를 우선적으로 인식한다. '코끼리'라는 단어를 만나면 'ㅋ'과 'ㅗ'를 인식해 '코'라고 읽거나 '코'와 '끼'와 '리'라는 각각의 음절을 읽는 대신 '코끼리'라는 단어를 처음부터 한 덩어리로 여긴다. 그래서 자연스럽게 한글 공부를 하려면 자음과 모음보다는 일상생활에서 흔히 접하는 단어에서 출발하는 것이 좋다. 일상생활에서의 한글 공부가 아이 입장에서는 가장 부담감이 적고 친숙하다. 그렇다면 글자를 통으로 배우는 자연스러운 한글 공부는 어떻게 이뤄질까? 다음은 유치원 간판을 이용해 아이가 글자를 배우는 상황이다.

엄마   (유치원 간판을 가리키며) 뭐라고 적혀 있어?
아이   유치원.
엄마   그러면 맨 앞의 글자는 뭘까?
아이   유.
엄마   그러면 '유'가 들어가는 글자에는 뭐가 있는지 엄마랑 하나씩 말해 볼까? 유, 유, 유 자로 시작하는 말은?
아이   유리.
엄마   유모차.

글자를 읽을 줄 모르는 아이라도 자주 접하는 글자라면 아는 경우가 많다. 특히 유치원은 매일매일 오가며 간판을 접하기 때문에 대부분 읽을 수 있다. 이처럼 많이 접해 익숙한 글자에서 출발하면 거부감 없이 재미있게 한글을 배울 수 있다. '유치원'의 '유'를 이용해서 글자를 배운다면 다음과 같이 진행할 수 있다. 일단 앞선 대화에서처럼 '유'가 사용되는 다양한 사례를 엄마와 함께 번갈아 말하면서 찾아본다. 반드시 시작이 '유'일 필요는 없다. '우유'처럼 끝에 사용된 경우를 찾아도 된다. '유'가 사용되는 다양한 사례를 찾았다면 이번에는 써보도록 한다. 먼저 색연필을 들고 종이에 써본다. '유' 뿐만 아니라 '유'가 사용된 단어인 유리, 유모차 등을 통으로 써보면 더욱 좋다. 몇 번 쓰다 보면 아이가 지겨워할 수 있다. 그러면 방법을 바꾼다. 손가락을 이용해 서로의 손바닥에 써보기도 하고 등에 써보기도 한다. '유'가 사용된 다양한 단어를 등에 쓴 다음에 알아맞히는 놀이를 해도 재미있다. 콩이나 작은 블록으로 써보는 방법도 좋다. 손이나 몸을 이용해 글자를 표현하는 놀이도 역시 재미있다. 이렇게 다양한 방법으로 쓰다 보면 아이가 지겨워하지 않고 즐겁게 표현하면서 글자의 모양을 알게 된다. 콩이나 손으로 글자를 만든다면 아이는 콩을 어떻게 놓아야 할지 손 모양을 어떻게 해야 할지 고민하게 된다. 이와 같은 과정을 통해 아이는 글자의 모양을 탐색하게 된다. 동그란지 삐죽한지를 스스로 살펴보게 된다. 그래서 글자를 자연스럽게 익히고 기억하게 된다.

하나의 글자를 충분히 익혔다면 자음이나 모음을 바꿔볼 수 있다. 'ㅇ' 대신에 'ㅅ'을 넣어 '슈'를 배워보거나 'ㅠ' 대신에 'ㅜ'를 넣어 '우'를 배워본다. 배우는 방법은 앞서 제시한 것처럼 하면 된다. '슈'가 들어가는 말을 찾아보고 다양한 방법으로 '슈'를 써보면 된다. 책을 읽을 때 배운 글자가 나오면 아이에게 그 글자를 찾아보게 한다. 그리고 나서 그 글자가 포함된 단어를 통으로 읽어보게 한다.

엄마　어, 여기 우리가 지난번에 배웠던 '유'가 나오네.

아이	어디요?
엄마	직접 찾아볼래?
아이	음… 여기 있어요.
엄마	그래. 그런데 무슨 글자인지 알 것 같아?
아이	유… 모… 차….

처음으로 글자를 배울 때는 자음이 'ㅇ'인 단어를 중심으로 배우면 쉽다. 'ㅇ'을 다양한 자음으로 바꾸면서 배우기가 좋기 때문이다. 'ㅇ'으로 시작하며 주변이나 동화책에서 자주 나오는 단어로는 엄마, 아빠, 아기, 아파트, 오리, 우유 등이 있다.

번갈아가며 읽는다

아이가 전혀 글자를 몰랐을 때는 부모가 전적으로 책을 읽어줬을 것이다. 이후 아이가 점차 소리 읽기를 할 수 있게 되면 혼자 글을 읽을 수 있는 수준, 즉 읽기 독립을 할 수 있도록 책읽기의 주도권을 조금씩 넘겨줘야 한다. 하지만 아직 읽기가 능숙하지 않은 초등 1학년 아이들은 읽기 속도가 느려 혼자 책을 읽으라고 하면 힘들어서 싫어한다. 이때 억지로 읽도록 강요하면 아이가 책읽기를 싫어하게 된다. 그렇다고 전적으로 부모가 읽어주면 아이의 읽기 능력이 자라지 않는다. 여기서 해결책은 번갈아가며 읽기이다.

번갈아가며 읽기는 책을 읽는 양을 적절히 나눠 부모와 아이가 차례대로 읽는 방식이다. 한 문장씩 번갈아가며 읽을 수도 있고 한 페이지씩 번갈아가며 읽을 수도 있다. 아직 글자를 더듬더듬 읽는 아이라면 알 만한 글자나 그림을 통해 추측할 수 있는 글자를 짚어서 아이에게 말할 기회를 준다. 번갈아가며 읽기를 하면 아이는 수동적으로 듣기만 하다가 스스로 책을 읽게 됨으로써 책읽기에 더 많은 재미를 느끼게 된다. 번갈아가며 읽기를 할 때는 아이의 현재 읽기 수준에 맞춰 분량을 나누는 일이 중요하다. 현재의 수준보다 더 많은 양을 읽게 하면 이야기의 흐름이 끊겨 읽는 재미를 느끼지 못할 수도 있다. 책은 재미있게 읽는 것이 언제나 가장 중요하다. 소리 읽기는 장기간에 걸쳐서 조금씩 발전시켜야지 단기간에 끝내려는 것은 부모의 욕심일 뿐이다. 그러면 아이가 힘들어서 책읽기를 싫어하게 된다. 단어를 더듬더듬 읽는 아이라면 한눈에 보이는 펼침 페이지를 기준으로 한 번 정도 물어보면 적당하다. 어느 정도 자신감이 붙은 아이라면 한 페이지에 한 번 정도도 괜찮다.

이렇게 번갈아가며 꾸준히 읽으면 아이의 읽기 능력이 향상된다. 아이들은 같은 책을 계속해서 읽는 것을 좋아하는데, 그러다 보면 글자를 정확히는 모르더라도 그 책만큼은 자연스럽게 읽게 되기도 한다. 아이의 읽기 능력이 점점 자라면 조금씩 분량을 늘려간다. 단어를 읽는 수준에서 벗어나 한 문장을 읽게 한다. 한 권에서 한두 문장을 읽게 하고 더 실력이 늘면 2페이지에 한 문장을 읽게 한다. 더 잘하게 되면 페이지를 나눠 읽는다. 왼쪽 페이지는 부모가, 오른쪽 페이지는 아이가 읽는 식이다. 다음은 『누가 내 머리에 똥 쌌어?』를 활용한 번갈아가며 읽기 방법이다.

엄마	"에그, 이게 뭐야! 누가 내 머리에 똥 쌌어?" 채원아, 그다음 글자가 뭐지?
아이	두… 더… 지.
엄마	두더지가 소리쳤어요. 그러나 눈이 나쁜 두더지는 아무도 찾을 수가 없었어요. 네가 내 머리에 똥 쌌지? 두더지는 막 그곳을 날아가는 (손가락으로 글자를 가리키고 아이를 잠시 바라보며) 이건 뭘까?
아이	비… 둘… 기.
엄마	비둘기에게 물었어요.

번갈아가며 읽기를 하면 여러 가지 장점이 있다. 먼저 부모가 혼자 읽어줄 때보다 아이가 더 많은 책을 읽을 수 있게 된다. 목이 아프고 피곤한 부모는 책을 그만 읽고 빨리 쉬고 싶다. 이럴 때 아이와 번갈아가며 책을 읽으면 부담감이 훨씬 덜하다. 소리 내어 읽기를 연습할 수 있다는 점도 중요하다. 아이는 부모와 번갈아가며 읽기를 통해 같은 책을 반복적으로 읽으면서 계속 소리 내어 읽기를 연습하게 된다. 정서적인 측면에서도 매우 좋다. 부모와 함께 따뜻한 이불을 덮고 함께 책을 읽는다는 것은 아이에게는 최고의 기쁨이다. 언제나 부모의 사랑을 원하는 아이는 이러한 경험을 통해 부모가 나를 사랑한다는 확신을 하게 된다. 믿음은 아이가 편안하고 안정된 정서를 가질 수 있게 하며, 편안하고 안정된 정서는 아이가 다른 걱정 없이 오직 공부에만 매진할 수 있게 한다.

✦ 의미 읽기란 무엇인가

　세계 최고의 문자 체계인 한글 덕분에 소리를 읽지 못하는 우리나라 사람의 비율은 0%에 근접한다. 소리를 읽지 못하는 사람은 거의 없지만 의미를 제대로 읽어내지 못하는 사람은 의외로 많다. 어른들조차 책을 읽고도 자신이 무엇을 읽었는지 잘 이해하지 못하는 경우가 적지 않다. 아이들의 경우는 더욱 심하다. 국어 시간에 교과서를 읽혀보면 글을 다 읽은 후 아무런 도움 없이 스스로 의미를 이해하는 아이는 한 반의 절반에도 채 미치지 못한다. 이러한 수준이니 공부 역시 제대로 될 리가 없다. 어떻게 의미 읽기를 잘하도록 도울 수 있을까?

　가장 피해야 할 것은 교과서에 제시된 읽기 방법을 직접적으로 가르쳐 외우게 하는 일이다. 예를 들어 초등 1학년 1학기 '국어-가'의 '8단원 소리 내어 또박또박 읽어요'에는 띄어 읽기와 문장 부호에 관한 내용이 나온다. 물론 띄어 읽기와 문장 부호는 중요하지만 이러한 내용을 설명으로 가르친다고 해서 아이가 글을 잘 읽게 되는 것은 아니다. 여러 가지 읽기 방법 중에 하나일 뿐이다. 오히려 억지로 가르치면 아이가 읽기를 싫어하게 될 수도 있다. 사실 초등학교에서 실시하는 읽기 시험은 신경 쓰지 않아도 된다. 초등학교의 읽기 시험은 읽기 능력을 평가한다기보다는 읽은 내용을 얼마나 많이 기억하는지에 초점이 맞춰져 있기 때문이다. 기억력 테스트에 불과하다. 우리는 앞선 내용을 통해 암기와 기억이 아이의 공부 습관을 얼마나 파괴하는지 이미 살펴봤다.

읽기 능력을 향상시키는 유일한 방법은 글을 읽는 것이다. 글을 읽는 방법을 외우고 글의 내용을 암기하는 것이 아니다. 운전을 잘하기 위해서 차량 사용 설명서를 보거나 외우는 것이 아니라 실제로 운전을 해봐야 하는 것과 마찬가지이다. 아이의 읽기 능력을 키우려면 독서가 수반되어야 한다. 아이가 재미있어하고 흥미로워하는 이야기를 읽으면 된다. 그러면 읽기 능력은 시간이 흐르면서 저절로 성장한다. 아이는 재미있는 이야기에 푹 빠져 공부라고 생각하지 않고 글을 읽는 방법, 글을 읽고 내용을 파악하는 방법을 자연스럽게 배우게 된다.

글을 많이 읽어야 하는데 아직 혼자서는 잘 읽지 못하므로 부모가 책을 읽어줘야 한다. 태어날 때부터 책을 읽을 수 있는 아이는 없으며 책읽기를 좋아하는 아이도 없다. 아이가 책을 좋아하고 읽게 되는 것은 오롯이 부모의 역할에 달렸다. 독서 습관을 들이는 가장 좋은 방법은 어려서부터 부모가 자주 시간을 내어 책을 읽어주는 것이다. 만약 책을 읽어줄 수 없다면 어떤 교육도 백약이 무효하다. 물론 책을 읽어준다고 해서 모두 똑같은 것은 아니다. 책을 제대로 읽어주지 않으면 기대만큼의 효과가 나타나지 않는다. 심지어 책을 싫어하게 될 수도 있다. 아이가 책을 읽고 내용을 소화할 수 있어야 하는데, 하브루타로 이 과정을 확실하게 도울 수 있다. ==하브루타로 책을 읽으면 내용을 제대로 흡수할 수 있을 뿐만 아니라 훌륭한 읽기 방법까지 습득할 수 있다.== 그러면 지금부터 하브루타를 통해 책을 읽어주는 방법을 하나씩 살펴본다.

질문하며 읽는다

읽기는 소리 읽기를 넘어 의미 읽기가 되어야 한다. 의미를 이해하지 못한다면 아무리 능숙하게 소리를 내어 읽는다고 해도 무의미하다. 글은 소리를 내기 위해서가 아니라 의미를 이해하기 위해서 존재하기 때문이다. 제대로 글을 읽었다면 읽은 후에 내용을 파악할 수 있어야 한다. 글은 읽는다고 저절로 이해되지 않는다. 소리 내어 읽는다고 해도 내용이 저절로 파악되거나 의미가 저절로 입력되지 않는다. 글을 읽은 후 내용을 파악하기 위해서는 매우 능동적으로 생각하고 고민해야 한다. 글에 담긴 진짜 의미는 주어지는 것이 아니라 읽는 사람이 능동적으로 구성하는 것이다. 글을 이해하기 위해서는 읽는 사람이 무언가를 해야 한다는 말이다. 그렇다면 무엇을 해야 할까? 질문이다. 글을 읽은 사람이 글을 제대로 이해하기 위해서는 질문을 해야 한다.

"방금 읽은 내용이 무엇이지?"
"이 말은 무슨 뜻일까?"
"작가는 어떤 의도로 이러한 말을 했을까?"

질문은 읽으면서 자연스럽게 파악되는 내용을 넘어 글 전체를 제대로 파악할 수 있게 돕는다. 질문으로 책의 의미를 캐낼 수 있다. 부모는 아이에게 책의 내용에 대해 질문하고 생각하며 고민하는 능동적인 책읽기를 가르쳐야 한다. 하브루타로써 이러한 과정을 함께

하면 아이의 의미 읽기 능력이 크게 향상될 수 있다. 질문을 중심으로 하는 하브루타식 책읽기가 아닌 일반적인 책읽기는 대략 다음과 같이 진행된다. 여기서 읽은 책은 영국의 그림책 작가 앤서니 브라운Anthony Browne의 『돼지책Piggybook』이다.

엄마 엄마가 집을 나갔잖아. 아빠랑 아이들이 안 도와주니까 저렇게 되는 거야.

아이 네.

엄마 엄마가 집을 나가면 좋아, 싫어?

아이 싫어요.

엄마 엄마도 너희가 안 도와주면 집을 나갈 거야. 그러니까 도와줄래, 안 도와줄래?

아이 도와줄게요.

앞선 예시는 책읽기가 아니라 협박에 가깝다. 엄마는 좋은 책을 읽으면서 아이와 교감하고 소통하기보다는 일방적으로 자신의 말만 하고 있다. 그래서 아이는 "네", "싫어요", "도와줄게요"와 같은 단답형 대답만 한다. 아이는 책읽기를 통해 깊은 생각을 하기는커녕 단지 엄마가 집을 나가지 않으려면 반드시 자신이 도와야 한다는 압박만을 받았다. 아이 스스로 글의 의미나 내용에 대해 생각하거나 고민할 기회는 전혀 주어지지 않았다. 아이와 소통하는 책읽기는 다음과 같이 진행되어야 한다.

엄마 책에서 무슨 일이 일어났어?

아이 엄마가 집을 나갔어요.

엄마 왜 엄마가 집을 나갔을까?

아이 아빠랑 아이들이 집안일을 안 도와줘서요.

엄마 엄마는 기분이 어땠을까?

아이 힘들고 외로웠을 것 같아요.

엄마 우리 가족은 엄마를 잘 도와주는 편인 것 같아, 아닌 것 같아?

아이 아닌 것 같아요.

엄마 그러면 엄마 기분이 어떨 것 같아?

아이 엄마도 힘들고 외로워요? 그래서 집을 나가고 싶어요?

엄마 집을 나가고 싶은 정도는 아니지만 힘들기는 해.

아이 그러면 제가 오늘부터 많이 도와줄게요.

　엄마가 한 말의 대부분은 질문이다. 무슨 일이 일어났는지, 왜 엄마가 집을 나갔는지, 엄마의 기분이 어땠을지, 우리 가정은 어떤지에 대해 물었다. 아이는 엄마의 질문을 듣고 스스로 생각했다. 엄마의 질문에 대답하는 과정에서 아이는 줄거리를 파악하고 책 속 엄마의 감정을 이해했으며 집에서 일어나는 일과 연결하고 실제로 엄마가 어떻게 느낄지를 생각했다. 능동적인 책읽기, 즉 생각이 일어난 것이다. 이때 엄마가 질문을 하면서 시범을 보인 후에는 아이가 직접 질문할 수 있도록 질문의 주도권을 넘겨주면 좋다. 초등 1학년 시기는 한창 호기심이 왕성할 때라 질문을 많이 한다. 아직 아이들이다 보니 황당하고 말이 안 되는 질문도 많은데, 이러한 질문까지 모두 수용하는 편이 좋다. 말이 되는 질문과 말이 안 되는 질문은 점차 사고력이 커지면서 어느 정도 스스로 판단할 수 있는 시기가 오는데, 그전에 부모가 이상한 질문이라고 평가를 내리면 아이가 질문을 하고 싶은 마음을 쉽게 잃어버릴 수 있기 때문이다.

사실 질문과 확장 질문을 적절히 사용한다

아이가 글을 읽고 내용을 잘 파악해 자신의 생각을 갖게 하려면 사실 질문과 확장 질문을 적절히 사용해야 한다. 책을 읽고 나서 질문으로 하브루타를 할 때는 먼저 책에 답이 나와 있는 사실 질문을 한 후에 책에 답이 나와 있지 않아 직접 생각해서 말해야 하는 확장 질문을 하는 편이 좋다. 사실 질문으로 책에 나온 정보를 있는 그대로 확인한 다음에 확장 질문으로 아이의 생각을 키워주는 것이다. '피노키오' 이야기를 읽고 다음과 같이 하브루타를 할 수 있다.

엄마　피노키오는 왜 코가 길어졌을까?
아이　거짓말을 해서요.
엄마　무슨 거짓말을 했을까?
아이　요정이 왜 학교에 가지 않았냐고 물었을 때 책이 없어서 안 갔다고 거짓말을 했어요.
엄마　제페토 할아버지는 왜 상어에게 먹혔을까?
아이　피노키오를 찾으러 갔는데 배가 가라앉았어요.

엄마가 구구절절 내용을 설명하면 아이는 아무것도 배우지 못한다. 하지만 하브루타를 통해 사실 질문을 하면 아이는 내용을 이해하기 위해 스스로 많은 생각을 하게 된다. 이러한 과정이 아이의 의미 읽기 능력을 신장시킨다. 사실 질문의 목적은 아이가 책을 읽은 후 얼마나 많은 내용을 기억하고 있는지를 확인하는 것이 아니다. 그래서 사실 질문을 한 후에 모르는 내용이 있을 때 책을 펼치지 못하게 해서는 안 된다. 사실 질문의 목적은 아이가 내용을 스스로 파악하는 데 있다. 그러기 위해서는 사실 질문을 듣고 모르는 내용이 있을 때 적극적으로 책을 펼쳐서 찾아보고 생각하게 해야 한다.

엄마 피노키오는 또 다른 거짓말을 했는데, 그게 무엇일까?
아이 음… 잘 모르겠어요.
엄마 생각이 안 나면 다시 책을 펴서 봐도 돼.
아이 (다시 책을 펴서 보고) 아, 왜 책이 없냐고 물었을 때 할아버지가 안 사줬다고 거짓말했어요.

어느 정도 내용을 파악했다면 정답이 없는 확장 질문을 한다. 책에 나오는 사실에 근거하되, 정답이 없으므로 아이가 마음껏 상상을 펼치도록 도와야 한다.

엄마 만약에 채원이 코가 이렇게 길어진다면 어떻게 될까?
아이 정말 무섭고 엄청 불편할 것 같아요.

엄마	뭐가 불편할 것 같아?
아이	옷을 갈아입을 때 코가 걸리고 집 안에서 여기저기에 코를 부딪칠 것 같아요.
엄마	그런데 왜 요정은 피노키오가 거짓말을 할 때마다 코가 길어지게 만들었을까?
아이	거짓말하지 말라고요?
엄마	왜?
아이	거짓말은 나쁘니까요.
엄마	그럼 이번에는 채원이가 한번 질문해볼래?
아이	왜 인형극 단장 아저씨는 말썽을 부린 피노키오에게 굳이 금화를 줬을까요?
엄마	어떻게 생각해?
아이	피노키오가 할아버지 이야기를 해서 불쌍했던 것 같아요.
엄마	단장 아저씨는 서커스를 망쳐서 화가 나지 않았을까?
아이	화는 났지만 피노키오가 어리니까 그냥 용서해준 것 같아요.

사실 질문이든 확장 질문이든 질문이 시험이 되어서는 안 된다. 아이가 아는지 모르는지 확인하려는 의도로 비쳐져서는 안 된다. 시험을 본다는 느낌을 받으면 누구나 하기 싫어진다. 하브루타를 할 때의 질문은 단지 생각을 나누고 아이의 관점을 넓히기 위함이어야 한다. 틀려도 괜찮고 다양한 생각을 해봐서 즐거우면 그것으로 충분

하다. "왜 그랬을까?", "어떻게 생각해?"처럼 부담 없는 질문으로 아이가 자유롭게 자신의 생각을 확장할 수 있도록 해야 한다.

✦ 글쓰기와 하브루타

글쓰기는 배운 내용을 정리하는 최고의 방법이다. 하지만 초등 1학년은 글쓰기를 통해 배운 내용을 정리하는 단계가 아직 아니다. 읽기조차 설익은 수준에서 쓰기를 통해 배운 내용을 정리한다는 것은 어불성설이다. 초등 1학년은 글쓰기를 통해 배운 내용을 정리하는 단계가 아니라 글쓰기 자체를 배우는 단계이다.

초등 1학년 아이들이 글쓰기를 배울 수 있는 가장 좋은 방법은 일기이다. 일기는 아이들이 글을 쓰는 데 좋은 매개체가 된다. 글을 쓸 때 반드시 생각해야 할 2가지가 있다. 첫 번째는 무엇을 쓸지에 대한 것이고, 두 번째는 어떻게 쓸지에 대한 것이다. 일기 쓰기는 무엇을 쓸지에 대한 고민을 크게 줄여준다. 오늘 하루의 일을 쓰면 되기 때문이다. 일기를 쓰면 아이들은 무엇을 쓸지에 대해 덜 고민하는 대신 어떻게 쓸지에 더 집중할 수 있다.

일기 쓰기는 글쓰기를 배우는 것 이외에 반추 능력을 키워주는 효과도 있다. '반추反芻'란 소나 염소가 이미 삼킨 먹이를 게워내어 다시 씹는 활동을 뜻한다. 사람에게는 지난 일을 꺼내어 다시 생각하고 음미하는 활동을 뜻한다. 초등 1학년 아이들은 반추가 잘되지 않는다. 사고력이 발달하지 않아 하루를 잘 돌아보지 못한다. 오늘 무엇을 했고 어떤 일이 있었는지를 잘 기억하지 못할 때가 많다.

그런데 일기를 꾸준히 쓰면 아이들의 반추 능력이 커진다. 차분하게 하루를 돌아보면서 자신에게 무슨 일이 있었고 어떻게 행동했는지를 떠올리게 된다. ==아이가 일기를 쓸 때 부모가 가장 먼저 도와줘야 하는 부분이 바로 하루를 반추하는 활동이다.== 오늘 무엇을 했는지 곧바로 알려주는 대신 질문으로써 아이가 스스로 하루를 돌아보고 떠올리도록 이끌어줘야 한다.

엄마 오늘 뭐 했어? 아침에 일어나자마자 뭘 했더라?
아이 인형 놀이를 했어요.
엄마 그러고 나서는?
아이 책을 읽었어요.
엄마 그다음에는?
아이 음… 씻고 밥을 먹었어요.
엄마 밥을 먹고 나서 뭘 했을까?
아이 밥을 먹고 나서는 숙제를 했어요.
엄마 그러고는?
아이 숙제를 하고 나서는 피아노를 쳤어요.

엄마는 질문을 함으로써 아이가 스스로 하루를 반추하도록 돕고 있다. 엄마가 하나하나 알려주면 아이는 하루를 더 빨리 정리하겠지만 반추 능력은 커지지 않을 것이다. 아이 스스로 곰곰이 생각하며 하루를 돌아볼 수 있도록 도와줘야 한다.

처음으로 일기를 쓸 때는 하루를 돌아보면서 있는 그대로 정리만 해도 충분하다. 초등 1학년 아이들은 이제껏 글을 제대로 써본 적이 없기 때문에 어느 정도 익숙해질 때까지는 하루를 있는 그대로 정리해서 쓰는 편이 좋다. 여기에 어느 정도 익숙해지면 하루 중 한 장면을 골라 집중적으로 쓰게 한다. 놀이동산에 가는 등 특별한 하루를 보냈다면 그 일정에 대해 쓰도록 하고, 특히 기쁘거나 슬픈 일이 있었다면 그 감정을 일으킨 장면에 대해 쓰도록 한다.

엄마 오늘은 딱히 특별한 일은 없었네. 그치?

아이 네.

엄마 그래도 오늘 집이나 학교에서 뭘 느끼거나 생각한 거 있어?

아이 잘 모르겠어요.

엄마 발표를 잘해서 칭찬을 받았거나 친구랑 다퉜거나 그런 일 없었어?

아이 아, 오늘 종이접기를 했는데 친구가 잘 못 접어서 제가 도와줬어요.

엄마 그래서 어땠어?

아이 친구가 고맙다고 하고 선생님도 친구를 잘 도와준다고 칭찬해주셨어요.

엄마 그랬구나. 기분이 어땠어?

아이 좋았어요.

엄마	또 어떤 생각을 했어?
아이	다음번에도 친구를 잘 도와줘야겠다는 생각을 했어요.
엄마	그럼 그 내용으로 일기를 써볼까?

이야기를 떠올린 후에는 실제로 어떻게 쓸지 하브루타로 정리하면 좋다. 당연히 부모가 문장을 일일이 일러주면 안 된다. 부모가 할 일은 들어주고 반응하고 질문하거나 힌트를 제공해서 아이가 스스로 생각하도록 하는 것이다.

엄마	그러면 어떻게 일기를 쓸지 엄마한테 말해볼래?
아이	나는 오늘 세영이를 도와주었다. 기분이 참 좋았다.
엄마	어디에서 어떤 일을 도와줬는지를 추가하면 더 좋을 것 같아.
아이	나는 오늘 학교에서 종이접기를 할 때 세영이를 도와주었다. 기분이 참 좋았다.
엄마	선생님이 칭찬하셨다는 내용도 넣으면 어떨까?
아이	나는 오늘 학교에서 종이접기를 할 때 세영이를 도와주었다. 기분이 참 좋았다. 선생님도 칭찬을 해주셨다.
엄마	앞으로 어떻게 하겠다는 내용만 마지막으로 넣어볼까?
아이	나는 오늘 학교에서 종이접기를 할 때 세영이를 도와주었다. 기분이 참 좋았다. 선생님도 칭찬을 해주셨다. 앞으로도 친구를 잘 도와주어야겠다.

02 하브루타로 공부하는 초등 1학년 수학

9까지의 수

초등 1학년 수학은 '9까지의 수'로 시작한다. 1부터 9까지의 수를 배우는 것이 수학 공부의 첫걸음이다. 어른에게는 1부터 9까지의 수가 매우 쉽지만 아이 입장에서는 그렇지 않다. 물건의 개수를 숫자로 바꾸는 수 개념을 익혀야 하고, 이것을 아라비아 숫자로 읽고 쓸 수 있어야 한다. 첫 단추를 잘못 끼우면 그다음 단추까지 모두 잘못 끼울 수밖에 없듯이 수학에서 수를 잘못 공부하면 이후의 수학 공부에 두고두고 악영향을 미칠 수 있다.

▶ 『수학 1-1』 중 '1단원 9까지의 수' 단원 도입 삽화.

✦ 교과서 단원 도입 삽화로 하브루타하기

    수학 교과서를 펼치면 2페이지에 걸친 삽화가 있다. 이것은 단원 도입 삽화로 해당 단원에서 배우는 내용을 압축해서 그림으로 표현한 것이다. 이 삽화를 활용해 본격적인 내용을 배우기 전에 미리 살펴보고 예습할 수 있다.

엄마   여기가 어디야? 이름을 찾아볼까?

아이   (찾아서 읽으며) 어린이 교통안전 체험장이요.

엄마   어린이 교통안전 체험장은 무엇을 하는 곳일까?

아이   잘 모르겠어요.

엄마   안전은 뭘까?

아이	조심하는 거요.
엄마	그래. 그러면 교통안전은 뭘까?
아이	차 타고 기차 타고 비행기 탈 때 조심하는 거요.
엄마	그러면 어린이 교통안전 체험장은 뭘까?
아이	어린이들이 차 타고 기차 타고 비행기 탈 때 조심하는 거 배우는 곳이요.
엄마	그렇구나. 채원이는 여기서 어디에 제일 먼저 가보고 싶어?
아이	저는 비행기요!
엄마	비행기? 엄마도 비행기에 가보고 싶다.

　　엄마와 아이의 대화를 살펴보면 수학과 전혀 관련이 없어 보인다. 불필요하게 느껴질 수도 있지만 그렇지 않다. 수학을 제대로 공부하기 위해서는 수학을 수학으로만 생각하지 말고 실제 상황과 연결하는 것이 매우 중요하다. 1, 2, 3, 4를 배우지만 말고 실제 상황에서 1, 2, 3, 4가 어떻게 활용되는지를 느껴야 한다. 수학을 이야기로 배우는 스토리텔링 수학이 초등 교육에서 중요하게 다뤄지는데, 그 이유는 이야기를 통해 재미뿐만 아니라 수가 사용되는 실제 상황을 느끼도록 하기 위함이다.

엄마	비행기 앞에도 사람들이 많이 모였네. 몇 명이 있지?
아이	하나, 둘, 셋, 넷, 다섯, 여섯, 일곱, 여덟, 아홉. 아홉 명

이요.

엄마 아홉 명? 우리 다시 세어볼까? 이번에는 손가락으로 하나씩 짚으면서 세어보자.

아이 하나, 둘, 셋, 넷, 다섯, 여섯, 일곱, 여덟. 어, 여덟 명이네요.

많은 아이들이 숫자를 셀 때 빠뜨리거나 여러 번을 센다. 덤벙대는 아이들은 성격으로 인해 공부에 소질이 별로 없는데, 이러한 부분을 고쳐주면 여러모로 도움이 된다. 덤벙대지 말고 잘 세어보라는 말은 아무런 효과가 없다. 귀에 못이 박히도록 말해도 덤벙대는 아이는 계속 덤벙댄다. <mark>말보다는 덤벙대지 않고 꼼꼼하게 확인하는 방법을 알려주고 연습시켜야 한다.</mark> 수를 셀 때는 가운데가 아닌 한쪽 끝에서부터 시작해 손가락으로 하나씩 짚으면서 한 방향으로 나아가면 빠뜨리거나 중복할 가능성이 현저히 줄어든다. 혹시 손가락으로 짚으면서 세는데도 한 방향으로 가지 못하고 자꾸 왔다 갔다 한다면 연필로 표시하면서 세는 방법도 있다.

엄마 어른과 아이는 각각 몇 명이야?

아이 어른은 한 명이고 아이들은 하나, 둘, 셋, 넷, 다섯, 여섯, 일곱. 일곱 명이요.

엄마 그렇구나.

엄마는 아이의 말에 "맞아"가 아니라 "그렇구나"라고 대답한다. 왜냐하면 "맞아"는 엄마가 아이를 평가하는 느낌을 주기 때문이다. 아이는 평가를 받으면 부담을 느끼게 되므로 그보다는 "그렇구나"라고 인정하는 방식의 대화가 더 좋다. 비행기 앞에 모인 사람은 총 8명이고 그중 어른은 1명이다. 따라서 아이들의 수는 8명에서 1명을 뺀 7명이라는 사실을 금방 알 수 있다. 하지만 여기서 목적은 뺄셈이 아니다. 뺄셈을 배우려면 아직 멀었다. 1부터 9까지의 수를 차례대로 세어보면서 익숙해지는 데 목적이 있다. 따라서 뺄셈을 가르치지 않고 그대로 세어보게 한다.

엄마 이번에는 버스 앞에 있는 사람들을 세어볼까?

아이 좋아요.

엄마 먼저 파란색 버스 앞에 있는 사람들의 머리 위에 숫자를 써보자.

아이 (연필을 들고 파란색 버스 앞에 있는 사람들의 머리 위에 차례대로 1, 2, 3, 4, 5, 6을 쓴다.)

엄마 이번에는 보라색 버스 앞에 있는 사람들의 머리 위에 숫자를 써보자.

아이 (연필을 들고 보라색 버스 앞에 있는 사람들의 머리 위에 역시 차례대로 1, 2, 3, 4, 5를 쓴다.)

엄마 이번에는 두 버스 앞에 있는 사람들을 모두 모아서 몇 명인지 써볼래? 빨간색 볼펜으로 써볼까?

아이 (빨간색 볼펜으로 버스 앞에 있는 사람들의 머리 위에 1, 2, 3, 4, 5, 6, 7, 8, 9, 10, 11을 쓴다.)

이번 단원에서는 9까지만 배우고 10 이상은 나오지 않는다. 1에서부터 9까지 한 자리 수를 배우는 내용과 10, 11 등 두 자리 수를 배우는 내용은 전혀 다르다. 이미 수에 익숙해진 어른들에게는 똑같아 보이겠지만 이제 수를 처음 배우는 초등 1학년 아이들에게는 완전히 다르다. 굉장히 어려운 내용이다. 그런데 버스 앞에 서 있는 총 인원은 11명이다. 이때 내용을 어떻게 다룰지는 아이의 현재 수준에 달려 있다. 아이가 수에 능하고 10 이상의 수를 이미 쓸 줄 안다면 스스로 써보도록 한다. 반면 9까지의 수는 잘 쓰지만 10 이상의 수는 잘 쓰지 못한다면 엄마의 도움으로 한두 번 써볼 수 있다. 다만 한두 번 써보는 정도로 만족해야지 관심이 없는 아이에게 억지로 가르쳐서는 안 된다. 아이가 9까지의 수도 아직 잘 쓰지 못한다면 10 이상의 수는 아예 다루지 말아야 한다. 9까지의 수도 모르는 상태에서 10과 11을 가르치면 아이에게 큰 혼란만 주게 된다.

수를 쓸 때는 혼자 써보게 하는 편이 좋다. 보지 않고 쓸 수 있다면 그렇게 써보도록 하고, 봐야지만 쓸 수 있다면 숫자가 적혀 있는 포스터를 보면서 하나씩 써보도록 한다. 아직 연필을 잡아본 경험이 많지 않거나 쓰기를 어려워한다면 엄마가 도와줘야 한다. 먼저 아이가 연필을 잡게 한 후 엄마가 아이의 손을 가볍게 덮듯이 이중으로 잡아 함께 써보면 된다.

✦ 수를 묶어 번갈아가며 세기

9까지의 수를 익히는 것을 넘어 익숙해지려면 부모와 함께 숫자를 다양한 방법으로 말해봐야 한다. 그중 첫 번째 방법은 숫자 번갈아가며 말하기이다.

엄마	일.		**엄마**	하나.
아이	이.		**아이**	둘.
엄마	삼.		**엄마**	셋.
아이	사.		**아이**	넷.
	…			…
아이	팔.		**아이**	여덟.
엄마	구.		**엄마**	아홉.

익숙해지면 숫자를 묶어서 번갈아가며 말한다. 한 사람이 2개 혹은 3개씩 숫자를 연달아 묶어서 말하는 것이다. 처음에는 2개씩 묶고 그다음에는 3개씩 묶는다.

엄마	일, 이.		**엄마**	하나, 둘.
아이	삼, 사.		**아이**	셋, 넷.
엄마	오, 육.		**엄마**	다섯, 여섯.
아이	칠, 팔.		**아이**	일곱, 여덟.
엄마	구.		**엄마**	아홉.

아이	일, 이, 삼.		**엄마**	하나, 둘, 셋.
엄마	사, 오, 육.		**아이**	넷, 다섯, 여섯.
아이	칠, 팔, 구.		**엄마**	일곱, 여덟, 아홉.

역시 익숙해지면 게임처럼 할 수 있다. 차례대로 숫자를 말하다가 '9'를 먼저 말하는 사람이 지는 게임으로, 숫자는 한 사람이 최대 3개까지 연달아 말할 수 있다.

아이	일, 이.		**엄마**	하나.
엄마	삼, 사, 오.		**아이**	둘.
아이	육, 칠, 팔.		**엄마**	셋, 넷.
엄마	구.		**아이**	다섯, 여섯.
아이	이겼다!		**엄마**	일곱, 여덟.
			아이	아홉. 졌네.

수를 묶어 번갈아가며 세는 것은 다양한 효과가 있다. 우선 지루하지 않게 지속적으로 수를 반복할 수 있다. 혼자서 세면 두세 번밖에 하지 않아도 금방 지루해진다. 똑같은 수가 반복되기 때문이다. 반면에 묶어서 세면 긴 수도 지루하지 않게 오랫동안 반복해서 셀 수 있다. 부모와 아이가 함께 차를 타고 이동하는 등 잠깐 짬이 날 때 수를 묶어 번갈아가며 세는 놀이를 하면 5살 아이도 금세 100까지 셀 수 있게 된다. 그리고 수 감각을 키우는 데도 탁월한 효

==과가 있다.== 숫자를 2개씩 묶어 세면서 구구단 2단을, 3개씩 묶어 세면서 구구단 3단을 자연스럽게 익히게 된다. 또한 홀수와 짝수 개념 등 숨어 있는 수의 특징을 느낄 수도 있다. 그뿐만 아니라 ==지능 계발에도 좋다.== 혼자서 수를 셀 때와는 달리 번갈아가며 세면 상대방이 세는 숫자의 그다음 숫자를 말해야 하는데, 이러한 활동은 평소와는 다른 방식으로 뇌를 자극시킨다. 혼자서 세면 1 다음에 2지만, 번갈아가며 세면 1 다음에 잠시 쉬었다가 3인데, 이것이 아이의 뇌를 기존과는 다르게 움직이게 한다. 게다가 ==전략적 사고도 키워진다.== 9가 들어가는 수를 말하면 지는 게임을 할 경우, 해당하는 수를 말하지 않기 위해 어떻게 해야 할지를 깊이 생각하게 되기 때문이다.

여러 가지 모양

9까지의 수 다음으로 배우는 내용은 '여러 가지 모양'이다. 수학은 수에 대한 학문이지만 수가 전부는 아니다. 도형은 수, 연산과 함께 수학에서 매우 중요한 영역이다.

초등 1학년이 처음으로 배우는 여러 가지 모양은 직육면체, 원기둥, 구이다. 입체도형을 평면도형보다 먼저 배운다. 어른들이 생각하기에는 평면도형을 먼저 배울 것 같지만 그렇지 않다. 아이들에게는 종이 위의 평면도형보다 실제 생활에서 마주치는 입체도형이 훨씬 친숙하기 때문이다.

▶ 『수학 1-1』 중 '2단원 여러 가지 모양' 단원 도입 삽화.

처음에 여러 가지 모양을 배울 때는 정식 명칭을 사용하지 않는다. 삼각형, 사각형, 원 등의 정식 명칭은 아이들에게 와 닿지 않기 때문이다. 명칭을 정하지 않으면 부모와 아이가 소통하는 데 어려움이 있기에 상자 모양, 둥근 기둥 모양, 공 모양 정도로 바꿔서 부른다. 아이들이 상식선에서 이해할 수 있고 친숙한 이름이라 적절하다. 여러 가지 모양을 배울 때는 각 모양의 이름과 특징을 배우는 데 목적을 두지 않고, 일상생활 속에서 각 모양을 찾아보고 특성을 파악해 다양한 모양을 만드는 데 목적을 둔다.

우선 주변에서 상자 모양, 둥근 기둥 모양, 공 모양을 찾아보는 것으로 시작한다. 어른들에게는 너무 쉽게 느껴지지만 아이들은 의외로 엉뚱한 물건을 가져올 수도 있다. 사물은 모양 이외에 다양한 요소를 동시에 포함하는데, 크기, 색깔, 질감 등이 있다. 어른들은 각각의 요소를 기준으로 분류하는 데 어려움을 겪지 않지만 아이들은 그렇지 않다. 이것은 의외로 고차원적인 정신 활동을 요구한다.

'크고 빨갛고 부들부들한 공'을 생각해보자. 크기가 크고 색깔은 빨갛고 질감은 부들부들하고 공 모양이다. 최소 4가지의 두드러진 특성을 갖고 있다. 이럴 때 부모가 공 모양을 가져오라고 하면 아이는 머릿속에서 크고 빨갛고 부들부들한 특성은 접어둔 채 오직 공 모양만을 떠올려야 한다. 또한 빨간 공을 보여주면서 공 모양을 가져오라고 하면 아이는 빨간색은 버린 채 공 모양만을 머릿속에 담아야 한다. 의외로 쉽지 않다. 모든 관심이 색깔에 맞춰진 상태에서 그것을 내려놓고 모양에 관심을 집중시켜야 하기 때문이다. 그렇지 않은 아이는 노란 공을 가져오지 않고 빨간 상자를 가져오게 된다. 이럴 때는 "공 모양으로 가져오라고 했잖아. 이건 상자 모양이니까 공 모양을 가져와야지"라고 정답을 알려주지 말고 다시 질문을 해야 한다. "뭘 갖고 오라고 했지? 빨간색일까, 아니면 공 모양일까?"라고 물어서 아이가 스스로 생각을 정리하도록 도와야 한다. 아니면 빨간 공과 노란 공을 보여주면서 2개의 공과 같은 모양을 가져오라고 하면 좋다. 빨간 공을 하나만 놓아두면 공 모양이라는 특성보다 빨간색이라는 특성에 집중하기 쉬운데, 빨간 공과 노란 공을 놓아두고 같은 모양을 가져오라고 하면 아이는 각각 공의 색깔이 다르기 때문에 색깔보다는 모양에 집중할 수 있게 된다.

아이가 하나의 특성에 집중하지 못하고 자신의 기준을 계속 고

집한다면 크기, 색깔, 질감, 모양의 다양한 기준을 모두 활용해서 분류해본다. 수학 교구나 블록 등 다양한 물건을 놓고 크기, 색깔, 질감, 모양으로 각각 분류해보는 것이다.

엄마 채원아, 이 모양들을 종류별로 나눠볼까?
아이 좋아요.
엄마 어떻게 나눠보고 싶어?
아이 색깔로요.
엄마 좋아. 분류해보자.
아이 (분류한다.)
엄마 (옆에서 관찰하되 틀려도 질문하면서 스스로 찾도록 기다려준다.)
아이 끝났어요.
엄마 이번에는 다르게 나눠볼까?
아이 네. 이번에는 큰 것, 작은 것으로 나눠볼게요.
엄마 멋진 생각인데?
아이 (분류한다.)
엄마 (관찰하고 기다려준다.)
아이 우아, 끝!
엄마 오, 또 다르게 나눠볼 수 있을까?
아이 음… 뭘로 나눠야 할까요?
엄마 모양으로 나눠보자.
아이 모양이요?

엄마   응. 상자 모양은 상자 모양끼리, 둥근 기둥 모양은 둥근 기둥 모양끼리, 공 모양은 공 모양끼리 말이야.

아이   아, 알았어요. 해볼게요.

엄마   (관찰한다.)

엄마가 미리 준비한 물건을 모두 분류했다면 집 안에서 스스로 여러 가지 모양을 찾아보게 한다. 상자 모양을 보여주며 상자 모양의 물건을 찾아보게 하고 공 모양을 보여주며 공 모양의 물건을 찾아보게 한다. 책 속의 그림을 넘어서 실제 물건을 찾아보게 하는 것이 중요하다. 여러 가지 모양을 찾아봤다면 각 모양의 공통점과 차이점을 이야기한다. 상자 모양, 둥근 기둥 모양, 공 모양을 각각 모아두고 다음과 같이 하브루타를 한다.

엄마   (상자 모양을 가리키며) 상자 모양은 다른 모양들과 어떻게 다를까?

아이   (모서리를 가리키며) 여기가 뾰족해요.

엄마   다른 모양들은 어때?

아이   둥근 기둥 모양이랑 공 모양은 모두 둥글둥글해요.

엄마   그러면 둥근 기둥 모양이랑 공 모양은 어떻게 다를까?

아이   공 모양은 전부 둥글둥글한데 둥근 기둥 모양은 옆에만 둥글둥글하고 위아래는 평평해요.

엄마는 상자 모양, 둥근 기둥 모양, 공 모양을 모두 알고 있지만 오로지 질문을 통해서만 아이의 생각을 이끌어내고 있다. 이처럼 몇 가지 항목이 있는 경우 서로서로 비교하면 각각의 특성을 파악하기가 쉽다. 3가지 모양 중 가장 다른 것은 상자 모양이므로 상자 모양부터 다른 모양과 비교하고 이후에 둥근 기둥 모양과 공 모양을 비교하면 된다.

덧셈과 뺄셈

수학에는 도형, 측정, 규칙성 등 다양한 영역이 있지만, 그중에서 가장 중요한 영역은 역시 수와 연산이다. 앞서 9까지의 수를 배운 것이 '수'이고, 덧셈, 뺄셈, 곱셈, 나눗셈을 이용해 수를 계산하는 것이 '연산'이다. 수학은 수에 관한 학문인만큼 수를 식에 따라 계산하는 일이 굉장히 중요하다. 수학을 잘하기 위해서는 몇 가지 능력이 필요한데, 이 중에서 연산을 잘하는 힘, 즉 연산력은 수학 공부의 가장 기본이 된다. 연산을 필요 이상으로 강조하는 지금의 우리나라 수학은 분명히 잘못되었지만 어쨌든 연산은 꼭 필요하다. 연산 없이는 수학도 없기 때문이다.

학교 현장에서 살펴보면 초등 4학년이나 5학년 때부터 수학을 포기하는 아이들이 나오기 시작한다. 한번 수학을 포기하게 되면 누군가 특별히 이끌어주지 않는 한 대부분은 완전히 포기하게 된다.

▶ 『수학 1-1』 중 '3단원 덧셈과 뺄셈' 단원 도입 삽화.

그런데 수학을 포기하는 아이들은 공통점이 있다. 연산이 잘 안 된다는 것이다. 기본적인 덧셈, 뺄셈, 곱셈, 나눗셈이 능숙하지 않아 실수가 잦고 계산할 때마다 어려움을 겪는 아이들이 가장 먼저 수학을 포기한다. 그러므로 처음부터 연산을 탄탄히 해둬야 이러한 문제를 예방할 수 있다.

엄마 행복 열차가 있네. 행복 열차에 앉아 있는 어린이는 몇 명일까?

아이 7명이요.

엄마 이제 앉으려고 하는 아이는 몇 명일까?

아이 1명이요.

엄마	그럼 이 아이가 앉으면 모두 몇 명이 될까?
아이	8명이요.
엄마	여기 솜사탕이 있네. 분홍색 솜사탕은 모두 4개야. 그런데 여자아이가 1개를 먹고 있어. 그러면 이제 솜사탕은 몇 개가 남을까?
아이	3개요.

처음부터 덧셈과 뺄셈이라는 말을 사용하는 것은 좋지 않다. 아이에게 익숙한 생활 속 단어가 아니기 때문이다. 처음 배울 때는 낯선 학문적 단어보다는 친숙한 생활 속 단어를 먼저 사용해서 어려움이나 거부감 없이 접근하도록 한다. 학문적 단어는 내용을 배운 후에 천천히 사용해도 괜찮다. 처음에는 수를 모으고 가르는 활동을 통해 자연스럽게 익히고, 이후에 덧셈과 뺄셈이라는 말을 사용한다. 문제를 낼 때는 답이 10을 넘지 않도록 한다. 먼저 10 이하의 수를 중심으로 충분히 학습하고 익숙해지면 10, 20으로 넘어간다. 엄마가 먼저 질문을 했다면 역할을 바꿔 아이가 질문을 하게 한다.

엄마	그럼 이번에는 채원이가 문제를 내볼래?
아이	범퍼카에 탄 사람은 5명입니다. 그리고 범퍼카를 구경하는 사람은 3명입니다. 모두 몇 명일까요?
엄마	어? 5명이랑 3명이면 전부 몇 명이지? 엄마는 잘 모르겠는데…….

아이   엄마, 손가락으로 해봐요. 5랑 3이면 8, 8명입니다.
엄마   아, 그렇구나.

아이가 직접 문제를 내는 일은 단순히 엄마와 아이의 역할을 바꾸는 것 이상의 의미가 있다. 아이 스스로 그림을 보면서 그 안에서 수가 모아지고 갈라지는 장면을 찾아내기 때문이다. 이것은 수동적인 문제 풀이를 넘어 생활 속에서 언제 덧셈과 뺄셈이 일어나는지를 생각하는 능동적인 활동이다. 앞선 예시처럼 아이가 문제를 냈을 때 엄마가 모르는 척해서 아이가 직접 문제를 풀게 하는 것도 좋은 방법이다. 이러한 경험을 통해 아이는 엄마가 풀지 못하는 문제를 자신은 풀 수 있다고 생각해 자기효능감이 올라갈 수 있다.

HAVRUTA

03 하브루타와 함께하는 초등 1학년 생활

하브루타로 하는 놀이

✦ 집중력 놀이

집중력이 떨어지는 아이는 부모가 말을 하거나 책을 읽어줄 때 딴생각을 한다. 책을 읽었지만 읽은 것이 아니다. 잘 들으라고 하거나 내용을 생각하며 읽으라고 신신당부해도 소용이 없다. 아이도 일부러 그러는 것이 아니기 때문이다. 단지 집중력이 떨어지는 것뿐이다. 이때 놀이를 잘 활용하면 아이의 집중력을 길러줄 수 있다.

다르게 읽는 부분 찾기

첫 번째 집중력 놀이는 부모가 책을 읽어주면 아이가 내용과 다르게 읽는 부분을 찾는 활동이다. 아이가 글을 잘 읽는다면 글자를 보면서 다르게 읽는 부분을 찾고, 글을 잘 읽지 못한다면 그림과 비교해보며 잘못 읽은 부분을 찾는다. 또는 이전에 읽어줬을 때와 다르게 읽는 부분을 찾는다. 집중력이 떨어지는 아이도 놀이라는 말에 전보다는 훨씬 집중하게 된다. 이러한 노력이 아이의 집중력을 조금씩 길러준다.

엄마 지금부터 다르게 읽는 부분 찾기 놀이를 하겠습니다.
아이 우아, 어떻게 하는 거예요?
엄마 엄마가 책을 읽으면서 중간중간 그림이랑 다르게 읽을 거야. 잘 듣고 있다가 엄마가 그림이랑 다르게 읽어주는 내용을 찾으면 돼.
아이 재미있을 것 같아요. 빨리 시작해요.
엄마 옛날 옛적 어느 마을에 할아버지가 살고 있었어요.
아이 엄마, 근데 그림은 할아버지가 아니고 할머니인데요?
엄마 딩동댕! 정답입니다.

읽어줄 때는 너무 자주 달라도 좋지 않고 너무 드물게 달라도 좋지 않다. 너무 자주 다르면 이야기의 흐름이 끊어질 뿐더러 진득하게 집중하는 힘이 길러지지 않는다. 반대로 너무 드물게 다르면 아이가 기다리다 지쳐 집중력이 흐트러지게 된다. 아이의 반응을 잘 살펴 흥미를 잃지 않는 선에서 간간이 다르게 읽는 것이 좋다.

부르는 숫자 계산기에 입력하기

두 번째 집중력 놀이는 부모가 불러주는 숫자를 아이가 계산기에 입력하는 활동이다. 부모가 아무 의미 없는 숫자를 연달아 부르면 아이는 그것을 계산기에 그대로 입력하면 된다.

엄마　1.
아이　(1을 입력한다.)
엄마　7.
아이　(7을 입력한다.)

처음에는 한 자리 수로 시작한다. 부모가 3을 부르면 3을 입력하고 8을 부르면 8을 입력한다. 익숙해지면 3~4자리 수로 늘리고 나중에는 5~6자리, 더 나중에는 7~8자리까지 도전하게 한다.

엄마　5632.
아이　(5632를 입력한다.)
엄마　94322.
아이　(94322를 입력한다.)

부르는 숫자를 계산기에 입력하는 놀이는 집중력을 기르는 데도 좋지만 정보 처리 기술을 습득하는 데도 좋다. 아이는 긴 숫자를 듣고 머릿속에서 생각하며 계산기 버튼을 정확하게 눌러야 하는데,

초등 1학년에게는 결코 쉽지 않은 과제이다. 이와 같은 놀이를 통해 아이는 숫자를 되새기며 올바른 버튼을 누르기까지 두뇌에서 정보를 적절하게 처리하는 기술을 습득하게 된다.

✦ 설명 반사하기 놀이

설명 반사하기 놀이는 매사 건성건성 듣는 아이에게 효과적이다. 건성건성 듣는 아이는 항상 다른 생각을 한다. 대개 말하는 사람과 말하는 내용이 아닌 다른 것에 정신이 팔려 있다. 소리 듣기가 아닌 의미 듣기를 하기 위해서는 집중력과 능동성이 필수적이다. 들은 내용을 이해하려는 적극적인 마음과 자세가 필요하다. 설명 반사하기 놀이는 아이에게 말을 집중해서 듣고 능동적으로 이해하려는 태도와 능력을 길러준다.

설명 반사하기 놀이는 말을 들은 후 그 내용을 자신의 말로 다시 설명하는 것이다. 평소 건성건성 말을 듣던 아이도 설명 반사하기 놀이를 하면 상대방의 말을 그냥 흘려보내지 않고 집중해서 능동적으로 듣게 된다. 다 들은 후에 자신이 설명해야 하기 때문이다. 설명 반사하기 놀이는 듣기뿐만 아니라 말하기 능력도 동시에 키워준다. 들었던 말을 다시 설명하기 위해 자신의 방식으로 정리하고 표현하는 과정에서 말하기 능력이 함께 커진다. 설명 반사하기 놀이는 3명에서 하는 것이 좋다. 엄마 혹은 아빠가 아이 둘과 하거나 부모가 아이 하나와 함께할 수 있다.

엄마 설명 반사하기 놀이를 시작하겠습니다. 오늘 엄마가 뭐 했는지를 듣고 채원이와 혜원이는 다시 설명해주세요.

아이들 네.

엄마 엄마는 오늘 마트에 갔어. 내일 우리 집에 엄마 친구들이 오기로 했거든. 그래서 친구들에게 맛있는 음식을 만들어주려고 마트에서 이것저것 식재료를 샀어. 오늘 엄마가 한 일은 무엇일까요?

채원 오늘 마트에 가서 이것저것 먹을 걸 샀어요.

엄마 왜 마트에 갔을까?

혜원 내일 엄마 친구들이 집에 온다고 해서요.

엄마 친구들이 오는데 왜 먹을 걸 샀을까?

채원 친구들에게 맛있는 걸 해주려고요.

엄마 정리해서 다시 말해볼 사람?

혜원 내일 엄마 친구들이 온다고 해서 맛있는 걸 해주려고 마트에 가서 먹을 걸 샀어요.

✦ 스무고개 질문 놀이

질문은 능동적으로 듣기 위해 필요한 핵심적인 방법이다. 사람들은 이해가 되지 않으면 질문을 한다. TV를 사러 전자 제품 매장에 들러 설명을 듣고도 이해가 되지 않으면 질문을 해야 한다. "그래서 카드 할인이랑 쿠폰 할인이 동시에 된다는 말인가요, 안 된다는 말인가요?" 질문은 상대방의 말을 능동적으로 이해하기 위해 꼭 필요하다. 아이들도 잘 들으려면 질문을 해야 한다. 아이들은 원래 질문이 많다. 하지만 필요한 질문을 잘하지는 못한다. 머릿속에 떠오르는 대로 아무 질문이나 마구잡이로 한다. 잘 듣지도 않는다. 스무고개 질문 놀이는 이러한 문제를 해결할 수 있다.

==스무고개 질문 놀이는 아이가 능동적으로 질문하고 생각하며 듣게 하는 데 효과적이다.== 아이는 스무고개 질문 놀이를 통해 다양한 질문을 경험한다. 어떻게 질문해야 자신이 원하는 바를 확인할 수 있을지도 배운다. 그래서 질문을 하고 상대방의 말을 잘 들어야 원하는 바를 얻을 수 있다는 사실을 깨닫는다. 스무고개 질문 놀이의 방법은 다음과 같다. 먼저 문제를 내는 사람은 하나의 사물을 떠올린다. 꼭 사물이 아니어도 상관없다. 문제를 맞히는 사람은 총 20번의 기회 안에 상대방이 생각하고 있는 것이 무엇인지 맞혀야 한다. 문제를 맞히는 사람은 오직 질문만 할 수 있다.

엄마 우리 같이 스무고개 질문 놀이를 해보자. 엄마가 오늘 점심으로 뭘 먹었을까?

아이 밥 먹었어요?

엄마 아니.

아이 그럼 국수 먹었어요?

엄마 응.

아이 매웠어요?

엄마 아니.

아이	뜨거웠어요, 차가웠어요?
엄마	차가웠어.
아이	정답, 냉면!
엄마	딩동댕!

✦ 역할극 놀이

　가족끼리 있을 때는 말을 잘하는데 다른 사람들 앞에서는 말을 잘하지 못하는 아이들이 있다. 자신감이 부족해서이다. 부모는 답답한 마음에 말을 하라고 다그치기 쉬운데, 이러한 다그침은 아이의 불안감만 더 키워 더욱 말을 하지 못하게 하는 결과를 낳을 수 있으므로 주의가 필요하다.

　자신감이 부족해서 말을 잘하지 못하는 아이들에게는 역할극 Role Play이 효과적이다. 역할극은 상황과 역할을 정한 다음에 대본 없이 일종의 연극을 하는 것이다. 아이들이 소꿉놀이를 할 때 엄마와 아빠의 역할을 정하는데, 이것이 바로 대표적인 역할극이다. 어른들의 눈에는 소꿉놀이가 단순해 보이지만 그렇지 않다. 소꿉놀이는 아이들이 사회적으로 어떻게 말하고 행동하면 좋을지를 익히는 중요한 배움의 과정이다. 아이들은 소꿉놀이를 통해 자신의 뜻을 전달하고 다른 사람의 말과 행동에 대응하는 방법을 배운다. 소꿉놀이는 말 그대로 놀이라서 실수를 하거나 잘못을 해도 아무런 문제가 없다. 그래서 아이들은 소꿉놀이를 하면서 혼나거나 꾸중을 듣거나 비난받을 염려 없이 안전한 상황에서 말과 행동을 연습한다. 다음은 편의점에서 사탕을 사달라고 하는 아이가 직접 사탕을 살 수 있도록 하브루타로 역할극을 하는 방법이다.

아이   엄마, 이따가 산책 끝나고 편의점 가서 사탕 사주세요.

엄마   사탕 먹고 싶어? 그러면 네가 직접 사탕을 사야지. 그러면 먹을 수 있어.

아이   싫어요. 부끄럽단 말이에요.

엄마   직접 사야지 엄마는 사주지 않을 거야. 직접 사면 먹을 수 있고 직접 사지 못하면 먹을 수 없어.

아이   엄마가 사주세요. 저는 말을 못하겠어요.

엄마   엄마는 사주지 않을 거야. 대신 엄마랑 역할극으로 사탕 구입을 연습해보면 어떨까?

아이   어떻게요?

엄마   엄마가 편의점 주인이 될 거야. 네가 사탕을 들고 와서 계산해달라고 하면 돼. 자, 이 바둑돌을 사탕이라고 생각하고 가져와서 가격을 물어봐.

아이   (우물쭈물한다.)

엄마   "얼마예요?"라고 물어봐야지.

아이   얼마예요?

엄마   500원이란다.

아이   여기요.

엄마   그래, 맛있게 먹으렴.

아이 안녕히 계세요.

엄마 별로 안 어렵지? 다시 한 번 해볼까?

자신감이 부족한 아이들은 잘해보려고 해도 마음처럼 되지 않는다. 용기를 내보겠다고 결심해도 막상 실제 상황이 닥치면 두려움이 밀려오고 말문이 막히기 쉽다. 일단 그렇게 되면 잘해보려는 마음은 온데간데없이 사라진다. 따라서 가슴이 두근거리고 두려운 마음이 들어 정상적인 판단을 할 수 없는 상황이 아닌 편안한 상황에서 연습을 하는 편이 좋다. 평소에 역할극으로 미리 연습하면 실제 상황에서 덜 긴장할 수 있다. 식당에서 물을 달라고 하는 상황이나 놀이터에서 새로운 친구를 만나 함께 놀자고 말을 건네는 상황 등 다양한 상황을 설정해서 미리 연습해본다.

물론 역할극을 한두 번 한다고 해서 아이가 갑자기 바뀌지는 않는다. 부끄러움과 두려움은 감정이기 때문에 어떻게 말하는지 안다고 해도 사라지지 않기 때문이다. ==꾸준히 연습하면서 포기하지 않는 것이 중요하다. 부모가 옆에서 계속 격려하고 지도하며 도와줘야 한다. 그러다 보면 언젠가 성공의 기회가 찾아오고 아이는 자신감을 가져 태도를 바꿀 수 있다.==

실제 상황 직전에 역할극을 떠올려보는 것도 필요하다. 편의점에서 물건을 사는 역할극을 집에서 했다면 편의점 가는 길 혹은 편의점 문 앞에서 기억을 떠올려보면 효과적이다. "아저씨한테 사탕을 건네면서 뭐라고 하기로 했지?"라고 물어보면 아이는 자신이 무슨 말을 해야 할지를 다시 한 번 생각하게 된다. 역할극을 할 때는 실제 상황처럼 연습하고, 실제 상황에서는 역할극을 떠올리면 훨씬 편안한 마음으로 부담감 없이 말할 수 있게 된다.

✦ 질문 끝말잇기 놀이

끝말잇기는 앞사람이 말한 단어의 끝말을 그다음 사람이 이어서 새로운 단어를 말하는 놀이다. 예를 들어 첫 번째 사람이 '물개'라고 말하면 그다음 사람이 '물개'의 끝말인 '개'로 시작하는 '개구리', '개찰구' 등을 말한다. 만약 '개구리'라고 말하면 그다음 사람은 '개구리'의 끝말인 '리'로 시작하는 '리본', '리듬' 등을 말한다.

초등 1학년 아이들은 끝말잇기를 정말 좋아한다. 끝말잇기는 재미있을 뿐만 아니라 교육적으로도 훌륭한 놀이다. 초등 1학년 아이들은 단어에 대한 지식이 제한적인데, 끝말잇기를 하면 많은 단어를 접할 수 있다. 특히 어른과 함께하는 끝말잇기는 아이의 수준에서 모르는 단어를 접할 수 있는 좋은 기회이다.

질문 끝말잇기 놀이는 일반적인 끝말잇기에 질문을 추가한 것이다. 놀이 방법은 다음과 같다. ==평소와 똑같이 끝말잇기를 하되, 하나의 단어가 나오면 놀이에 참여한 모든 사람이 그 단어를 이용해 하나씩 질문을 한다.==

엄마 지금부터 질문 끝말잇기 놀이를 시작하겠습니다. 자, 서울. 서울은 파리보다 클까요?

아빠	서울은 왜 이름이 서울일까요?
채원	서울은 얼마만큼 클까요?
혜원	서울에서 우리 집은 어디에 있을까요?
아빠	이번에는 아빠가 서울에서 울로 이어서 할게. 울보. 울보는 왜 우는 것일까요?
채원	울보는 어떻게 하면 울지 않을까요?
혜원	누가 울보인가요?
엄마	운다고 문제가 해결될까요?
아빠	이번에는 채원이가 울보에서 보로 이어볼까?
채원	보물섬. 보물이 많은 섬은 어디일까요?
혜원	보물은 무엇일까요?
엄마	보물섬에 가서 무엇을 가져올까요?
아빠	보물섬에는 해적이 있지 않을까요?

 질문 끝말잇기 놀이를 할 때 질문에 대한 대답은 중간에 하지 않는다. 대답을 하면 놀이의 흐름이 끊겨 재미를 느낄 수 없기 때문이다. 대신에 놀이를 마친 후 아이에게 답이 가장 궁금한 질문이 무엇인지 물어서 하브루타를 한다. 다음의 대화를 살펴보자. 엄마는 질문 끝말잇기 놀이에서 나온 질문을 통해 아이의 마음을 읽어주고 올바른 태도까지 가르쳐주고 있다.

엄마 채원아, 오늘 나온 질문 중에서 어떤 것이 가장 궁금해?

아이 울보는 어떻게 하면 울지 않을까요?

엄마 좋은 질문이구나. 어떻게 생각해?

아이 달래줘야 할 것 같아요. 뭔가 원하는 게 있는데 안 되니까 우는 거잖아요. 그러니까 뭘 원하는지 물어보고 그걸 주면 돼요.

엄마 채원이는 언제 눈물이 나?

아이 엄마 아빠가 말하느라 제 말을 잘 안 들어줄 때 눈물이 나요.

엄마 (꼭 안아주며) 그랬구나. 우리 채원이는 엄마 아빠가 말하느라 채원이 말을 안 들어줄 때 속상하고 눈물이 나는구나. 미안해. 그동안 엄마가 몰랐어.

아이 네.

엄마 그런데 엄마 아빠가 꼭 말해야 할 때가 있거든. 그럴 때는 어떻게 하면 좋을까?

아이 잘 모르겠어요.

엄마 채원이가 한창 인형 놀이를 하고 있는데 엄마가 끼어들어서 이것저것 시키면 기분이 어때?

아이 나빠요.

엄마 그러면 그럴 때 엄마가 어떻게 해주면 좋겠어?

아이 인형 놀이가 끝날 때까지 기다렸다가 나중에 시키면 좋겠어요.

엄마 엄마 아빠도 마찬가지야. 엄마 아빠가 중요한 이야기를 한창 하고 있는데 자꾸 끼어들면 엄마 아빠도 기분이 안 좋아. 그러면 어떻게 하면 될까?

아이 엄마 아빠의 말이 끝날 때까지 기다려야 해요.

엄마 맞아. "엄마 아빠, 할 말 있어요" 하고 엄마 아빠의 말이 끝날 때까지 기다려야 해.

하브루타로 하는 인성 교육

✦ 초등 1학년 인성 교육의 중요성

많은 사람들이 인성 교육을 말하지만 현실적으로 인성 교육에 큰 관심을 가진 부모는 생각보다 많지 않다. 어릴 때부터 아이에게 공부는 시키지만 인성 교육은 따로 하지 않는다. 그때그때 눈에 띄는 문제에 대해 잔소리를 하는 정도에 불과하다. 그런데 최근 들어 인성 교육이 다시 주목받고 있다. OECD경제협력개발기구는 21세기 인재가 지녀야 할 핵심 역량에 인성을 포함시키고 있다. 우리나라 교육부가 발표한 핵심 역량에도 인성이 포함되어 있다. 왜 다시 인성 교육을 강조하는 것일까?

수렵과 채집을 하던 원시 사회에서 협력은 필수였다. 위험한 짐승들 사이에서 사람은 혼자 살아남기 힘들었다. 농사를 짓는 농경 사회에서도 마찬가지였다. 모를 내거나 잡초를 뽑는 등 혼자 농사를 짓기는 힘들기 때문이었다. 좋든 싫든 사람들과 함께해야 하기에 이때만 해도 인성 교육이 중요했다. 하지만 산업화가 모든 것을 바꿔 놓았다. 산업 사회에서는 사람들이 각자 자신의 컨베이어 벨트 앞에서 묵묵히 나사를 조이면 그만이었다. 사람들이 기계 앞에서 각자 자신에게 할당된 일을 수행하는 분업이 성행하면서 '함께'라는 개념의 중요성이 줄어들었다. 그래서 개인의 인성 발달에 대한 관심도 크게 줄어들었다. 이러한 트렌드는 지식 정보화 사회가 시작되면서 다시 한 번 큰 변화를 맞닥뜨리게 되었다. 산업 사회에서 사람들이 수행하던 단순 노동은 모두 기계의 몫이 되었다. 대신에 사람들은 함께 모여 머리를 맞대고 토론하게 되었다. 머리를 모아 함께 일을 해야 하기 때문에 개개인의 성격, 대인 관계, 소통 능력이 전체에 큰 영향을 끼치게 되었다. 개인적으로 뛰어난 능력을 지녔더라도 인성에 결함이 있으면 함께 일을 할 수 없는 상황에 이른 것이다. 또한 저출산으로 인해 형제자매 사이에서 보다 자연스러운 인성 교육의 기회가 줄어든 것, 갈수록 심각해지고 흉악해지는 사회 범죄가 증가한 것 등이 인성 교육에 대해 되돌아보게 되는 또 다른 계기가 되었다.

인성은 사람이 세상을 바라보는 방식이며 마음의 습관이다. 인성은 색안경과 같아 사람은 각자의 인성 수준에 따라 세상을 바라보게 된다. 빨간색 색안경을 낀 사람에게는 온 세상이 빨간색으로 보이는 것처럼 사람은 자신이 가진 인성에 따라 세상을 바라본다. 그런데 색안경은 벗으면 그만이지만 인성이라는 색안경은 한 번 끼고 나면 벗는 일이 너무나 힘들어진다. 인성이라는 색안경은 마음속에 있어 자신이 색안경을 꼈다는 사실조차 파악하기 어렵기 때문이다. 마음 속에 빨간색 색안경을 낀 아이는 세상이 빨갛다고 생각하지 자신이 색안경을 꼈다고는 생각하지 않는다. 그래서 한번 잘못된 인성을 가진 아이는 아무리 잘못해도 세상이 잘못했지 자신이 잘못했다고는 생각하지 않는다. 설사 자신이 빨간색 색안경을 꼈다는 사실을 깨닫는다고 해도 벗기가 쉽지 않다. 실제 색안경은 물건이라 쉽게 벗을 수 있지만, 인성이라는 색안경은 마음속에 있어 벗고 싶다고 해서 마음대로 벗을 수 있는 것이 아니기 때문이다.

이처럼 인성은 한번 굳어지면 되돌리기가 너무나 어렵다. 인성은 한번 방향이 잡히면 계속 그쪽으로 강화되기 쉽다. 물길이 한번 방향을 잡으면 그쪽으로 계속해서 흐르는 것처럼 말이다. 따라서 인성의 물길이 잡히기 전에 올바른 방향을 잡아주는 것이 중요하다. 초등 1학년 때의 인성 교육이 더없이 중요한 이유이다. ==새로운 환경에 노출되고 새로운 친구들을 만나는 시기에 제대로 된 인성 교육을 하면 아이의 인성이 올바른 방향으로 자리 잡기 쉽다.== 제대로 된 인성 교육을 하지 않으면 아이의 인성이 삐뚤어진 방향으로 자리 잡게 된다. 한번 잘못된 인성은 평생 두고두고 아이를 괴롭히게 된다. 그러므로 모든 것이 새로운 초등 1학년, 지금이 올바른 인성 교육으로 아이의 인성을 바로잡아줄 가장 좋은 시기이다.

그렇다면 어떻게 인성 교육을 할 것인가? 역시 하브루타이다. 하브루타는 인성 교육이나 매한가지이다. 인성 교육의 핵심은 내가 아닌 다른 사람의 입장에서 먼저 생각을 하는 데 있다. 정답을 강조하는 한국식 교육은 아이에게 정답만 외우게 할 뿐 다른 사람의 입장을 생각할 겨를을 주지 않는다. 한국식 교육을 오래 받은 사람은 자신이 아는 것이 정답이라며 다른 사람에게 자신의 생각을 강요하기 쉽다. 하지만 하브루타는 정답이나 자신의 생각을 일방적으로 강요하지 않는다. 하브루타는 상대방의 말을 경청해 나와 상대방 의견의 절충점을 찾게 한다. 다른 사람의 말을 듣지 않으면 하브루타는 이뤄지지 않는다. 그래서 하브루타를 하면 다른 사람의 생각과 입장을 깊이 생각하는 기회를 갖게 된다. 또한 하브루타 인성 교육은 아이에게 무엇이 옳은 일인지만을 가르치지 않고, 그것이 왜 옳으며 그렇게 행동하지 않으면 어떤 문제가 생길 수 있는지를 이해시킨다. 이기적인 아이들의 경우 일반적인 인성 교육만으로는 지금 당장 왜 자신이 양보하고 다른 사람을 배려해야 하는지 이해하기 어렵다. 하지만 하브루타 인성 교육은 올바른 행동을 하지 않으면 어떤 일이 벌어지며, 결과적으로 그 일이 자신에게 어떤 피해를 줄지 이해할 수 있게 한다. 이것은 착한 아이들뿐만 아니라 이기적인 아이들까지 조심스럽게 행동하는 좋은 계기가 된다.

✦ 하브루타로 하는 인성 교육 사례

그네를 독점한 아이

놀이터에서 아이들이 그네를 타고 있다. 그네는 겨우 2개뿐인데 타고 싶은 아이들이 많아 그네를 타려는 아이들이 줄을 서 있다. 우리 아이가 벌써 몇 분 동안 그네 하나를 독점하고 있다. 기다리는 아이들이 지켜워하지만 아이는 내릴 기색이 안 보인다.

엄마	친구가 계속 기다리고 있는데 이제 비켜주면 어떨까?
아이	싫어요. 더 탈래요.
엄마	한참 동안 탔잖아. 이제는 양보하는 게 좋을 것 같은데.
아이	싫어요. 더 탈 거예요.
엄마	그럼 몇 번을 더 타고 비켜주고 싶니?
아이	10번이요.
엄마	그래. 그럼 10번만 더 타고 비켜주자.
아이	(10번을 타고 비켜준다.)
엄마	놀이터에 아이들이 많아서 그네 타기 힘들지?
아이	네. 애들이 너무 많아요.
엄마	그네 타려고 기다린 적도 많았겠네?
아이	네. 엄청요.
엄마	그때 기분이 어땠어?
아이	빨리 타고 싶었어요.
엄마	그런데 앞에 탄 아이가 혼자서만 계속 타면 기분이 어땠어?
아이	화가 났어요.
엄마	또?
아이	비키라고 소리를 지르고 싶었어요.

엄마 그랬구나. 친구가 그네를 너무 오래 타면 화도 나고 소리도 지르고 싶구나.

아이 네.

엄마 아까 채원이가 계속 그네를 탈 때 뒤에 있었던 친구도 그런 기분이 들지 않았을까?

아이 전 얼마 안 탔단 말이에요.

엄마 얼마 안 탄 것 같은데 내리라고 해서 속상했구나. 그런데 채원이는 타고 있으니까 얼마 안 탔다고 느끼지만 뒤에서 기다리는 사람도 그렇게 느낄까? 채원이는 그네를 기다릴 때 저 사람이 많이 안 탔으니까 내가 더 오래 기다려야지 이렇게 생각한 적 있어?

아이 아뇨. 없어요.

엄마 아마 없을 거야. 타는 사람은 재미있어서 아무리 오래 타도 충분히 탔다고 생각하지 않거든. 그러니까 실컷 탄 다음에 비켜준다고 생각하면 안 되는 거야.

아이 그럼 어떡해야 해요?

엄마 몇 번만 더 타고 비켜주겠다고 생각해야지. 아까 몇 번 더 타기로 했지?

아이 10번이요.

엄마 그래. 10번만 더 타고 비켜주겠다고 말하면 기다리는 사람이 더 잘 기다릴 수 있거든. 앞으로 다른 사람이 오래 기다린다는 생각이 들면 어떻게 할까?

아이	10번이나 20번을 더 타고 비켜준다고 할 거예요.
엄마	맞아. 금방 탔다면 그냥 재미있게 타면 되지만 어느 정도 탔다면 "10번만 더 타고 비켜줄게" 하고 비켜주는 거야. 그러면 기다리던 친구가 어떻게 느낄까?
아이	고마워할 것 같아요.

식당에서 떠드는 아이

아이가 식당에서 크게 웃고 떠들며 장난을 친다. 심지어 일어나서 동생을 잡느라고 뛰어다닌다. 엄마는 아이한테 조용히 앉으라고 하지만 아이는 말을 듣지 않는다.

엄마	(부드럽게) 채원아, 시끄러워. 이제 그만해.
아이	(말을 듣지 않는다.)
엄마	(여전히 부드럽게) 채원아, 시끄럽다니까. 정말 그만해.
아이	(말을 듣지 않는다.)
엄마	(조금 단호하게) 채원아, 엄마 말 안 들리니? 여기는 식당이잖아. 당장 그만해.
아이	(살짝 눈치를 보지만 여전히 말을 듣지 않는다.)
엄마	(매우 단호하게 아프지 않는 선에서 힘껏 아이의 양팔을 붙잡아 엄마를 바라보게 한 후) 채원아, 마지막 경고야. 그만해. 여기는 우리말고도 많은 사람들이 있는 식당이잖아. 계속 그러면 엄마 화날 것 같아.

아이   (드디어 조용해진다.)

엄마   (어느 정도 밥을 먹다가) 그런데 식당에서는 왜 소리를 지르고 떠들면 안 될까?

아이   다른 사람들이 시끄러우니까요.

엄마   그래. 그런데 아까는 채원이가 웃고 장난치느라 너무 시끄러웠어. 그때 주변 사람들의 기분이 어땠을까?

아이   안 좋았을 것 같아요.

엄마   지난번에 식당에서 옆 테이블 아이들이 시끄럽게 식탁을 치니까 어땠었지?

아이   짜증이 났어요.

엄마   다른 사람이 시끄러우면 우리도 기분이 나쁘잖아. 그러면 식당에서는 어떻게 해야 할까?

아이   작은 소리로 소곤소곤 말해야 해요.

엄마   맞아. 네가 식당에서 재미있게 놀고 싶은 마음은 충분히 이해해. 엄마가 못하게 해서 속상했지? 그래도 사람들이 많은 곳에서는 그러면 안 돼. 알았지?

아이   네.

✦ 하브루타로 하는 인성 교육 방법

[1단계] 일단 문제 행동을 정지시킨다

  가장 먼저 할 일은 일단 문제 행동을 정지시키는 것이다. 아이가 동생을 때리거나 사람이 많은 곳에서 뛰어다니거나 마트에서 장난감을 사달라며 바닥에 드러누워서 운다면 그때는 하브루타를 하기에 좋지 않다. 우선 문제 행동부터 정지시켜야 한다. 동생을 때리지 못하게 아이의 손을 잡아야 한다. 사람이 많은 곳에서 뛰어다니지 못하게 아이를 붙들어야 한다. 마트 바닥에 드러누워 울지 못하게 일단 울음을 그칠 것을 강하게 명령한 후 데리고 나와야 한다. 문제 행동을 정지시킬 때는 매우 단호해야 한다. 하지만 화를 내서는 안 된다. 여기서 단호함은 문제 행동을 정지시키기 위해 아이에게 동의를 구하거나 협상을 하지 말고 당장 해야 하는 행동만을 명확하고 분명하게 전달해야 한다는 뜻이다. "그만 울어", "뛰지 마", "소리 지르지 마"처럼 당장 해야 하는 행동만을 짧고 명확하게 말해야 한다. 마트에서 울고 있는 아이에게 사줄 수 없는 이유를 구구절절 설명하면서 그만 울라고 하면 안 된다. 그러면 아이는 문제 행동을 하면서도 주도권이 자신에게 있음을 알고 상황을 즐기며 이용할 수도 있다. 다만 앞선 사례 중 그네를 독점하는 상황처럼 난동을 부리는 것이 아니라 10번만 더 탄다는 작은 조건을 내걸어 조금 기다려줄 수 있는 경우라면 예외이다. 하지만 조건을 받아들이지 않고 계속해서 부모의 말을 무시한 채 그네를 탄다면 단호하게 "지금 당장 내려와"라고 지도해야 한다.

사실 단호하게 하면서 화를 내지 않기란 쉽지 않다. 하지만 화를 내는 것은 좋지 않다. 화를 내면 아이는 감정적으로 손상을 입는다. 제아무리 잘못한 사람이라도 화를 내는 사람에게는 미안함을 별로 느끼지 않는다. 자기가 잘못을 하고도 상대방이 화를 내면 덩달아 화가 나기 때문이다. 게다가 화는 관계에 균열을 일으킨다. 부모가 화를 내면 아이는 마음의 문을 닫는다. 화를 낼 때마다 아이의 마음은 서서히 닫혀간다. 하브루타는 신뢰로 형성된 관계의 바탕 위에서만 이뤄질 수 있다. 신뢰가 없는 사람 사이에서는 진정한 대화가 불가능하며 하브루타 역시 이뤄질 수 없다. 그렇기 때문에 문제 행동을 멈추기 위해 단호하게 말은 하되 화를 내서는 안 된다.

[2단계] 어느 정도 시간을 흘려보낸다

아이의 문제 행동이 멈췄다면 즉각 하브루타를 하기보다는 어느 정도 시간을 흘려보내는 것이 좋다. 문제가 발생하는 순간에는 부모와 아이 모두 스트레스를 받아 하브루타를 하기에 적절하지 않다. 부모는 부모대로 화가 나 있고 아이는 아이대로 욕구가 꺾여 마음이 상한 상태이기 때문이다. 이럴 때 하브루타를 한다면 하브루타는 잔소리와 말싸움으로 변질되기 쉽다. 부모는 화를 참지 못해 훈계조로 말하기 쉽고 아이 역시 화가 나서 부모의 말을 받아들이기보다는 신경질적으로 반응하기 쉽다. 그러므로 어느 정도 시간을 흘려보내야 부모도 아이도 보다 이성적으로 하브루타를 할 수 있다.

흘려보내는 시간은 그때그때 다르다. 부모도 아이도 크게 화나거나 실망하지 않았다면 5~10분 정도의 시간만 가져도 충분하다. 그동안 부모는 어떤 질문을 해서 어떻게 아이의 생각을 이끌어줄지 고민한다. 만약 부모도 크게 화가 나고 아이도 많이 울어서 문제가 조금 커졌다면 짧게는 1~2시간에서 길게는 반나절 혹은 하루 이틀 정도의 시간을 갖는 편이 좋다. 그래야 부모도 아이도 평정심을 되찾고 아무 일 없었다는 듯 편안한 마음과 따뜻한 미소로 서로를 바라보며 대화를 준비할 수 있다.

[3단계] 마음 읽어주기 하브루타를 한다

마음이 안정되면 하브루타를 한다. 하브루타로 하는 인성 교육은 마음 읽어주기가 중심이다. 지적하기, 핀잔주기, 벌주기가 아니다. 마음 읽어주기 하브루타는 크게 두 부분으로 나뉜다. 하나는 부모의 아이 마음 읽어주기이고, 또 다른 하나는 아이의 상대방 마음 읽어주기이다.

[부모의 아이 마음 읽어주기]
부모가 아이의 입장에서 아이가 어떻게 생각하고 느낄지 공감해주는 활동이다.

[아이의 상대방 마음 읽어주기]
아이의 행동으로 피해를 입은 혹은 입을 수 있는 사람의 마음을 아이가 생각해서 공감해보는 활동이다.

앞선 사례 중 놀이터에서 아이가 그네를 독점하려는 상황에서 엄마가 "얼마 안 탄 것 같은데 내리라고 해서 속상했구나"라고 한 말은 '부모의 아이 마음 읽어주기'이다. "그런데 채원이는 타고 있으니까 얼마 안 탔다고 느끼지만 뒤에서 기다리는 사람도 그렇게 느낄까? 채원이는 그녀를 기다릴 때 저 사람이 많이 안 탔으니까 내가 더 오래 기다려야지 이렇게 생각한 적 있어?"라고 한 말은 '아이의 상대방 마음 읽어주기'이다. 식당에서 아이가 떠드는 상황에서 엄마가 "그런데 아까는 채원이가 웃고 장난치느라 너무 시끄러웠어. 그때 주변 사람들의 기분이 어땠을까?"와 "지난번에 식당에서 옆 테이블 아이들이 시끄럽게 식탁을 치니까 어땠었지?"라고 한 말은 '아이의 상대방 마음 읽어주기'이고 "네가 식당에서 재미있게 놀고 싶은 마음은 충분히 이해해. 엄마가 못하게 해서 속상했지?"라고 한 말은 '부모의 아이 마음 읽어주기'이다.

아이의 상대방 마음 읽어주기를 할 때는 "상대방이 어떻게 생각할까?"라고 묻기보다는 "네가 그 입장이라면 어떨까?"라고 물어야 한다. 초등 1학년 시기의 아이들은 다른 사람의 생각과 마음을 이해하는 능력이 부족하다. 그래서 "상대방이 어떻게 생각할까?"라고 물으면 쉽게 대답하지 못한다. 반면 "네가 그 입장이라면 어떨까?"라고 물으면 훨씬 쉽게 대답한다. "상대방이 어떻게 생각할까?"라고 물으면 상대방의 마음을 읽어야 하지만 "네가 그 입장이라면 어떨까?"라고 물으면 자신의 마음이 바로 떠오르기 때문이다.

부모의 아이 마음 읽어주기와 아이의 상대방 마음 읽어주기는 순서가 고정되지 않았다. 다만 아이의 잘못이 크지 않고 적당한 선에서 양보를 한 경우에는 부모의 아이 마음 읽어주기를 먼저 한 다음에 아이의 상대방 마음 읽어주기를 한다. 반면 아이가 크게 잘못을 했는데도 불구하고 심하게 고집을 부리거나 올바른 행동을 하지 않은 경우에는 아이의 상대방 마음 읽어주기를 먼저 한 다음에 부모의 아이 마음을 읽어주기를 하는 편이 좋다. 다시 말해서 다른 사람에게 끼친 피해가 크면 상대방의 마음부터 읽어주고 피해가 크지 않다면 아이의 마음부터 읽어준다.

하브루타로 인성 교육을 할 때는 따지거나 지난 일을 들춰 핀잔 주는 일을 피해야 한다. 예를 들어 부모가 "그렇게 떠들 때 주변 사람들의 기분이 어땠을까?"라고 물어서 아이가 "기분이 안 좋았을 것 같아요"라고 대답했는데, 잘 알면서 왜 그랬냐고 따지거나 지난번에도 떠들지 않았냐고 과거의 일을 들춰 핀잔을 주면 안 된다. 아이가 상대방의 입장이 되어 마음을 이해하려고 노력하는데, 이것을 빌미로 따지거나 핀잔을 준다면 아이는 다음부터 상대방 마음 읽어주기를 하지 않으려고 할 것이다. 아이의 무책임한 행동으로 부모가 사람들 앞에서 창피함을 느끼는 등 상처를 입을 수도 있지만 그렇다고 아이를 비난하거나 혼을 내는 등 감정적으로 해결해서는 안 된다. 부모와 자식은 권투 시합을 하기 위해 링 위에서 만나는 적이 아니라 동반자이다. 공격해서 얻을 수 있는 것은 아무것도 없다. 단지 가야 할 길을 보여주고 함께 가야 할 뿐이다.

하브루타로 하는 예습과 복습

✦ 하브루타로 하는 예습

부모가 아이의 공부를 봐주는 최고의 방법은 하브루타로 예습과 복습을 꾸준히 하는 것이다. 매일 저녁 부모와 함께 오늘 배운 내용을 복습하고 내일 배울 내용을 예습하면 아이는 효과적인 공부 방법을 익히고 올바른 공부 습관을 들일 수 있다.

예습과 선행 학습은 어떻게 다를까? 선행 학습은 학교 공부를 무시한 채 자체적으로 진도를 나가는 공부인 반면, 예습은 학교 공부를 중심으로 그 속도에 맞춰 학교 공부를 조금 더 잘하기 위해 하는 공부이다. 예습은 수업을 받기 하루 전에 하는 것이 가장 이상적이며, 조금 더 빨리는 2~3일 전에 할 수도 있다. 하지만 너무 일찍 하면 정작 본 수업을 할 때 기억이 나지 않고 흥미가 떨어질 수 있으니 주의해야 한다. 학교 공부는 교과서가 중심이기 때문에 예습 역시 교과서로 한다. 교과서를 기초로 하되 너무 자세한 공부는 피한다. 예습은 어디까지나 예습일 뿐이다. 예습의 목적은 본 수업에서 더 잘 배우기 위함이지 미리 모든 내용을 배워두기 위함이 아니다. 선행 학습을 하거나 예습을 너무 자세히 한 아이들은 수업에서 쉽게 산만해진다. 자신이 다 알고 있다고 믿기 때문이다. 실상은 잘 알지 못하는데도 말이다. 예습을 하다 보면 부모는 욕심이 생기기 쉽다. 잘 가르치면 아이가 교실에서 더 잘할 것 같은 생각이 들어서이다. 하지만 실제로 그러한 경우는 별로 없으니 철저하게 가르치려는 욕심은 버려야 한다. 부모가 욕심을 버려야 제대로 예습을 할 수 있다.

그렇다면 예습은 어떻게 해야 할까? 우선 교과서를 펼쳐놓고 내일 배울 내용을 살펴본다. 이것만으로도 아이는 더 잘 배울 수 있다. 초등 1학년은 집중력도 부족하고 듣기 능력도 부족해서 선생님의 말을 잘 듣지 않는다. 수업이 아닌 다른 것에 정신이 팔리기도 쉽다. 하지만 부모와 함께 미리 배울 내용을 살펴본다면 이야기는 완전히 달라진다. ==배울 내용을 어느 정도 알고 있기 때문에 아이는 수업에 관심이 생겨 더 열심히 듣게 된다.==

배울 내용을 살펴봤다면 그다음으로는 배울 내용과 관련해 무엇을 알고 있는지 대화를 나눠본다. 사람의 머릿속에는 많은 정보가 저장되어 있지만 적절한 정보가 필요한 순간에 자동적으로 떠오르는 경우는 많지 않다. 이럴 때 예습이 수업 내용과 관련해 아이의 머릿속에 잠들어 있는 생각, 경험, 기억을 확인시킨다. 배울 내용을 모른 채 곧바로 수업에 들어갔을 때 아이가 기억해내지 못할 생각, 경험, 기억을 미리 하브루타로 꺼내두면 아이는 수업에 더 잘 참여할 수 있게 된다.

마지막으로 배울 내용에 대해 무엇이 궁금한지 이야기해본다. 아는 것이 있으면 모르는 것도 있는 법이다. 아이의 입장에서 궁금한 점을 떠올린다. 미리 예습을 통해 배울 내용에 대해 궁금한 점을 생각해두면 아이는 궁금증을 해결하기 위해 수업에 더 잘 집중하고 참여하게 된다.

실제 예습 장면을 살펴보자. 초등 1학년 1학기 통합 교과 '여름'

의 '2단원 여름 나라'에는 '비가 온다 뚝뚝'이라는 제목으로 비가 올 때 사람들의 생활 모습을 살펴보는 내용이 있다. 이때 아이와 함께 비가 올 때 우리 가족이 겪었던 경험들을 하나씩 떠올려본다.

엄마   내일 배울 내용은 '비가 온다 뚝뚝'이네. 너는 비에 대해서 어떻게 생각해?

아이   좋아요.

엄마   왜 비가 좋은데?

아이   잘 모르겠어요.

엄마   엄마는 조용한 차 안에 앉아 있을 때 비가 투두둑 하고 떨어지는 소리가 좋아.

▶ 『여름 1-1』 중 '2단원 여름 나라'에 실린 '비가 온다 뚝뚝'.

아이 네. 저도 우산 쓰고 갈 때 우산에 비 떨어지는 소리가 좋아요.

엄마 또 좋은 점이 있다면 무엇일까?

아이 비가 오면 공기가 시원해져서 좋아요.

엄마 그렇구나. 비가 오면 확실히 공기가 맑아지는 것 같아. 비가 공기 중의 먼지를 청소해주거든.

아이 맞아요.

엄마 비가 오면 불편한 건 없을까?

아이 밖에서 못 노는 게 싫어요. 지난번에 놀이터에서 더 놀고 싶었는데 비가 와서 못 놀고 들어왔어요.

엄마 엄마는 비가 오면 차가 많이 막혀서 싫어. 그래서 회사에 지각한 적이 몇 번 있었어. 또 불편한 점이 있을까?

아이 옷이 젖어서 찝찝했던 적이 있었어요.

엄마 비에 대해서 엄마랑 질문을 하나씩 돌아가며 만들어 볼까?

아이 비는 왜 올까?

엄마 비를 멈추게 하는 방법이 있을까?

아이 비가 안 오면 어떻게 될까?

엄마 비는 어디에서 오는 걸까?

내일 배울 내용은 '비'이다. 그래서 엄마는 하브루타를 통해 비에 대한 아이의 다양한 경험과 생각을 꺼냈다. 교과서 내용을 자세히 들여다보면서 가르치는 대신에 주제에 대해 생각나는 대로 자연스럽게 대화를 이어나갔다. 이러한 방식으로 예습을 하면 아이는 수업에 적극적으로 참여할 수 있게 된다. 수업 내용과 관련된 다양한 생각을 이미 해봐서 준비가 되어 있으면서도 교과서를 그대로 외우지는 않았기에 수업 집중도도 떨어지지 않는다. 같은 주제이지만 수업과는 사뭇 다른 내용으로 나눈 대화는 아이가 흥미를 갖고 수업에 집중하도록 돕는다.

✦ 하브루타로 하는 복습

복습도 교과서를 중심으로 한다. 오늘 배운 내용을 펼쳐놓고 구체적으로 무엇을 배웠는지 물어본다. 정리를 잘해서 잘 알아듣게 말하면 좋겠지만 아직 초등 1학년이니 그때그때 떠오르는 내용을 무작위로 말해도 괜찮다. 이러한 과정을 통해 점차 정리해서 말하는 방법을 배우기 때문이다. 하지만 기억을 중심으로 복습이 진행되어서는 안 된다. "선생님이 뭐라고 하셨니?", "이건 뭐라고 했지?"처럼 아이가 수업에서 배운 내용을 외워 부모에게 대답하는 형식은 피해야 한다. 예습을 할 때처럼 자연스럽게 이야기를 나누면서 오늘 배운 내용이 대화의 재료가 되도록 해야 한다. ==의도적으로 수업을 떠올리게 하기보다는 수업 내용과 관련해 자연스럽게 대화를 연결해 나간다.== 그래서 부모는 질문을 하되 있는 그대로의 사실을 묻는 사실 질문이 아닌 사실에 근거해서 아이가 자유롭게 상상할 수 있는 확장 질문을 하는 것이 좋다. 예를 들어 "그래서 어떤 생각이 들었어?", "이해가 안 되는 건 없었어?"와 같은 질문이다.

엄마	수학 교과서를 펼쳐볼까?
아이	(교과서를 펼친다.)
엄마	오늘 수학 시간에 뭘 배웠어?
아이	덧셈이요.
엄마	덧셈은 벌써 여러 번 배웠는데 오늘은 어떤 내용이었을까?
아이	여기 8+7이 있잖아요. 이걸 더하면 15예요.
엄마	어떻게 계산했어?
아이	8이 10이 되려면 2가 부족해요. 그래서 7에서 2를 빌려오면 8은 10이 돼요. 대신 7은 5가 되고요. 그래서 더하면 15가 돼요.
엄마	7은 왜 5가 될까?
아이	2를 8한테 빌려줬으니까요.
엄마	그렇구나. 오늘은 숫자를 빌려주고 10을 만들어서 하는 덧셈을 배웠구나. 엄마도 한번 해볼까?
아이	네.
엄마	6+8을 해볼게. 6이 10이 되려면 얼마를 빌려와야 하지? 어렵네.
아이	4요.
엄마	그렇구나. 4를 빌려오면 6은 10이 되고 8은 4를 빌려줬으

	니까… 얼마지?
아이	또 4요.
엄마	아, 그러면 10이랑 4를 더하면 되니까 답은 14네.
아이	딩동댕!
엄마	오늘 덧셈을 배웠는데 어땠어?
아이	덧셈이 쉬워졌어요.
엄마	왜 그렇게 생각해?
아이	10을 만드니까 일의 자리만 생각하면 되거든요.

　엄마는 오늘 어떤 내용을 배웠는지 질문을 해서 아이가 스스로 생각을 떠올려 말하도록 도움을 주고 있다. 교과서를 펼쳐놓고 일방적으로 가르치지 않는다. 단지 질문을 던져 아이가 오늘 배운 내용을 스스로 말하도록 이끌 뿐이다. 그리고 엄마는 자신도 덧셈을 하겠다고 하고서는 일부러 모르는 척을 한다. 아이가 선생님이 되어 가르칠 수 있는 기회를 만들어주고 싶어서이다.

　복습을 하다 보면 처음에는 아이가 잘하지 못할 가능성이 높다. 아직 기억력이 부족한데다 기억한다고 해도 내용을 이해 가능하게 말로 표현하는 능력이 부족하기 때문이다. 그래도 꾸준히 해야 한다. 꾸준히 하면 조금씩 좋아진다. 그러다 보면 저녁에 엄마한테 어떻게 설명할지를 생각하면서 수업을 듣기도 하고, 계속 설명하면서 표현 방법을 익힐 수도 있다. 아이가 부담을 갖지 않는 선에서 "오늘 학교에서 공부한 내용 좀 엄마한테 가르쳐줘. 엄마도 배우고 싶어"

라고 해보자. 아이는 엄마에게 가르쳐주기 위해 수업을 더 열심히 들을지도 모른다.

초등 1학년에서 다루는 내용을 복습하다 보면 너무 쉽다는 사실을 발견할 것이다. 왜 이렇게 쉬운지, 굳이 복습을 해야 하는지 의문이 들 수도 있다. 그래도 계속해야 한다. 예습과 복습은 수업 내용을 배우는 의미도 있지만 매일 저녁 집에서 공부하는 습관을 들이는 의미가 더 크다. 사실 학년이 올라갈수록 부모가 하브루타로 예습과 복습을 계속해주기가 어렵다. 아이는 클수록 무엇이든 부모의 관여를 싫어한다. 그러므로 그전까지 부모가 하브루타로 하는 예습과 복습으로 공부 방법과 공부 습관을 잡아줘야 한다. 초등 1,2학년 때는 방법과 습관을 잡아주고 3,4학년 때는 옆에서 지켜봐주며 5,6학년 때부터는 자율적으로 할 수 있도록 해야 한다.

하브루타가 있는 일상생활

하브루타는 언제 어디서나 할 수 있다. 특정한 내용만을 할 수 있거나 특정한 상황에서만 할 수 있는 것이 아니다. 책이 있든 없든, 집이든 학교든, 길거리든 영화관이든, 비가 오든 눈이 오든 언제든지 할 수 있는 것이 하브루타이다. 언제 어디서나 무엇으로도 우리는 하브루타를 할 수 있다. 일상생활이 언제나 하브루타로 가득 찰 수 있고 모든 상황이 공부의 소재가 된다는 뜻이다.

초등 1학년은 특히 하브루타를 하기에 좋은 시기이다. 초등 1학년은 부모와 아이가 함께 가장 많은 시간을 보내는 시기이기도 하다. 아이는 부모를 한창 따를 때이며, 부모는 아직 아이를 혼자 두기가 걱정스러운 때이다. 시간이 흘러 초등 고학년이 되면 아이는 더 이상 부모와 많은 시간을 함께하려고 하지 않는다. 가족보다는 친구가 더 중요해진다. 하지만 초등 1학년은 아직 어디를 가든 무엇을 하든 부모와 함께하는 시기이다. 그래서 초등 1학년 때는 일상생활에서 편안하고 자연스럽게 하브루타를 할 수 있는 기회와 시간이 상대적으로 많다.

일상생활 중 언제 하브루타를 할까? 거의 모든 상황에서 하브루타를 할 수 있다. 차를 타고 가다가 창밖 풍경을 보면서 할 수도 있고, 길거리를 걷다가 가게 간판을 보면서 할 수도 있다. 놀이동산에서 줄을 서 있다가 할 수도 있고, 식당에서 밥을 먹다가 할 수도 있다. 자유롭고 편안하게 대화를 나눌 수 있는 상황이라면 모두 하브루타를 하기에 적합하다.

다음은 차를 타고 가다가 아이와 할 수 있는 하브루타이다. 엄마와 아이는 차 안에서 하브루타로 수학 공부를 하고 있다.

엄마 우리 차에 탄 남자는 몇 명, 여자는 몇 명일까?
아이 남자는 2명, 여자는 3명이에요.
엄마 모두 더하면 몇 명이지?
아이 5명이요.

엄마 여자가 남자보다 몇 명 많지? 왜 그럴까?

아이 3-2를 하면 1이니까 1명 더 많아요.

엄마 그러면 할머니 집과 이모 집까지 다 더하면 몇 명이지?

아이 (한 명씩 세어본다.) 13명이요.

엄마 남자는 몇 명일까?

아이 (다시 세어본다.) 5명이요.

엄마 그러면 여자는 몇 명일까? 세지 말고 어떻게 구할 수 있을까?

아이 13명에서 5명을 빼요. 그러면 8명이에요.

엄마 13명이 식당에 가면 4명이 앉을 수 있는 테이블이 몇 개 필요할까?

아이 (한참을 계산한다.) 3개?

엄마 3개면 몇 명이 앉을 수 있을까?

아이 (한참을 계산한다.) 12명?

엄마 그러면 테이블이 부족하네.

아이 4개예요.

엄마 테이블이 4개 있으면 의자는 몇 개가 있을까? 참고로 테이블 1개에 의자는 4개씩 있어.

아이 (한참을 계산한다.) 16개?

대화를 살펴보면 초등 1학년 수준을 넘어선다. 곱셈과 나눗셈은 초등 2학년에서 나온다. 하지만 초등 1학년 때도 충분히 가능하다.

곱셈과 나눗셈을 배우지 않았더라도 생각만으로 해결할 수 있다. 이러한 활동은 아이의 수 감각을 크게 향상시켜준다. 수학 공부만 할 수 있는 것이 아니다. 국어 공부도 할 수 있다.

아이 엄마, 폐차가 뭐예요?
엄마 폐차라고 쓰인 건물 안에 뭐가 있어?
아이 차들이 있어요.
엄마 차들의 상태가 어떤 것 같아?
아이 부서지고 고장 나고 오래된 것 같은데요.
엄마 그러면 폐차가 무슨 뜻일 것 같아?
아이 차를 버린다?
엄마 맞아. 폐차는 오래되고 낡은 차를 버리는 거야.
아이 아, 그렇구나.
엄마 그런데 폐차는 '폐'하고 '차'를 붙인 말이잖아. 여기서 '폐'가 무엇을 뜻하는 것 같아?
아이 버린다는 뜻?
엄마 맞아. 그럼 건전지를 버리면 뭐라고 할까?
아이 음… 폐건전지?
엄마 딩동댕! 그러면 형광등을 버리면?
아이 폐형광등. 맞죠?
엄마 딩동댕!

엄마는 폐차의 뜻을 직접적으로 알려주지 않는다. 대신에 폐차장 안을 들여다보게 해서 스스로 뜻을 추측하도록 했다. 이후 폐차라는 글자를 분리해 '폐'라는 단어의 뜻을 알아내게 한 다음, '폐'라는 단어가 사용되는 다양한 상황을 제시했다. 앞선 대화에서 엄마는 아이에게 단 한 번도 답을 알려주지 않았다. 오히려 "그러면 폐차가 무슨 뜻일 것 같아?", "'폐'가 무엇을 뜻하는 것 같아?", "건전지를 버리면 뭐라고 할까?"와 같은 질문만 했다. 당연히 아이는 엄마의 질문에 답하기 위해 많은 생각을 하게 된다. 이러한 하브루타를 통해 아이는 폐차라는 단어 하나를 배우는 것을 넘어 모르는 단어를 추측하는 다양한 방법까지 익혔다. 주변에서 증거를 찾아 글자를 분리하고 분리된 글자가 쓰이는 여러 가지 사례를 찾아봤다. 공부하는 방법을 넘어 생각하는 방법까지 배운 셈이다. 이러한 방법을 배운 아이는 향후 다른 아이에 비해 훨씬 더 효과적이고 효율적인 공부를 할 수 있게 된다. 폐차의 뜻만 외운 아이는 폐건전지, 폐형광등의 뜻을 모두 따로 외워야 하지만, 직접 생각하고 이해한 아이는 전체를 한번에 손쉽게 이해하기 때문이다. 이처럼 일상생활에서는 내용과 상황을 가리지 않고 하브루타를 할 수 있다. 그러므로 부모는 ==언제나 아이의 생각을 키울 수 있는 장면을 찾고 놓치지 않으려는 마음을 가져야 한다.==

참고 문헌

EBS 〈60분 부모〉 제작팀, 『EBS 60분 부모 행복한 육아 편』, 경향미디어
EBS 〈아이의 사생활〉 제작팀, 『아이의 사생활 1』, 지식플러스
EBS 〈아이의 사생활〉 제작팀, 『아이의 사생활 2』, 지식플러스
EBS 〈왜 우리는 대학에 가는가〉 제작팀, 『왜 우리는 대학에 가는가』, 해냄
EBS 〈학교란 무엇인가〉 제작팀, 『학교란 무엇인가』, 중앙books
EBS 〈학교란 무엇인가〉 제작팀, 『학교란 무엇인가 2』, 중앙books
EBS 〈부모〉 제작팀, 『EBS 부모 아이 발달 편』, 경향미디어
EBS 〈부모〉 제작팀, 『EBS 부모 정서 발달 편』, 경향미디어
고재학, 『부모라면 유대인처럼』, 예담friend
기시모토 히로시, 『초등 공부력의 비밀』, 공명
김미라 외, 『EBS 60분 부모 스스로 공부하는 아이 편』, 경향미디어
김수정, 『초등 6년 공부습관, 중고 6년 좌우한다』, 문예춘추사
데이비드 수자, 『공부하는 우리 아이들 머릿속의 비밀』, 한국뇌기반교육연구소
도로시 리즈, 『질문의 7가지 힘』, 더난출판사
리처드 니스벳, 『무엇이 지능을 깨우는가』, 김영사
마틴 메이어 외, 『최고의 교육은 어떻게 만들어지는가』, 북하우스
말콤 글래드웰, 『아웃라이어』, 김영사
사라 이마스, 『유대인 엄마의 힘』, 예담friend
송재환, 『초등 1학년 공부, 책읽기가 전부다』, 예담friend
송재환, 『초등 2학년 평생 공부 습관을 완성하라』, 예담friend
신의진, 『신의진의 아이심리백과 초등 저학년 편』, 걷는나무
심정섭, 『질문이 있는 식탁 유대인 교육의 비밀』, 예담friend

아베 노보루, 『기적의 아키타 공부법』, 김영사

예스퍼 율, 『부모와 아이 사이, 사랑이 전부는 아니다』, 예담friend

오노데라 아쓰코, 『간단명쾌한 발달심리학』, 시그마북스

원준희, 『당신의 아이』, 북하이브

이신애, 『잠수네 아이들의 소문난 교육로드맵』, RHK

이신애, 『잠수네 초등 1, 2학년 공부법』, RHK

이영애, 『아이의 사회성』, 지식플러스장유경, 『아이의 가능성』, 예담friend

전병규, 『질문이 살아나는 학습대화』, 교육과학사

전병규, 『질문이 살아나는 학습대화 활용편』, 교육과학사

전성수, 『부모라면 유대인처럼 하브루타로 교육하라』, 예담friend

정미령, 『평범한 10대, 수재로 키우기』, 황금가지

정용호, 『우리 아이 수학 고수 만들기』, 도서출판 행공신

진보교육연구소 비고츠키교육학실천연구모임, 『관계의 교육학, 비고츠키』, 살림

터켄 로빈슨 외, 『아이의 미래를 바꾸는 학교혁명』, 21세기북스

켄 베인, 『최고의 공부』, 와이즈베리

켄 블랜차드 외, 『칭찬은 고래도 춤추게 한다』, 21세기북스

코칭맘스쿨, 『자기주도학습 교과서』, 행복한나무

토머스 고든, 『부모 역할 훈련』, 양철북

하워드 가드너, 『인간은 어떻게 배우는가?』, 사회평론

하임 G. 기너트, 『부모와 아이 사이』, 양철북

헨리 뢰디거 외, 『어떻게 공부할 것인가』, 와이즈베리

홍양표, 『엄마가 1% 바뀌면 아이는 100% 바뀐다』, 와이즈브레인

초등 1학년 공부,
하브루타로 시작하라

초판 1쇄 인쇄 2023년 2월 24일
초판 1쇄 발행 2023년 3월 2일

지은이 전병규(콩나물쌤)
펴낸이 이수영
책임편집 안현진
디자인 ALL design group
마케팅 김보미 정경훈

펴낸곳 롱테일북스
출판등록 제2015-000191호

주소 (04033) 서울특별시 마포구 양화로 113, 3층(서교동, 롱테일북스)
전자메일 team@ltinc.net

• 롱테일북스는 롱테일(주)의 출판 브랜드입니다.

ISBN 979-11-91343-82-3   13590